Gerald Reischl / Heinz Sundt

Das vierte W

WWWW – Wireless World Wide Web

Für David
und Manuel
8.2000 v. Miguel

Gerald Reischl
Heinz Sundt

Das vierte W

WWWWW – Wireless World Wide Web

- Digitaler Assistent
- Lustmanager
- Virtueller Gesundheitsapostel

So leben wir
mit dem Handy
der Zukunft

SIGNUM

Die Deutsche Bibliothek - CIP-Einheitsaufnahme

Reischl, Gerald :
Das vierte W - WWWW - Wireless World Wide Web :
Digitaler Assistent, Lustmanager, Virtueller Gesundheitsapostel -
So leben wir mit dem Handy der Zukunft / Gerald Reischl / Heinz Sundt. -
Wien, Hamburg : Signum-Verlag, 2000
(Signum Business)
ISBN 3-85436-324-9

A-1080 Wien, Albertgasse 33
Tel.: 0043/1/406 50 33-0
Fax: 0043/1/406 50 33-12
E-Mail: contact.us@signum.at
Website: http://www.signum.at

Deutsche Niederlassung:
Westerwelle Consulting & Media AG
Großneumarkt 50
D-20459 Hamburg
Tel.: 0049/40/35 006-850
Fax: 0049/40/35 006-800
E-Mail: signum@westerwelle.de/signum
Website: http://www.westerwelle.de/signum

Cover: Heinz Linhart
Covergestaltung: Natascha Fial
Umschlagphoto: © Pictor
Typo: Kurt Lackner
Druck: Ueberreuter Buchbinderei und Buchproduktion
Gesellschaft m. b. H., A-2100 Korneuburg, Industriestraße 1

ISBN 3-85436-324-9
Wien · Hamburg 2000

Inhalt

Vorwort

Bald wird uns das mobile Internet begleiten wie heute das Handy. Mit unseren Freunden und Familien werden wir anders kommunizieren, wir werden anders arbeiten und einkaufen, anders im Geschäft erreichbar sein, andere Formen der Unterhaltung finden und unsere privaten Geldgeschäfte anders gestalten.

Mobile Endgeräte werden individuelle Fenster zur Welt; sie ermöglichen eine Vielfalt neuer Informationen, Dienste und Anwendungen, die uns bisher unterwegs nicht zur Verfügung standen, sie steigern unsere Lebensqualität.

Ericsson arbeitet an mobilen Internet-Diensten und -Anwendungen für die Betreiber von Mobilfunknetzen in der ganzen Welt.

Das gegenständliche Buch ist ein hervorragender Beitrag, um uns allen einen Einblick zu verschaffen, wie die neue Telekommunikationswelt in wenigen Jahren aussehen wird.

GD Dkfm. Kjell Johansson
Ericsson Austria

Der gesellschaftliche Wandel und vor allem dessen Dynamik werden wesentlich von der Revolution in den Informations- und Kommunikationstechnologien geprägt. Wir alle können durch die Konvergenz der Medien und Netze in Kombination mit ungeheuren Mobilitätspotentialen zu einer Art „Neuer Nomaden“ werden. Damit ist das „Global Village“ technologisch Realität, nur mental liegt noch ein weiter Weg vor uns, den wir allerdings durch laufende globale Kommunikation beträchtlich beschleunigen können.

Mag. Georg Kapsch
Mitglied des Vorstandes der Kapsch-Gruppe

In der mobilen Informationsgesellschaft wird kein Stein auf dem anderen bleiben, die Gesellschaft wird sich durch Mobilfunk, vor allem aber durch das mobile Internet im UMTS-Zeitalter völlig ändern. Eindrucksvoll schildern die Autoren nicht nur, womit wir in naher Zukunft konfrontiert werden, sondern erstmals auch, welche Auswirkungen die Mobilkommunikation auf unser Leben hat. DAS VIERTE W ist eine Pflichtlektüre für jedermann, der wissen möchte, wie sich sein Leben und er sich selbst ändert. Es ist ein wichtiges Buch zu Beginn des dritten Jahrtausends, eine Orientierungshilfe für Politiker, Manager und Entscheidungsträger, die wissen wollen, wohin uns die Zukunft führt und welche Voraussetzungen sie dafür schaffen müssen.

Peter Levak
GESCHÄFTSFÜHRER MOTOROLA-ÖSTERREICH

Die Autoren werfen in ihrer aktuellen Publikation einen Blick in die nahe Zukunft der mobilen Internet-Kommunikation. Sie zeigen anhand zahlreicher Szenarien auf, wie die Konvergenz von Handy und Internet unsere Gesellschaft verändern und prägen wird – sei es in der Medizin, in der Freizeit oder im Geschäftsleben. Der Mobilfunk wird ein neues soziales Netz, neue Gesellschaftsformen mit sich bringen. Die Autoren zeichnen ein realistisches Bild, wie diese aussehen und in welcher Art sie von drahtlosen Internet-Anwendungen profitieren werden. Dem Leser wird rasch klar, daß es sich bei der mobilen Informationsgesellschaft um keine Utopie handelt, sondern daß auch er Teil davon ist.

Mads Winblad
GESCHÄFTSFÜHRER NOKIA MOBILE PHONES
ÖSTERREICH & SCHWEIZ

Einleitung

Was ist Das vierte W? Keine unberechtigte Frage, wenn man ein Buch dieses Titels vor sich hat. Drei Ws sind den Menschen mittlerweile ein Begriff, verkörpern sie doch das WWW und die unendliche Weite des Internet. Es war schwierig genug, sich in so schneller Zeit auf sie einzustellen. Was zum Geier soll nun dieses vierte W?

Es ist jenes W, das wir in Zukunft den ersten drei Ws voranstellen müssen, das für das Wort wireless steht. Denn nicht das World Wide Web wird die Gesellschaft in Zukunft stark verändern, sondern das Wireless World Wide Web, das drahtlose Internet, der Informationspool, der mit dem Handy der Zukunft von jedem Ort dieser Welt aus und, das ist der wesentliche Punkt, von jedermann auf dieser Erde aufgerufen werden kann.

Die Autoren haben sich bereits in ihrem Buch Die mobile Revolution mit dem Handy der Zukunft beschäftigt und darin beschrieben, was kommen wird, mit welcher Technik, welchen Geräten, welchen Services die Menschen konfrontiert werden.

Auch in diesem Buch werden einige künftige Entwicklungen vorgestellt, darüber hinaus wird in Das vierte W erstmals geschildert, was sich in der Ära des WWWW ändern wird – für den einzelnen Menschen und für die Gesellschaft. Welche Auswirkungen dieses vierte W auf unser Leben haben wird.

In der mobilen Informationsgesellschaft wird die Gesellschaft auf den Kopf gestellt, so, wie sie vor 200 Jahren mit der Erfindung der Dampfmaschine auf den Kopf gestellt wurde, die damals Arbeit, Verkehrsmittel und damit das ganze Leben umgewandelt hat. So, wie es damals massive Änderungen gab, als die Dampfmaschine mobil wurde, als daraus Lokomotiven wurden, Dampfschiffe etc., so stehen uns ähnliche gravierende Änderungen in den kommenden Jahren und Jahrzehnten bevor. Es wird keinen Bereich geben, in dem die Informations- und

Kommunikationstechnologien keine Rolle spielen werden – sei es Gesundheit, Politik, Lernen, Wohnen oder Freizeit.
In zum Teil sehr mutigen Thesen von visionärer Kraft beschreiben die Autoren, wie sich unser Leben ändern wird: Unsere Handys werden zu digitalen Assistenten, zu kreierten Wesen, die uns unser ganzes Leben begleiten. Sie werden nicht nur die Rolle von Assistenten beziehungsweise Assistentinnen übernehmen, sondern auch zu Lustmanagern und virtuellen Gesundheitsaposteln, sie werden die Rolle menschlicher Bezugspersonen übernehmen, mit denen wir uns die Welt teilen. Die Autoren skizzieren nicht nur den Wandel des Gesundheitssystems – ein neues Gesundheitsbewußtsein der Menschen, Einsparungen durch Telemedizin –, sie schildern auch die Veränderungen in der Politik, die mit der gegenwärtigen nicht mehr vergleichbar sein wird: Die Politikverdrossenheit wird abnehmen, da das Handy der Zukunft wieder direkte Demokratie ermöglicht. Politik wird wieder bürgernah und transparent.
Kritisch zu beurteilende Entwicklungen werden durch die Herausbildung einer Vielzahl von Gesellschaften auftreten. Durch den raschen Zugang zu den Informationen des WWWW wird eine sogenannte Headline-Gesellschaft entstehen. Eine Gesellschaft, die nur noch in Schlagzeilen denkt und die Information dahinter nicht mehr interpretiert, nicht mehr in Wissen umwandeln kann. Es entsteht auch eine Rund-um-die-Uhr-und-sieben-Tage-pro-Woche-Gesellschaft, die ständig erreichbar ist, erreichbar sein will, erreichbar sein muß. Es entsteht eine Instant-Gesellschaft, die alles sofort nutzen und haben will und nicht warten möchte, nicht warten kann. Und es entsteht eine All-Inclusive-Gesellschaft, die das Informationsangebot wie einen Pauschalurlaub nutzen will.
Unser Leben wird sich in den kommenden Jahren gravierend ändern – positiv wie auch negativ. Vieles werden wir noch beeinflussen können, manches wird sich in eine zum Teil ungewollte Richtung entwickeln. Die Schienen Richtung Zukunft sind gelegt, jetzt sind wir an der Reihe, die Weichen zu stellen.

Das vierte W

Die neue Welt von Mary & Joe

„Guten Morgen, Joe. Es ist 6 Uhr 30. Zeit zum Aufstehen." Joe öffnet langsam seine Augen, vergräbt seinen Kopf im Kissen, dreht sich noch einmal in seinem Bett um und knurrt: „Guten Morgen, Mary. Danke, ich stehe gleich auf."
„Es wird ein schöner Tag, Joe. Es hat 18 Grad, und der Wetterbericht sagt Tageshöchstwerte von 28 Grad voraus."
Joe seufzt kurz, wälzt sich aus dem Bett, zieht seinen Morgenmantel an, geht wie ferngesteuert zuerst auf die Toilette und danach ins Bad, wo bereits das Wasser in der Dusche läuft. „Sind neue eMails eingelangt, Mary?" fragt Joe, als er sich den Bademantel auszieht und unter die Dusche steigt.
„Nein, Joe."
„Dann sag mir bitte, was heute auf meinem Terminkalender steht."

Joe hat Mary vor zwei Jahren kennengelernt. Es war in einem Multimedia-Store. Die Auswahl war groß, aber er entschied sich für Mary. Es war ihr Outfit, ihr Stil, ihr Design. Zur gleichen Zeit war auch eine Arbeitskollegin in diesem Geschäft, besser gesagt eine Vorgesetzte, eine typische Karrierefrau, die er zweimal pro Woche sieht, wenn er in seiner Firma vorbeischaut. Seine Vorgesetzte lernte im Multimedia-Store Frank kennen. Zumindest erfuhr Joe einige Tage später, daß der Frank genannt wurde. Daheim konfigurierte Joe seine Mary. Daß sie Mary heißen würde, war ihm von Anfang an klar. Mary und Joe. Maria und Josef. Das hatte was.
Er wählte sich ins Internet ein und suchte die passende Stimme für seine Mary – die Stimme einer etwa 28- bis 30jährigen Frau. Erotisch, leise hauchend, Stimmlage Alt – und ein Lachen, das nie ins Hysterische ausblitzen durfte.
Joe ist verheiratet, aber eifersüchtig war seine Frau auf Mary noch nie. Warum auch? Mary ist eine digitale Sekretärin, eine

virtuelle Schöpfung, eine Assistentin, ein kleines Stückchen Technik, gepaart mit ein wenig Software, die in regelmäßigen Abständen upgedatet wird. Mary kennt Joes Leben genauer als Joe es selbst kennt. Sie ist seine ständige Begleiterin. Sie organisiert nicht nur seinen Terminkalender, stellt Telefonverbindungen her oder empfängt bzw. beantwortet eMails, sie bestellt auch den Einkauf, sucht für Joe die interessantesten Nachrichten im Internet und überwacht sowohl seine Gesundheit als auch seine Finanzen. Sie sagt Joe, der ein Dokumentarfilm-Liebhaber ist, in welchem Programm welcher Film gespielt wird – und nimmt ihn sogar auf. Sie kommuniziert mit sämtlichen elektronischen Geräten in Joes Umgebung, von der Kaffeemaschine bis zur Alarmanlage oder Personenwaage. Sie versteht sich auch prächtig mit Joes Auto, sagt, wann es abbiegen muß, wie es am besten diesem oder jenem Stau ausweicht, und sie sorgt dafür, daß er auf der Autobahn den Mindestabstand zu seinem Vordermann einhält.

Mary & Joe – so stellen sich die Visionäre bei den Mobilfunkbetreibern die Zukunft des Handys vor. Besser gesagt, die Zukunft der Mobilkommunikation. Beim britischen Betreiber ORANGE (www.orange.co.uk) etwa sind Visionäre angestellt, die in einer Art Denkfabrik an dieser Zukunft arbeiten. Sie loten aus, was auf uns in den kommenden Jahren zukommt, wie unser Leben mit Handys aussehen, wie sich unser Leben, unser Wohnen, unser Arbeiten und unser Verhalten ändern wird.

Auch bei Handy-Herstellern, ob sie nun NOKIA (www.nokia.com), ERICSSON (www.ericsson.com), MOTOROLA (www.motorola.com), SIEMENS (www.siemens.com), ALCATEL (www.alcatel.com) oder PANASONIC (www.panasonic.com) heißen, gibt es Visionäre. Jeder hat seine Vorstellungen von der digitalen Informationsgesellschaft. Viele der Visionen gleichen einander, haben deshalb auch wohl große Chancen, zur Realität zu werden. Aber parallel dazu entwickelt jeder andere Handys oder mobile Terminals, die am wenigsten zum Telefonieren geschaffen sind. Die einen sind klein, andere wiederum groß. Manche sehen so aus, wie wir es derzeit gewohnt sind, andere haben futuristische Formen.

Beeinflußt werden die Forschungen und Entwicklungen der Technologiebetriebe von digitalen Propheten wie etwa NICHOLAS NEGROPONTE, Gründer des MEDIA LAB am Massachusetts Institute of Technology (MIT) (www.media.mit.edu), der seit Jahren predigt, daß das Handy eines Tages so klein wird und so selbstverständlich bei uns getragen wird wie eine Uhr, eine Brille oder ein Amulett. Sind es auf der einen Seite die Ideen der verschiedenen Visionäre, ob sie nun NICHOLAS NEGROPONTE (www.media.mit.edu/people/nicholas), JOHN NAISBITT (www.naisbitt.com), MICHAEL DERTOUZOS (http://ftp.lcs.mit.edu/mld.html) oder TOM PETERS (www.tompeters.com) heißen, die die Entwickler bei den Handy-Herstellern animieren, so ist es auf der anderen Seite, so abstrus das auch scheint, Hollywood und die Filmindustrie.

Vieles, was die Handy-Hersteller heute präsentieren, gab es schon vor Jahrzehnten – als Filmutensil, als Hirngespinst eines Regisseurs oder Filmausstatters. So hat sich seinerzeit der „kleine Ausstatter Charly“ die Welt von morgen, die Kommunikationsmöglichkeit der Zukunft vorgestellt. Man muß nur an RAUMSCHIFF ENTERPRISE denken. Wenn SCOTTY und CAPTAIN JAMES T. KIRK miteinander kommunizierten, taten sie das seinerzeit über ein Handy, das so aussah wie das ERICSSON Modell T28s. Ein kleines Gerät mit einer Klappe, die man öffnete, um mit dem anderen zu reden. Oder denken wir an den JAMES BOND-Streifen DIE WELT IST NICHT GENUG. Das Handy wurde als Fernsteuerung für ein Auto verwendet. 1998, als dieser Film gedreht wurde, war das abseits der Leinwand noch Utopie.

So dumm es auch klingen mag, vieles an Technik, mit der wir in einigen Jahren oder Jahrzehnten konfrontiert sein werden, gibt es jetzt schon im Ansatz in den verschiedenen Science-fiction-Filmen zu sehen. STAR WARS, STAR TREK, STARGATE oder THE MATRIX, der futuristische Streifen mit KEANU REEVES und LAURENCE FISHBURNE, tauchen in eine virtuelle Welt ein. Vielleicht hat die Tatsache, daß Science-fiction zu Reality-fiction wird, auch schlicht und einfach damit zu tun, daß viele Science-fiction-Autoren tatsächlich auch Wissenschafter sind. Das seriöse

Wissenschaftsmagazin Nature (www.nature.com) hat eine eigene Kolumne eingerichtet, in der Science-fiction-Autoren beschreiben, wie die Wissenschaft des kommenden Jahrtausends aussehen wird.

Daß Drehbuch- bzw. Romanautoren richtigliegen können, hat schon Jules Verne eindrucksvoll bewiesen. Vieles, was der französische Romancier in seinen Werken beschrieben hat, ist Realität geworden. Er sagte die Mondlandung voraus, den Mondspaziergang und eine Reise um die Welt in 80 Tagen. Seine beeindruckendste Vision war ebenfalls eine technische. In seinem 1991 wiederentdeckten Roman Paris im 20. Jahrhundert beschreibt Jules Verne das Leben im Paris des Jahres 1960: Menschen hasten durch die Straßen, drängen sich in Vorstadtzügen, sausen in Autos dahin, empfangen Fax-Mitteilungen, sehen Börsenkurse auf Bildschirmen und Leuchtreklamen auf Häuserfassaden und hören elektronische Musik. „Es wird niemand an Ihre Prophezeiungen glauben“, hatte Vernes Verleger damals, im Jahr 1863, gemeint. Es war nicht der erste Irrtum eines Verlegers.

Jules Verne beschrieb in seinem Werk nicht nur eine Hinrichtung durch Strom und ein Klavierkonzert mit Verstärkeranlage, sondern auch den Vorläufer des ersten Computers – eine Rechenmaschine, die, sobald man auf eine Tastatur drückt, eine Endsumme als Ergebnis ausdruckt.

In einer technikgläubigen Gesellschaft dreht sich das Rad der Innovation schneller. Was heute noch Science-fiction ist, wird morgen bereits integraler Bestandteil unseres Lebens.

Gehen uns die Visionen aus?

Damals war unsere Gegenwart Science-fiction, heute ist es unsere Zukunft. Wie wird die Zukunft aber wirklich aussehen? Mit welchen Geräten werden wir kommunizieren? Wird es Science-

fiction überhaupt noch geben? Schließlich ist die Wissenschaft uns Menschen gar nicht mehr fremd. Vieles (um nicht zu sagen das meiste), das in den Romanen und Kinostreifen beschrieben und gezeigt wird, halten viele Menschen für durchaus machbar.
Wer die heutigen Wissenschaften beobachtet, erkennt, daß vieles durchführbar ist, was vor langer Zeit noch völlig undenkbar schien – ob das nun Klonen ist, die Transplantation ganzer Körperteile wie zum Beispiel Hände oder das Beamen von Lichtteilchen, wie es dem Innsbrucker Physiker ANTON ZEILINGER gelungen ist.
All das sind Gründe, warum immer weniger Science-fiction-Romane geschrieben werden. Es gibt – fast – nichts mehr, was für die Menschen nicht realisierbar erscheint, woran man nicht glaubt. Technisch scheint bereits alles möglich, und die Rasanz des technischen Fortschritts gibt uns recht. Wir bauen Weltraumstationen im All, denken bereits darüber nach, die russische MIR in ein Hotel für reiche Touristen umzuwandeln und einen bemannten Flug zum Mars zu starten. Unterwasserstädte zu bauen, durch Klonen ausgestorbene Tiere wieder zum Leben zu erwecken. Heutige, neue Science-fiction beinhaltet meist das Thema Außerirdische: ein- bis mehräugige Gestalten, die von irgendwoher auf die Erde kommen oder die wir mit unseren Raumschiffen besuchen. Technische Science-fiction gibt es nahezu nicht mehr, weil sie zu realistisch geworden scheint. Was aber wirklich wahr wird, wissen wir zum Glück nicht, denn die Überraschungen des Leben sind etwas, das wir alle nicht missen wollen.
Geforscht und entwickelt wird in die verschiedensten Richtungen. Wenn man die Zukunft der Kommunikation, der mobilen Informationsgesellschaft als breite Straße, etwa als 20spurige Autobahn sieht, werden wohl nur zwei oder drei Fahrstreifen wirklich ins Ziel Zukunft führen. Die anderen Fahrstreifen sind zum Teil Sackgassen, führen in andere Richtungen und werden eine bestimmte Zeit lang befahren, bis die Straße immer weniger frequentiert, nicht mehr verbessert und schließlich rück-

gebaut wird. Auch wenn viele Forschungen irgendwann einmal im Sand verlaufen, befruchten sie doch die Kreativität der Entwickler bei den Handy-Herstellern - und die der Visionäre. Aus jeder Idee entstehen immer neue Ideen, von denen einige realisiert werden, andere nicht. Einige, die in die Tat umgesetzt werden, werden nach dem Schema der 20spurigen Autobahn nach einiger Zeit wieder verschwinden, andere werden uns auch in Zukunft begleiten.
So unklar die Technik noch ist, die Gesellschaft wird sich stark verändern. Sie wird geradezu auf den Kopf gestellt. Es wird sich unser Verhalten ändern, unsere Art zu arbeiten und miteinander zu reden, unsere Freizeit etc.
Konfrontiert man ältere Menschen mit derartigen Visionen von sprechenden Computern und digitalen Assistenten schütteln sie ungläubig den Kopf. Für eine bestimmte Klientel ist es einfach unvorstellbar, mit einem technischen Gerät zu plaudern. Dazu gehören aber nicht nur ältere Menschen, die zum Teil schon damit überfordert sind, die Fernbedienung eines TV-Apparates zu benützen, geschweige denn einen Videorekorder. Manchen Menschen ist es schon suspekt, daß ein Geldautomat am Straßenrand Scheine ausspuckt, wenn man eine Karte einschiebt. Für alle, die mit Technik weniger am Hut haben, sind solche Zukunftsvisionen Utopie, für sie wird es diese Sciencefiction noch lange geben. Denn alles klingt in ihren Ohren sehr kompliziert - zu kompliziert, um es einfach zu begreifen und nutzen zu können.
Genau das ist eine der großen Herausforderungen der Visionäre und Entwickler. Geräte zu bauen, die so einfach zu handeln sind, daß sie selbst von älteren Menschen und Technologieverweigerern begriffen werden können. Ob und was sich in Zukunft durchsetzen wird, hängt davon ab, wie der Mensch mit der Maschine kommuniziert. Wie der Mensch dem Computer befiehlt, gewisse Befehle auszuführen.
Ein Interface wird der neuen Technologie zum Durchbruch verhelfen. Die Technologiekonzerne arbeiten schon lange daran, die Kommunikation mit dem Handy, dem Computer einfacher

zu machen. 3Com (www.3com.com) hat mit seinen Palm-Pilots die handschriftliche Texteingabe salonfähig gemacht. Man kritzelt auf einem Minibildschirm händisch Zeichen, und der Computer erkennt, um welchen Buchstaben es sich handelt. Die andere Lösung sind Touchscreens, kleine Bildschirme, auf denen sich das Alphabet befindet. Mit einem Stift kann man den Text eingeben, indem man den gewünschten Buchstaben berührt. Das US-Unternehmen Tegic Communications (www.tegic.com) hat mit dem T9 Text Input System ein System für die neueste Handy-Generation entwickelt. Bei T9 wird das Schreiben für Handy-User, die gerne SMS, also Textnachrichten, verschicken, komfortabler. Man muß nicht mehr eine Taste mehrmals drücken, um zum gewünschten Buchstaben zu kommen, sondern muß auf die Taste, auf der sich der Buchstabe befindet, nur einmal tippen. Das T9-System erkennt automatisch, um welches Wort es sich mit höchster Wahrscheinlichkeit handelt.
Diese drei Varianten werden sich jedoch in einigen Jahren bereits überholt haben, denn bald werden wir mit Computern reden. Wir werden ihnen diktieren, was sie zu tun haben. Freilich werden wir uns anfangs eines bestimmten Vokabulars bedienen müssen, doch in weiterer Ferne werden wir mit dem Computer so kommunizieren wie mit einem Freund.
Vorboten dieser Zukunft gibt es schon. Verschiedene Netzbetreiber in Europa bieten bereits ein Service an, bei dem dem Handy-User neu eingelangte eMails vorgelesen werden. Das Programm wandelt Text in Sprache um. Was in die eine Richtung funktioniert, klappt freilich auch in die andere. Sprache wird in Text umgewandelt. Nur so wird es möglich sein, daß Joe mit Mary plaudern kann.

Die Schaffung eines Interfaces, das duale Kommunikation zwischen Menschen und Maschinen ermöglicht, ist der Zähmung der Haustiere gleichzusetzen. Neue Interfaces werden die Steigbügel in die Zukunft sein.

Star Trek-Technologie wird zum Leben erweckt

Die großen Konzerne, von IBM (www.ibm.com) bis PHILIPS (www.philips.com) tüfteln bereits seit Jahren an dieser Voice-to-Text-Technologie. Mit ihren Programmen FREESPEECH und VIAVOICE haben sie die ersten Massenprodukte auf den Markt gebracht. Die Fehlerquote ist zwar gering, aber dennoch zu hoch, will man diese Systeme in kleine tragbare Geräte einbauen. Mary hätte schlicht Sprachprobleme, um nicht zu sagen einen Sprachschaden. Mit IBMs VIAVOICE Spracherkennungs- und Sprachsteuerungssoftware kann man seit Anfang 2000 nicht nur Texte diktieren, sondern auch im Internet surfen. Das Erstellen von eMails, das Suchen im Internet, chatten, alles ist mit VIAVOICE bereits möglich. Wer die Suchmaschine YAHOO benutzen will, sagt einfach „gehe zu YAHOO“ und nennt nur noch einen Themenbereich, für den man Informationen sucht. Im Chat kann man anstatt zu tippen die Texte einfach diktieren.

Das weltweit führende Unternehmen im Bereich der Sprachsteuerung und Spracherkennung ist das belgische Unternehmen LERNOUT & HAUSPIE (www.lhsl.com). Ob Handy oder PC, auch LERNOUT & HAUSPIE ist dabei, das Interface der Zukunft zu entwickeln. AT&T (www.att.com), IBM, MOTOROLA und LUCENT TECHNOLOGIES (www.lucent.com) haben Anfang 2000 eine Software zum sprachgesteuerten Surfen entwickelt. Ihrem VOICE XML FORUM gehören etwa 75 der führenden IT-Weltkonzerne an, von SUN MICROSYSTEMS (www.sun.com) über NOKIA, ERICSSON bis PHILIPS. Jeder einzelne wird in seinen Entwicklungen diesen Standard berücksichtigen und entsprechende Projekte auf den Markt bringen. Das heißt im Klartext, daß es bald Geräte dieser Hersteller geben wird, bei denen man per Sprache nicht nur im Internet surfen, sondern auch dem Internet Befehle erteilen kann.

Dieses Interface, also die Schnittstelle zwischen Mensch und „Maschine“, zwischen Mensch und Technologie, wird gesellschaftlich einiges bewirken. Die Auswirkungen sind den Menschen heute noch gar nicht bewußt, werden aber gigantisch sein. Hat sich nämlich einmal die Sprache-zu-Text-Technologie durchgesetzt, wird wohl auch die neue deutsche Rechtschreibung noch einmal erneuert werden müssen. In einer Zeit, in der die Menschen nicht mehr in den Computer tippen müssen, in der sie einfach einem elektronischen Sekretär diktieren können, was sie wünschen, wird man nicht mehr so oft selbst zum Schreiben kommen. Diese Arbeit nimmt einem der Computer ab. Die neuen Technologien werden in der deutschen Sprache dazu führen, daß früher oder später - nach englischem Vorbild - die Groß- und Kleinschreibung verschwindet. Es gibt ja heute schon viele Computerbenutzer, die beim Schreiben einer eMail schlicht auf die Groß- und Kleinschreibung verzichten. Erstens, weil man annimmt, daß das die „moderne" Computersprache ist, zweitens auch deshalb, weil man sich keine Sorgen mehr über die korrekte Schreibweise machen muß.

Die neuen Technologien werden auch dazu führen, daß viele Menschen die Rechtschreibung verlernen. Wenn man das Geschriebene zum Teil nicht mehr sieht, wird man nach einigen Jahren auch vergessen, wie man es wirklich schreibt, da die Befehle oder Wünsche an den Computer nicht in geschriebener Form dargestellt werden. Lediglich beim Schreiben, sprich Diktieren von eMails, wird man sehen, wie man dieses oder jenes Wort schreibt. In der mobilen Informationsgesellschaft wird die Zahl der sogenannten sekundären Analphabeten steigen. So wie es Menschen gibt, die Probleme damit haben, Formulare bei Behörden richtig auszufüllen, weil sie verlernt haben zu lesen, zu schreiben und Geschriebenes zu begreifen, wird es künftig noch mehr Menschen geben, für die Grammatik ein Fremdwort ist.

Große Skeptiker gehen sogar noch einen Schritt weiter und meinen, daß einige Sprachen aussterben und sich nur die Weltsprachen durchsetzen werden - Englisch, Spanisch und Mandarin. Der Rest wird verschwinden.

Eine Einheitssprache, wie man es früher bei Esperanto versucht hat? Eine gewagte, sehr gewagte Theorie. Tatsache ist, daß das Internet von einer Sprache dominiert wird, und das ist Englisch. Wer Internetseiten von großen deutschsprachigen Unternehmen aufruft, kann meist zwischen Deutsch und Englisch wählen. Wer seine Informationen nicht englischsprachig ins Netz stellt, hat so gut wie keine Chance, von der weltweiten Informationsgesellschaft beachtet zu werden. Ein indischer Software-Unternehmer, der seine Informationen nur in seiner Sprache ins Netz stellt, würde genauso wenig beachtet werden wie ein Provider aus Thailand, China oder Japan.

Wer jetzt an ein Sterben seiner Sprache denkt, kann als Pessimist bezeichnet werden. Die Gegenoffensive ist nämlich die Spracherkennung – Übersetzungsprogramme, die sowohl in schriftlicher als auch mündlicher Form funktionieren werden. Schon heute werden im Internet Übersetzungsprogramme angeboten, die etwa deutschen Text in englischen umwandeln. Die Ergebnisse sind ernüchternd, vor allem wenn man sich den Spaß macht, einen deutschen Text zuerst ins Englische übersetzen zu lassen und dann wiederum ins Deutsche. Der Ausgangstext hat mit dem zweimal übersetzten Endtext mitunter soviel zu tun wie GOETHE mit einem Groschen-Roman.

Diese Systeme werden in Zukunft jedoch besser, wenn auch niemals perfekt, da auch die besten Computersysteme kein Gefühl für Sprache entwickeln können. Buchautoren, die ihr Werk in einer anderen Sprache publizieren wollen, werden wohl immer auf ausgebildete Übersetzer zurückgreifen, die das Spiel mit Wörtern beherrschen, Pointen formulieren können und verstehen, was der Autor wirklich wollte. Auch bei wichtigen juristischen Verträgen wird man weiterhin auf den Menschen setzen, da man einem Dolmetscher aus Fleisch und Blut wohl mehr traut als einem Softwareprogramm. In verschiedenen anderen Bereichen jedoch, wie etwa beim Einkaufen im Internet, beim Verschicken von Briefen an Freunde oder auch bei der Beschaffung von Information, wird man diesen Übersetzungsprogrammen trauen.

Mary wird mit verschiedenen Systemen kommunizieren, sie wird auch mit einem japanischen, koreanischen oder portugiesischen Assistenten reden können. Man stelle sich folgendes

Szenario vor: Man spricht mit einem koreanischen Geschäftspartner. Er spricht koreanisch in sein Mobiltelefon, man selbst redet deutsch. Eine Software übersetzt simultan das Koreanische ins Deutsche und umgekehrt. In den Image-Videos der großen Handy-Hersteller wie etwa MOTOROLA finden sich solche – natürlich gestellten – Filmsequenzen bereits. Ein Indiz, daß man gar nicht mehr so weit weg ist von der Realisierung dieser Vision.
Das US-Unternehmen VIA hat gemeinsam mit dem bereits erwähnten Unternehmen LERNOUT & HAUSPIE ein derartiges System Anfang 2000 vorgestellt. So wie die bei den Vereinten Nationen eingesetzten Simultanübersetzungssysteme per Kopfhörer verrichtet auch dieses Sprachübersetzungsprogramm die Arbeit. Sprache-zu-Sprache-Übersetzung in Echtzeit wird spätestens in zehn Jahren nichts Besonderes mehr sein. Schon jetzt funktioniert das Programm von VIA und LERNOUT & HAUSPIE in sieben Sprachen. Das System übersetzt innerhalb dieser sieben Sprachen, also die Rede eines Chinesen ins Englische – und umgekehrt, eines Franzosen ins Deutsche – und umgekehrt, jene eines Italieners ins Portugiesische oder Spanische – und umgekehrt. Freilich kann das System auch Spanisch ins Englische oder chinesische Ausführungen ins Portugiesische übersetzen. Man spricht einfach in ein Mikrofon in einer Sprache, und über einen Lautsprecher oder Kopfhörer kommt die Übersetzung. Was das System nicht kann: Rumänisch, Thai oder Ägyptisch. Auch nicht Klingonisch oder Romulanisch. Genau das ist das Argument jener, die meinen, daß einzelne Sprachen aussterben werden, weil es nur mehr die Hauptsprachen geben wird.
Auf der Internet-Messe SPRING INTERNET WORLD in Los Angeles im April 2000 hat der Software-Anbieter TRANSPARENT LANGUAGE (www.transparentlanguage.com) ein Website-Software-Paket vorgestellt, das Echtzeit-Übersetzungen über das World Wide Web anbietet. Das Tool ermöglicht etwa eine Simultanübersetzung eines englischsprachigen Users mit einem deutschsprachigen. PLUSTRANSLATION.COM (www.plustranslation.com) ist die Basisplattform und in vier Levels aufgeteilt. Auf der leichtesten

Stufe werden einfache Texte übersetzt, bei der schwierigsten sogar kompliziertes Fachjargon aus Wirtschaft oder Wissenschaft.

In eine andere Richtung geht der Vorschlag, den die UNIVERSITÄT DER VEREINTEN NATIONEN (UNU) (www.unu.edu) in Tokio gemacht hat. Sie probiert derzeit eine neue Sprache für das Internet. Die UNIVERSAL NETWORK LANGUAGE (UNL) ist, wie die Kunstsprache Esperanto, logisch aufgebaut, sagt man. Der Vorteil Esperanto gegenüber, das sich ja nie durchgesetzt hat: Nur der Computer muß die Sprache lernen. Der Benutzer schreibt in seiner Muttersprache, ein Programm namens ENCONVERTER übersetzt den Text automatisch in UNL. Wird die Seite von einem anderen User besucht, entschlüsselt ein DECONVERTER den Text und „übersetzt" ihn in die Muttersprache des Besuchers. 1996 wurde das Projekt am INSTITUTE OF ADVANCED STUDIES gestartet. Die Version, die seit Anfang 2000 getestet wird, nennt sich liebevoll EMBRYO.

THE FUTURIST (www.wfs.org) prognostizierte in seiner Millenniumsausgabe, daß bis 2100 90 Prozent der 6.000 auf diesem Planeten gesprochenen Sprachen ausgestorben sein werden. Der neuseeländische Linguist STEVEN ROGER FISCHER geht in seinem Buch A HISTORY OF LANGUAGE davon aus, daß nur drei Sprachen die kommenden 300 Jahre überleben werden: Chinesisch, Englisch und Spanisch. Seine These ist eine rein quantitative. Die mengenmäßige Überlegenheit der Menschen dieser Sprachräume hält die Sprachen am Leben. Französisch wird, so meint FISCHER, ein bedeutungsloser Dialekt. War es eine gewisse Vorahnung, daß die Grande Nation bereits 1994 ein Gesetz zum Erhalt der französischen Sprache erlassen hat? Auch Deutsch, Italienisch oder Russisch werden aussterben. Nur einige kleine - und vor allem reiche - Länder könnten es schaffen, ihre Sprache als lokales Kulturgut noch über einige hundert Jahre zu retten.

Der neuseeländische Linguist hat seine Rechnung ohne den Wirt gemacht. Er hat einfach auf die Komponente Technologie vergessen. Denn genau die neuen Technologien, das Internet

und die mobile Informationsgesellschaft, werden ein Weiterleben der Sprachen garantieren. Computer können programmiert werden, was höchstens bei manchen asiatischen Sprachen ein Problem sein könnte, da Wörter, in verschiedener Tonhöhe gesprochen, verschiedene Bedeutungen haben.
Daß das Wireless World Wide Web andere Kulturen und Sprachen stärkt, bestätigt auch der britische Forscher David Graddol. Er hat in seiner Studie The Future of English 1995 auch das Internet untersucht. Damals waren 84,3 Prozent aller Homepages in Englisch verfaßt, Platz zwei belegte Deutsch mit 4,5 Prozent gefolgt von Japanisch, Französisch und Spanisch. Graddol kam aufgrund seiner Studie zum Schluß, daß „das Netz" die sprachliche Vielfalt stärken werde, weil die Menschen Lust auf andere Zeitungen und damit auf aktuelle Informationen aus anderen Kulturen verspüren werden. Mit Übersetzungsprogrammen kann man sich diese Informationen sofort besorgen.
Fakt ist, daß die Menschen aufgrund der neuen Technologien weniger Fremdsprachen lernen werden. Computer und Software-Programme werden ihnen das Reden bzw. Übersetzen abnehmen. Denn eine Mary, ein Frank oder wie immer der persönliche digitale Assistent auch genannt wird, wird auch in die Rolle eines Simultanübersetzers schlüpfen. So wie es heute schon Langenscheidt-Computer für Reisende gibt oder auch Zusatzsteckkarten für Psion-Computer, auf denen ein Sprachlexikon enthalten ist, wird es künftig Online-Übersetzungsprogramme geben, auf die Mary, Frank & Co zugreifen. Mit anderen Computern, digitalen Assistenten und Systemen werden Mary, Frank & Co in ihrer Sprache kommunizieren. In digitaler Form, in Bits und Bytes, in Nullen und Einsen.

In der mobilen Informationsgesellschaft wird das Ende der babylonischen Sprachverwirrung eingeläutet – es wird eine technologische Einheitssprache entstehen.

Die Instant-Gesellschaft

Geduld ist eine Tugend, die in der Informationsgesellschaft nicht mehr sehr ausgeprägt ist. Die Prozessorgeschwindigkeit von Computern zeigt, wo wir stehen: in einer Turbo-Gesellschaft, die nicht mehr warten kann, die sich mit Hektik und Streß herumschlägt und nach dem Prinzip „Time ist money“ lebt.

Internetseiten müssen sich sofort aufbauen, dauert es zu lange, wird man unruhig, beschwert sich über den Computer oder über Bill Gates. Wenn wir etwas wollen, darf alles nur einen Moment dauern, einen kurzen Augenblick, alles muß im Nu fertig sein, wie die Päckchensuppe und das Fertigmenü aus dem Tiefkühlfach. Die immer größer werdenden Kühlregale in den Supermärkten sind ein Beweis dafür, daß die Menschen verlernt haben, zu warten, zu gustieren. Gab es früher nur Gefrierschränke für Fisch, diverse Gemüsesorten oder Eis, sind nun auch Käse, Wurst und Schinken fein säuberlich abgepackt in den Kühlregalen zu finden. Weil alles schnell gehen muß, augenblicklich erledigt werden muß.

Die ersten Sofortbildkameras waren vor etwa ein, zwei Jahrzehnten ein Hit. Daß sie sich nicht durchgesetzt haben, war eher auf die Bildqualität zurückzuführen. Digitale Kameras, mit denen ein Bild geknipst, begutachtet und danach gespeichert oder gelöscht werden kann, sind nichts anderes als eine Renaissance der Sofortbildkamerazeit. Mit einem Unterschied: Diesmal werden sie ein weltweiter Erfolg, denn die Qualität ist besser geworden.

Willkommen in der Im-Nu-Gesellschaft! Wir dürfen nicht nur von der mobilen Informationsgesellschaft sprechen, sondern auch von der mobilen Instant-Gesellschaft. Man will vieles sofort haben, man muß es sofort haben und denkt nicht daran zu warten. Man will – quasi in Echtzeit – nicht nur Information, man will auch bestellte Produkte, von der CD über Lebensmittel bis hin zum Auto sofort und auf der Stelle.

„Immer und überall", der Slogan, der in der Ära des Mobilfunks angewendet wurde und mit dem maximale Mobilität demonstriert werden sollte, hat die Menschen bereits in den vergangenen Jahren geprägt. Immer und überall wollen wir nicht nur telefonisch erreichbar sein und selbst telefonieren, immer und überall wollen wir Zugriff auf Information, auf Daten, auf unser eMail-Account.
Die Autohersteller werden, wie später erwähnt wird, der Instant-Gesellschaft in den Autos den Zugang zu Internet und daher zu Information liefern. Auch die Airlines tüfteln ehrgeizig daran, den Passagieren auch über den Wolken das Internet anbieten zu können – wireless surfen in 10.000 Meter Höhe. Die DEUTSCHE LUFTHANSA (www.lufthansa.com) hat in Frankfurt ein eigenes Forschungslabor eingerichtet, in dem Internet über den Wolken, TV in Echtzeit etc. probiert werden. Auch bei der AUSTRIAN AIRLINES GROUP zerbrechen sich Experten den Kopf, wie man den Internet-Zugang während des Fluges schaffen kann. Bei LAUDA AIR (www.laudaair.com) nimmt das Internet über den Wolken einen der vorderen Plätze auf der ToDo-Liste ein – beim Bord-Entertainment-Angebot, das in den kommenden Jahren um Video und Musik on demand erweitert werden soll. Jeder einzelne Passagiere wird aus einer Vielzahl von Filmen/Musikprogrammen wählen können und entscheiden, wann er einen Film sehen beziehungsweise Musik hören will. Je nach Lust und Laune kann er das Video- oder Audioprogramm unterbrechen, ohne nur eine Sekunde davon zu versäumen.
Schon heute befindet sich, und das ist wohl den wenigsten Passagieren wirklich bewußt, unter jedem Flugzeugsessel einer LAUDA AIR-Boeing B 777 eine Festplatte mit einem 486er-Prozessor. Die Airlines sind sich bewußt, daß die Ausstattung ihrer Flotten mit Internet-Zugang ziemlich teuer wird. Denn es muß nicht nur technisch die Hürde, passierende Satelliten anzuzapfen, gemeistert werden, auch jeder Sitz muß mit einem Computer mit gewaltiger Prozessorleistung ausgestattet werden. Die Instant-Gesellschaft will auch über den Wolken sofort und auf Knopfdruck Information.

Die Konvergenz

Wenn Technologien zusammenwachsen, spricht man von Konvergenz. In der mobilen Informationsgesellschaft wird es von konvergenten Produkten nur so wimmeln. Konvergenz ist schon die Telematik-Box in einem Pkw, die bei einem Aufprallunfall per Mobiltelefon die Rettung verständigt. Auch ein ausgelöster Airbag könnte diese Systematik auslösen. Konvergenz wird jeden Bereich unseres Lebens betreffen, in der Medizin genauso wie in der Politik, in der Wirtschaft, ja selbst in der Kultur wird es konvergente Produkte geben. Wenn ein Blutdruckmesser die Werte via Mobilfunk an den Arzt oder das Spital sendet, können wir von Konvergenz sprechen. Wenn man per Handy eine Kinokarte ordert und bezahlt, handelt es sich ebenfalls um ein konvergentes Produkt. Konvergenz ist auch das Markenzeichen des „mobilen Büros" – eine Verknüpfung von Firmennetzwerk und Handy, wie es die österreichische KAPSCH-GRUPPE (www.kapsch.net) mit den MOBILE VIRTUAL PRIVATE NETWORK (MVPN) vorexerziert: Das Internet verschmilzt mit dem Intranet. Beim MVPN hat ein Manager, egal wo in Europa er sich aufhält, Zugang ins Internet und ins firmeneigene Intranet, aus dem er sich immer aktuelle Informationen und Daten besorgen kann.

Bluetooth

Wenn Maschinen mit Maschinen reden

„Joe, dein Drucker sagt mir eben, daß er zwar den Text, den ich ihm gerade überspielt habe, ausdrucken kann, daß aber die Qualität nicht besonders ist."
„Wieso, Mary?"
„Die Farbpatrone ist schon fast leer."
„Dann muß ich sie eben austauschen. Für solche Arbeiten sind doch normalerweise Assistentinnen zuständig, Mary", lächelt Joe und ist fast froh, auch an seiner Mary einmal eine kleine Unzulänglichkeit entdecken zu dürfen.
„Manches werde ich eben nie können, Joe. Dafür werde ich deine Arbeit mit Mozart untermalen und eine CD initialisieren."

Schnurlos, wireless, drahtlos – das sind die Schlagworte zu Beginn des 21. Jahrhunderts. Mary kommuniziert mit Geräten – ohne daß Joe es merkt. Ganz automatisch fließt Information von der Waschmaschine zu Mary, wenn ein Servicetechniker notwendig sein sollte. Ohne daß Joe Notiz davon nimmt, redet Mary mit dem Kühlschrank und checkt sein Inventar, Mary plaudert mit der Lichtsteuerung, übermittelt anderen digitalen Assistenten, sobald Joe einem Geschäftspartner die Hand schüttelt, Joes digitale Visitenkarte.
Drahtlos, wireless hat vor einem Vierteljahrhundert mit den ersten Handys begonnen, seit einigen Jahren ist es möglich, mit seinem Laptop wireless ins Internet zu gelangen. Seit Anfang 2000 verfügen auch Mobiltelefone mit WAP-Technologie (Wireless Application Protocol) über einen Zugang ins Handy-Internet WAP. Bereits in einem Jahr, so prognostizieren die Mitglieder des WAP-Forums (www.wapforum.com), dem mehr als 200 Unternehmen angehören, und die Handy-Hersteller, werden mehr Internet-Handys als Laptops mit Zugang zum Internet verkauft.
Schon Ende 2002 wird, so Prognosen Anfang 2000, eine Milli-

arde Menschen ein Mobiltelefon besitzen, im Jahr darauf werden mehr Menschen mit einem mobilen Terminal auf das dann Wireless World Wide Web zugreifen als über einen drahtgebundenen Desktop. Denn die Handy-Hersteller und Netzbetreiber rüsten auf. Machen aus dem GSM-Netz, bevor 2002/2003 das ultraschnelle UMTS-Netz (Universal Mobile Telecommunication System) kommt, ein leistungsstarkes GPRS-Netz (General Packed Radio Service). Das Handy-Internet WAP, das Journalisten zu Wortkreationen wie WAPler, gewappnet etc. inspirierte, wird es in dieser Form aber nicht mehr geben. Aus dem Wireless Application Protocol wird eine Wireless Application Platform. Erst dann wird es möglich sein, im richtigen Internet zu surfen, sich Seiten aufzurufen, wie wir sie vom Festnetz-Internet her kennen.

Bei INVISIX (www.invisix.com) in London, dem Gemeinschaftsunternehmen von MOTOROLA und dem Netzwerkspezialisten CISCO, wird bereits in GPRS-Netzen getestet, wie das „echte" Internet ins Handy gelangen kann. Dann beginnt das MOBILE INTERNET wirklich. WAP ist bestenfalls eine Vorstufe, ein – übrigens langsamer – Check, welche Services die Konsumenten akzeptieren.

Bei WAP müssen Internet-Seiten in eine eigene Sprache, WML (Wireless Markup Language), übersetzt werden. Bereits in der GPRS-Ära sollen herkömmliche HTML-Seiten (Hypertext Markup Language) und auch XML-Seiten (Extensible Markup Language) im Handy dargestellt werden. XML ist eine neue Sprache, die von Festnetzcomputern und mobilen Geräten verstanden werden soll. Im Wiener Arsenal hat die österreichische MOBILKOM gemeinsam mit der KAPSCH-GRUPPE und MOTOROLA GPRS-Calls durchgeführt.

Noch besser wird das MOBILE INTERNET, wenn die ersten UMTS-Systeme in Betrieb genommen werden. Erste Tests im UMTS-Probenetz bei SIEMENS in München sind bereits erfolgreich verlaufen. MAX.MOBIL (www.maxmobil.at), der österreichische Netzbetreiber, hat im März 2000 den ersten UMTS-Call aus einem durch München fahrenden Bus nach Wien übertragen.

Doch wireless bedeutet weit mehr, als drahtlos im Internet surfen zu können. Der schwedische Konzern ERICSSON hat dem Wort „wireless" durch die Erfindung der BLUETOOTH-Technologie eine neue Bedeutung gegeben. BLUETOOTH, genannt nach dem Vikinger König HARALD BLAUZAHN, ist eine Technologie, mit der das Ende von Drähten, Leitungen und Kabelsalat fix ist. BLUETOOTH ist die Funktechnik für den Nahbereich, die es digitalen Assistenten wie Mary überhaupt erst ermöglicht, mit anderen elektronischen Geräten zu kommunizieren.

„Things that link", lautet einer der Leitsprüche im MEDIA LAB des MIT in Massachusetts. Geräte sind miteinander verbunden. Was alles möglich ist, hat ERICSSON bereits Mitte 1999 gezeigt. Die Produkte werden bereits seit Anfang 2000 mit Spannung erwartet und werden wohl auch den Aktienkurs des Unternehmens in die Höhe treiben:

Eine portable Freisprecheinrichtung ohne Kabel, das BLUETOOTH HEADSET. Eine portable Festplatte, auf der sich sämtliche Informationen auf einem Laptop speichern lassen. Der BLUETOOTH C-PEN, der wie ein Scanner funktioniert und ähnlich einem Leuchtstift über Textpassagen gezogen wird und dabei den Text in einen Computer überträgt. Eine BLUETOOTH-UHR, ein Handy-Adapter, um Mobiltelefone nachrüsten zu können und auch eine elektronische Geldbörse. Mit ihr kann man bezahlen, ohne eine Geld- oder Kreditkarte in ein Lesegerät stecken zu müssen. Wenn man künftig an die Kassa kommt, sendet die elektronische Geldbörse ein Signal an die Kassa und überweist den Kaufpreis von der Bank- oder Kreditkarte.

BLUETOOTH ist ein Stück Zukunft. Es geht hier nicht nur um die Produkte, BLUETOOTH zeigt, wie sich unser Leben verändern wird, wie Geräte sprechen lernen und wie sie lernen, miteinander zu kommunizieren. In der mobilen Informationsgesellschaft wird bald jedes elektronische Gerät mit allem kommunizieren, was elektronisch ist. Ohne, daß wir es merken. Computer, Maschinen und elektronische Geräte erhalten eine eigene Sprache, eine zwischenelektronische, zwischenmaschinelle Sprache, eine Maschine-zu-Maschine-Kommunikation.

Es wird in einigen Jahren kein Gerät mehr geben, das nicht kommunizieren kann – in einer Sprache, die wir weder hören noch verstehen werden, die nur von anderen technischen Geräten erkannt wird. Ob Drucker oder Tastatur, Hifi-Anlage, TV-Apparat, Uhr, Personenwaage, die Bremsbelege im Auto, der Bordcomputer auf einem Mountainbike – alle werden eine Sprache sprechen, werden eine Art „Seele" haben.

Joe wird mit Mary sein Büro betreten, und Mary wird dem Drucker den Auftrag erteilen, ein Konzept auszudrucken. Die Tastatur des Desktops wird drahtlos mit dem Computer verbunden sein, ebenso die Maus und der Scanner.

Eine Umfrage des Analyseunternehmens IDC (International Data Cooperation) (www.idc.com) hat ergeben, daß innerhalb europäischer Unternehmen die Nachfrage nach mobilen Datenanwendungen stark steigen würde, wenn die vorhandenen „Konnektivitätsprobleme" auf ein Mindestmaß reduziert werden könnten, sprich, wenn der Kabelsalat endlich wegfällt.

Ericsson hat deshalb auch die Bildung einer eigenen Bluetooth Special Interest Group (Bluetooth SIG) (www.bluetooth.com) angestrengt, der sich die führenden IT-Konzerne der Welt angeschlossen haben – von IBM über Sony, Siemens, Intel bis Toshiba. Insgesamt 1.400 Unternehmen aus der ganzen Welt haben beschlossen, ihre Geräte in Zukunft mit Bluetooth-Chips auszustatten, um die Vision von „things that links" zu realisieren. Eine Vision, an der die Studenten am Media Lab des MIT in Massachusetts seit Jahren, eigentlich schon Jahrzehnten, arbeiten.

Künftig werden alle elektronischen Geräte mit allem kommunizieren, was elektronisch ist. Ohne Wissen des Menschen werden sie zu seinen Gunsten Entscheidungen treffen und sein Leben organisieren.

Cybergirl

Die Welt der Avatare. Mary, Mya und andere virtuelle Schönheiten

„Joe, bin ich eigentlich perfekt?"
„Mary, ich verstehe deine Frage nicht!"
„Wie findest du mich, verglichen mit den anderen digitalen Assistenten? Ananova schaut ja sensationell aus, und auch auf e-Cyas Schultern könnte man sich ausrasten."
„So schmal sind meine Schultern aber auch nicht, Mary", beruhigt Joe. „Für mich bist du jedenfalls die ideale Assistentin. Aber vielleicht sollte ich dir einen Termin beim Friseur organisieren und deine Haare färben lassen?"
„Das wäre nett, Joe. Abwechslung tut jeder ‚Frau' gut. Und irgendwie bin doch auch ich eine Frau. Ich erkenne es daran, daß ich Mary heiße."

Mary hat keine Veranlagung zur Eifersucht. Hätte sie eine, fühlte sie sich von Rivalinnen regelrecht umzingelt. Der Cyberspace ist voll von Konkurrentinnen. Die können zwar nicht alle dasselbe wie sie, sind dafür aber virtuelle Supermodels: Ihre Formen sind vollendet, ihre Rundungen perfekt. Egal zu welcher Tages- oder Nachtzeit, sie sind immer makellos schön.
Aber was soll's! Wenn Mary eine andere Oberweite will, fragt sie Joe, ob sie sich unters virtuelle Messer legen darf. Auch Joes Arbeitskollegin kann ihren digitalen Assistenten Frank mit breiteren Schultern ausstatten, wenn er will – oder wenn sie es will.
Neben unseren digitalen Assistenten werden wir in der mobilen Informationsgesellschaft auch von sogenannten AVATAREN begleitet – beziehungsweise werden unsere digitalen Assistenten gemeinsam mit den Avataren in einer eigenen Cyberwelt leben.
Das Wort AVATAR stammt aus dem indischen Sanskrit. In der Mythologie der Hindu sind AVATARE Inkarnationen hinduistischer Gottheiten, die zu den Menschen herabsteigen und dabei deren Gestalt annehmen.
Im Zeitalter des Internet sind AVATARE zum einen unsere Vertreter im Netz – sie sind uns selbst nachempfunden, sehen so aus wie wir und haben unsere Maße. Zum anderen sind sie Prä-

sentatoren im Netz, führen durch Geschäfte im Internet, moderieren TV-Shows im WWWW, sind bekannte SpielheldInnen, wie LARA CROFT aus der Videogame-Serie TOMB RAIDER, oder treten als Schauspieler beziehungsweise Sänger auf.
In der mobilen Informationsgesellschaft werden AVATARE eine wichtige Rolle einnehmen. Sie werden unser Leben begleiten, wir werden ständig auf sie stoßen und bald Schwierigkeiten haben, sie von lebenden Personen zu unterscheiden.
IAN D. PEARSON von den BRITISH TELECOM LABS (www.britishtelecom.co.uk) geht davon aus, daß die Menschen sich im Jahre 2020 den Planeten mit intelligenten künstlichen Lebensformen teilen werden und daß 2010 der bestbezahlte Filmstar eine Cyberfigur sein wird – „bestbezahlt"! Freilich bekommt ein CYBERACTOR keine Gage dafür, daß er eine Rolle in einem Film spielt. Er stellt den Gagenrekord in Form von Tantiemen auf, die er bei Ausstrahlung des Films „verdient".
Einen virtuellen Schauspieler gab es bereits Mitte der 80er Jahre in Form des stotternden MAX HEADROOM. In der Musikbranche ist man auf virtuelle Stars das erste Mal 1996 gestoßen. In Japan erblickte das erste digitale Retortenkind, KYOKO DATE, das Licht der Cyberwelt. Die japanische Sängerin schaffte sogar den Einzug in die nationalen Charts.
Anfang 2000 betrat der erste männliche virtuelle Popstar mit seiner Debut-CD – mit dem bezeichnenden Titel „Are U Real" – die Bühne: E-CYAS (ISEIAS ausgesprochen). Die Abkürzung steht für ELECTRONIC CYBERNETIC ARTIFICIAL SUPERSTAR und wurde von der börsenotierten, in Esslingen ansässigen Multimedia-Agentur I-D-GRUPPE (www.i-dmedia.de) entwickelt. Er ist der erste männliche AVATAR und wohl auch der erste Popstar mit den männlichen Idealmaßen 101-79-97, der im Jahr 2000 eine CD herausgebracht hat. Bloß: Wem wird die „goldene CD" überreicht werden? Die Entwickler bei I-D-Media und eine Arbeitsgruppe der Universität Erlangen wollen E-CYAS auch mit einem intelligenten Sprachmodul ausrüsten, damit er irgendwann einmal selbständig Fragen von Anrufern beantworten kann.
Gleichzeitig mit E-CYAS hat die I-D-GRUPPE einen ganzen Kosmos

geschaffen, in dem man Mitglied werden kann. Unter www.cycosmos.com kann man sich aus unzähligen Eigenschaften seinen eigenen Avatar schaffen, ihm ein beliebiges Aussehen verpassen, ein Persönlichkeitsprofil zuweisen und dann mit anderen in Kontakt treten. Durchschnittlich legen sich die neuen Community-Mitglieder 37 Eigenschaften zu. Wächter im Cycosmos, sogenannte Cycops, achten darauf, daß alles seriös und mit rechten Dingen zugeht.
Das ZDF hat 1999 anläßlich der Internationalen Funkausstellung in Berlin einen Cyberversuch gestartet und erstmals eine virtuelle Moderatorin für eine Technologie-Show eingesetzt. Cornelia, wie die ZDF-Schöne hieß (www.zdf.de/treff/kult/webface), hatte die Aufgabe, die Fernsehzuseher durch die Sendung „Online-Nacht" zu führen. Freilich erkannte man sofort, daß es sich um eine virtuelle Figur handelt – abgesehen davon, daß der Körperbau perfekt war. Doch das ist die Zukunft, auf die wir treffen werden: Cyberfiguren.
Neben e-Cyas hat im Frühjahr 2000 Ananova für Furore gesorgt. (www.ananova.com) Die rassige Schöne, die über Nacht zum Superstar wurde, „28 Jahre alt", wurde von der britischen Nachrichtenagentur Press Association geschaffen und moderiert seither als erste virtuelle Nachrichtensprecherin eine Nachrichtensendung im Netz. So gut wie jedem Medium, von Tageszeitungen über Radiostationen bis zum Fernsehen, war ihr Erscheinen eine Meldung wert. Leibhaftige Nachrichtensprecher kündigten ihren Auftritt an und haben dabei wohl vergessen, daß sie damit ihren eigenen Abgang eingeläutet haben. Denn in der mobilen Informationsgesellschaft werden viele Menschen durch virtuelle Schöpfungen ersetzt. Nachrichtensprecher werden dabei vielleicht der Anfang sein.

Die Stars von morgen werden Kreationen aus dem Cyberspace sein. Schauspieler und Sänger werden aus Bits und Bytes bestehen. In der Welt der perfekten Illusion werden wir „analoge" und digitale Existenzen nicht unterscheiden können.

Die reale irreale Welt

MIT-Direktor Michael Dertouzos erwartet, daß wir in einigen Jahren auf unzählige Avatare stoßen werden. Sie werden so täuschend echt sein, daß wir nicht mehr wirklich sagen können, ob diese Person real oder erfunden ist.
Real oder nicht real, das ist die Frage, die wir uns in Zukunft stellen werden. So wie George Lukas' Dinosaurier täuschend echt sind, von jedem Kind als leibhaftig angesehen werden, werden wir auch in einigen Jahren Cyberschauspieler als leibhaftig anerkennen. Wie schwierig es ist, Körperbewegungen, Gesten und Mimik einer virtuellen Person echt aussehen zu lassen, erkennt man, wenn man sich die Security-Videos einiger Fluglinien ansieht: Virtuelle Personen erklären die Sicherheitsanweisungen – Gestik und Mimik sind jedoch noch weit davon entfernt, als natürlich menschlich durchzugehen. Doch daran wird gearbeitet.
Damit jede Bewegung natürlich wird, liefert ein „Performer", ein Schauspieler, die Daten über an seinem Körper befestigte Sensoren. Der Computer setzt diese Daten in Impulse um, die den virtuellen Menschen in entsprechende Bewegung versetzen. Was in Echtzeit funktioniert, wird künftig auch in gespeicherter Form funktionieren. Anhand der gespeicherten Datenmengen werden die Avatare sich menschlich benehmen können und dafür sorgen, daß Realität und virtueller Raum verschmelzen.
Wir werden in einigen Jahren mit Computeranimationen plaudern. Zum einen, weil wir gar nicht wissen werden, daß die Person nicht aus Fleisch und Blut ist, zum anderen, weil es für uns völlig normal sein wird, mit künstlichen Gestalten zu reden. Joe wird seiner Mary nicht nur eine Stimme geben können, er wird sie auch gestalten, nach seinen Vorstellungen formen können. Wir werden lernen, mit virtuellen Persönlichkeiten zu leben, mit ihnen zu reden, ihnen unser Herz auszuschütten. Sie werden unsere Bezugspersonen, weil sie ständig bei uns und immer für uns da sind. Von der Handy-Freisprecheinrichtung im Auto, die zu wählen beginnt, bis zum digitalen Assistenten

oder Avatar, dem man einen Namen gibt und Befehle erteilt, ist es nicht weit – auch wenn es auf den ersten Blick so erscheinen mag. Die Technologie ist dabei, sich selbst ein Antlitz zu geben – äußerlich und akustisch. Noch sind die Stimmen blechern, abgehackt, aber das Menschliche wird ihnen zusehends weniger fremd.

Ein Leben mit virtuellen Figuren, ein Miteinanderreden, so was ähnliches wie zwischenmenschliche Kommunikation. Unmöglich? Keineswegs. E-Cyas bekommt Liebesbriefe, Fans schütten ihm ihr Herz aus, schreiben ihm Gedichte – ein Zeichen einerseits, daß wir lernen, mit diesen Kreationen zu leben, andererseits ein Beweis dafür, daß der Mensch die Kommunikation sucht, Ansprechpartner braucht. Avatare und digitale Assistenten werden für viele Menschen zu den Bezugspersonen der Zukunft.

Motorola hat zur Oscar-Verleihung 2000 in einem aufwendig gestalteten Werbespot während der Verleihung seine virtuelle Kreation Mya – the 24-hour-talking Internet – vorgestellt. (www.motorola.com) Mya, die Schöne mit dem silbernen Haar, lebt in der Myasphere und ist eine perfekte digitale Assistentin, der man seine Wünsche anvertrauen kann:

„Mya, verbinde mich mit Georg Hoffmann."

„Georg Hoffman auf dem Handy oder auf dem Festnetz?"

„Auf dem Handy."

Nach der Verbindung fragt sie: „Darf ich sonst noch was für dich tun?" Mya verbindet mit dem Wetterdienst genauso wie mit dem Flughafen. Sie spricht mit dem Herrn und führt, so wie Jeannie, der Geist aus der Flasche, die Wünsche des Besitzers aus. Die Motorola-Assistentin reagiert zwar nur auf englische Befehle, sie erkennt aber, das haben die Programmierer geschafft, verschiedenste britische und amerikanische Dialekte.

Digitale Assistenten und Avatare werden das Leben der Menschen in der mobilen Informationsgesellschaft begleiten und die Rolle von menschlichen Bezugspersonen übernehmen.

Digitale Doppelgänger

Es ist eine von wenigen Attraktionen, die im britischen MILLENNIUM-DOME (www.dome2000.co.uk) in London gelungen sind. In der von der BRITISH TELECOM geponserten „Talk"-Welt, in der die Besucher mehr über die Telekommunikation, das Internet und die Kommunikation der Zukunft erfahren, können Besucher nicht nur in die Rolle des kleinen Elliot schlüpfen und mit E.T. per Fahrrad Richtung Mond fliegen. Sie haben auch die Möglichkeit, sich einen eigenen AVATAR anfertigen zu lassen. Dafür wird man in einem ersten Schritt von vier Seiten fotografiert. Danach wird aus den vier Bildern eine Kopie des Menschen gebastelt. Mit diesen digitalen Doppelgängern werden wir in Zukunft im Internet einkaufen. Sie haben die gleichen Maße wie wir und können in Kleidungsstücke schlüpfen.
Die deutsche NODNA AG (www.nodna.com), die sich auf die Schaffung von AVATAREN spezialisiert hat, geht davon aus, daß Menschen in einigen Jahren für ihren persönlichen Avatar sogar Geld ausgeben werden, nur um ihn statusgerecht aussehen zu lassen. In AVATAR-STORES wird man Designermode für das persönliche Abbild im Internet kaufen, da dieses zweite Ich ja den Menschen bei Sitzungen, Verhandlungen und anderen Terminen repräsentiert. Und so, wie man im richtigen Leben einen guten Eindruck hinterlassen möchte, will man es auch in der Cyberwelt. Ein Slogan der Zukunft wird sein: „Zeig mir deinen AVATAR, und ich sage dir, wer du bist."
Der AVATAR repräsentiert den Menschen und dessen Interessen im Internet. Er spiegelt sogar die Persönlichkeit wider und erspart dem „Besitzer" Arbeit und Zeit – so wie Mary Joe Zeit erspart, weil ja sie online geht, sucht und arbeitet, und nicht Joe.
Das US-Modeunternehmen LAND'S END war eine der ersten Firmen im Internet, bei denen Kunden via virtueller Vertreter einkaufen konnten. Wählt man www.landsend.com, kann man sich seinen virtuellen Vertreter zusammenstellen. Man gibt einfach Größe, Oberweite, Bauchumfang, Haarfarbe oder Ge-

sichtsform und Gesichtsgröße an und schafft so sein eigenes Abbild im Internet, mit dem man in Kleider, Hosen oder Röcke schlüpfen kann. Der AVATAR zeigt dann in einer virtuellen Modeschau, wie das Kleidungsstück paßt, ob es mit Typ und Haarfarbe harmoniert. Künftig werden wir, etwa mit einer Webcam oder einer Digitalkamera, ein Bild von uns machen und daraus, wie es im Londoner MILLENNIUM-DOME vorexerziert wird, einen AVATAR anfertigen.

Unsere AVATARE werden in der mobilen Informationsgesellschaft beim Einkauf im Netz auf andere AVATARE, auch SMART-BOTS genannt, treffen, von denen sie durch einen Online-Shop geleitet werden. Die Italienerin SUPEREVA macht Werbung für Computer (www.supereva.com), für die Model-Agentur ELITE führt TOOKAY WEBBIE 24 Stunden am Tag Designer-Dessous vor – er hat auch eine eigene TV-Show im Netz (www.illusion2k.com). CHLOE und ZOE (www.glasgowrecords.com) bedienen bei Glasgow Records, LAURA verkauft im Online-Markt www.cozone.com digitale Kameras. Auch BERTELSMANN hat bereits Anfang 2000 angekündigt, in seinem Online-Buchladen www.bol.de AVATARE als Verkäufer einzusetzen. Mit ihnen wird das Einkaufen menschlicher.

Die DEUTSCHE BANK setzt das Cyber-Girl CORA ein, das Bankkunden, die die Adresse www.deutsche-bank.de/ui aufrufen, durch die Webseiten führt. Die VICTORIA-VERSICHERUNG setzt auf eine virtuelle Kundenberaterin, VEE, die über Musik spricht und so nebenbei auch ein wenig die Versicherungswelt mit all ihren Möglichkeiten erklärt.

Ist es eine schöne, neue, ja fast perfekte Welt, in der wir in einigen Jahren leben, wenn mangels zwischenmenschlicher Kommunikation Maschinen unsere Ansprechpartner werden? Es gibt Skeptiker dieser neuen Welt, wie etwa den amerikanischen Computerkritiker JOSEPH WEIZENBAUM. Er sieht in dieser Entwicklung eine Entwertung der Welt. „Sind wir vielleicht, ohne es zu wissen, bereits umgeben von Replikanten?"

Wir werden uns in Zukunft daran gewöhnen müssen, unsere Welt auch mit virtuellen Persönlichkeiten zu teilen. Der Vorteil liegt jedenfalls darin, daß damit zwar die Weltbevölkerung steigt, aber AVATARE und digitale Assistenten keinen physischen Raum beanspruchen.

Die Menschen werden sich in Zukunft die Erde mit einer zweiten Spezies teilen, mit Avataren. Der Mensch versucht sich dabei als Schöpfer und kreiert künstliche Geschöpfe nach seinem Ebenbild.

Gesundheit

Eßbare Computer und denkende T-Shirts

„Joe, dein Blutdruck beträgt derzeit 150 zu 100. Du solltest deine Tabletten nehmen."
„Danke, Mary, aber ich habe sie schon genommen."
„Joe, soll ich die Daten an Dr. Huber weiterleiten?"
„Nein Mary, erst wenn der Wert nicht runtergeht."

Mary organisiert nicht nur Termine, meldet eMails oder sucht für Joe die besten Informationen im Netz, Mary überwacht auch seine Gesundheit.

Die digitalen Assistenten mutieren zu Arzthelferinnen, erledigen nicht nur die Arbeit von Diplomkrankenschwestern, sondern sind „digitale Schutzengel", die den Körper ständig im Auge behalten.

Mary kommuniziert mit einem Chip, der – im Körper implantiert – bestimmte Körperdaten speichert und die Werte weiterleitet. Mary warnt entweder ihren Herrn, wenn es zu Abweichungen kommt, oder informiert in Akutfällen sogar selbst den Arzt oder das Krankenhaus.

Für Autos werden telemetrische Boxen angeboten, die – eingebaut im Motorraum – bei einem Unfall automatisch via GSM Autofahrerclub-Zentralen wie ADAC (www.adac.de) oder ÖAMTC (www.oeamtc.com) informieren. Dort stellt man die Verbindung mit dem Autofahrer her. Meldet er sich nicht, schickt man einen Notarztwagen oder Hubschrauber zum Unfallort. Die Position kennt man aufgrund eines GPS-Senders, der in der Telematik-Box eingebaut ist.

Telemedizin ist die Antwort auf die Finanzkrise, die viele Staaten vor allem durch die Finanzierung des Gesundheitssystems plagt, Telemetrie wird unser Gesundheitssystem in den kommenden Jahren revolutionieren. Eine Revolution, die von Krankenkassen, Sozialversicherungen etc. forciert werden muß, damit der von ihnen verlangte Sparkurs eingehalten werden kann. Die aktuellen Budgetprobleme in sämtlichen EU-Staaten werden zu einem Umdenken führen und dazu, daß medizinische Telemetrie-Systeme auch installiert und gefördert werden.

Wenn vom Sparen die Rede ist, denken Krankenkassen & Co zuallererst an Lösungen wie eine Erhöhung der Rezeptgebühr oder einen Selbstbehalt bei „nicht akuten" Arzt- und Ambulanzbesuchen. Regierungen und Ministerien haben noch nicht erkannt, daß durch Telemetrie, richtig und sinnvoll eingesetzt, Milliarden eingespart werden können.

Der Druck auf die Regierungen ist größer, als viele annehmen, denn in der Gesundheitsvorsorge kommt es zum Prinzip älter-häufiger-größer: Die Menschen werden immer älter, gleichzeitig treten chronische Krankheiten immer häufiger auf, womit der Überwachungsbedarf größer wird.

Man wird den Menschen aus Einsparungsgründen nicht Medikamente verwehren können, auch nicht medizinische Untersuchungen oder Operationen. Der Kostenfaktor darf nie Grund sein, einen Menschen von der medizinischen Betreuung auszuschließen, wie Anfang 2000 anhand des Schicksals einer britischen Krebspatientin diskutiert wurde. Ihr wollte man aufgrund ihrer schweren Krankheit im „vorgeschrittenem" Stadium gewisse Behandlungsmethoden verwehren. Der Staat muß in den europäischen Sozialsystemen dafür sorgen, jedem Menschen die gleichen medizinischen Versorgungsmöglichkeiten anbieten zu können.

In der mobilen Informationsgesellschaft wird die medizinische Versorgung der Bevölkerung leichter, da durch den Einsatz modernster Systeme jeder Mensch erreichbar ist. Jeder, der mit einem digitalen Assistenten ausgestattet ist, kann überwacht und behandelt werden. Studien, die in Deutschland und in den USA gemacht wurden, belegen eindeutig, daß elektronisches Monitoring den Patienten tatsächlich zugute kommen könnte.

Technische Implantate im Körper werden nicht nur die Gesundheit des Menschen überwachen, sondern auch die Diagnosemedizin revolutionieren. Der Herzschrittmacher stellt den Urahn für eine ungeahnte Fülle an medizinischen technischen Gehilfen dar.

Arztbesuch via eMail

Daß Krankenhäuser und Universitätskliniken über Kontinente hinweg miteinander zusammenarbeiten und auf elektronischem Weg ihre Daten austauschen beziehungsweise daß ein Arzt aus Boston mit seinem in Heidelberg oder Wien sitzenden Kollegen gemeinsam eine Operation durchführt, ist schon seit Jahren möglich. Das sind Paradebeispiele, die sich marketingmäßig gut verkaufen lassen.

Fernoperationen über Tausende von Kilometer hinweg sind zwar spektakulär – denn wenn Roboter aus der Distanz an Menschen hantieren und die per Joystick eingegebenen Befehle des Operators durchführen, werden die grenzenlosen Möglichkeiten der Medizin und Telemedizin aufgezeigt –, doch die wirklich sensationellen Möglichkeiten im Bereich der Telemedizin sind die scheinbar weniger spektakulären, jene, die nicht für Schlagzeilen sorgen. Dabei werden gerade dadurch Behandlungs- und Heilungsmethoden möglich, die wir als Sensation empfinden würden.

Die Entwicklung ist eigentlich logisch. Wenn Krankheitsparameter in einem Krankenhaus oder beim Arzt elektronisch gemessen werden, bedeutet dies, daß auch die Überwachung oder sogar die Behandlung elektronisch verlaufen kann, ein Arztbesuch also gar nicht mehr unbedingt notwendig ist. Wenn etwa ein Computersystem einen Blutdruckpatienten überwacht und ihn per eMail auffordert, eine halbe Tablette zu nehmen, ist dies ein Programm, das im Fachjargon EXPERTENSYSTEM genannt wird.

Fernüberwachung ist dank der hochleistungsstarken Mobilfunknetze und des Internet auch zu Hause möglich. Vieles, was heute in den Spitälern bei der Überwachung von Patienten eingesetzt wird, funktioniert auch über Hunderte von Kilometern. Alle Versuche, die bis dato stattgefunden haben, sind erfolgreich verlaufen. Es wurden in den Testreihen Blutdruck-Patienten überwacht, Diabetiker und auch Frauen mit Risiko-Schwangerschaften. Überwachungsgeräte für den „Hausgebrauch" – elektronische Blutdruckmesser, Schlafmonitore für Babys, elektronische Spirometer etc. – können an den Computer angeschlossen werden, ermittelte Daten werden von A nach B geschickt.

Zahlreiche Studien haben gezeigt, daß die telemedizinische Überwachung von Diabetes-Patienten zur Abnahme ihrer Zuckerkonzentration im Blut geführt hat und sie damit ihre eigene Krankheit besser im Griff hatten, weil sie rascher reagieren und exaktere Mengen von Insulin injizieren konnten.

Studien haben auch belegt, daß die Heilung daheim mitunter erfolgreicher verläuft als im Krankenhaus selbst. Zehn bis 15 Prozent der Krankheiten werden durch das Spital verursacht, treten dort erst auf, weil die Umgebung für den Patienten ungewohnt ist. Die landläufige Meinung, „im Spital wird man nur kränker", ist kein Zufall. Das soll freilich nicht die hervorragenden Leistungen der Medizin schmälern.

In der mobilen Informationsgesellschaft wird durch mobile Telemedizin die Gesundheitsvorsorge erstmals Reiche und Arme gleichermaßen erreichen, da mobile Telemedizin in abgelegenen Regionen genauso funktioniert wie in hochtechnisierten Städten und billig genug ist, um von jedermann genutzt zu werden.

Mary spricht mit dem Blutdruckmesser

Mary, die digitale Assistentin, ist künftig Teil des vorhin erwähnten Expertensystems. Sie ist die digitale Krankenschwester, die immer in Joes Nähe ist und mit dem analogen Arzt ständig in Verbindung steht. Mary spricht mit der Datenbank des Arztes oder Krankenhauses, sie kommuniziert aber auch mit Geräten, mit Chips, die in Joes Körper implantiert sind oder an seiner Haut kleben und bestimmte Körperwerte registrieren und speichern.

Ob der Chip im Körper, wie ihn das Oak Ridge Laboratory (www.ornl.gov) in Tennessee für das Militär entwickelt hat, einmal auch für Zivilisten Serienreife erlangen wird, steht noch nicht fest. Das Militär ist immer „Testfeld“ für neue Errungenschaften, es bekommt immer die ersten Systeme bereitgestellt und kann sie nutzen. Man denke dabei nur an die Satellitentechnologie.

Der vom Oak Ridge Laboratory entwickelte Chip speichert nicht nur diverse Blutwerte, er ist zugleich auch ein GPS-Sender und verrät den aktuellen Aufenthaltsort des Soldaten. Die Frage ist, wer einen Chip in seinem Körper implantiert haben will.

Eine „Maschine“, eine Art Roboter im Körper, schreckt zwar viele ab, ist aber auf den zweiten Blick moralisch und ethisch durchaus vertretbar. Auch ein Herzschrittmacher ist eine „Maschine“ und sorgt dafür, daß das Herz im richtigen Rhythmus arbeitet.

Die Zahl jener, die ihre Gesundheit per Chip überwachen lassen würden, ist größer, als viele annehmen. Zielgruppe sind auf der einen Seite Diabetiker, die sich dadurch das tägliche Stechen für die Analyse ihrer Blutzuckerwerte ersparen würden. Auf der anderen Seite hätte auch jeder Herz- und Kreislaufkranke damit ein Instrument, das Blutdruck, Herzfrequenz etc. überwacht. Hinzu kommt noch die Klientel jener, die andere Blutwerte wie etwa Cholesterin oder Triglyceride überwachen lassen könnten. „Joe, du hattest schon vier große Biere. Das tut deinem Cholesterinwert nicht sehr gut.“ „Joe, du soll-

test morgen einen Fasttag oder Obsttag einlegen, die Grillparty am Wochenende hat dir nicht sehr gut getan."
Die digitalen Assistenten werden zu Gesundheitsaposteln, weil sie mit anderen Geräten kommunizieren, ganz gleich ob wir diese Chips in oder an uns tragen. Immer wieder werden Systeme erarbeitet, wie etwa jenes von Schweizer und französischen Forschern der Universität Genf und Lyon. Sie haben ein Verfahren zur Blutzuckerbestimmung ohne Nadelstich entwickelt. Ein Biosensor, der elektrisch geladen wird, zieht chemische Substanzen durch die Haut an, analysiert sie und bestimmt den Blutzuckergehalt. Bei einem anderen System, das an der privaten Universität in Witten/Herdecke (www.uniwh.de) entwickelt wurde, dringt ein Lichtstrahl durch die Haut und reflektiert die Glukose-Kristalle.

Wenn die Unterwäsche mitdenkt

Auch das LifeShirt (www.lifeshirt.com), das in den Vereinigten Staaten entwickelt wurde, ist ein Indiz dafür, daß es in die Richtung Maschine-zu-Maschine-Kommunikation geht. Das LifeShirt ist ein ganz normales, handwaschbares Unterleibchen aus Baumwolle und kostet etwa 250 Dollar. Im Hemd sind kleine Sensoren eingewebt, die ständig EKG-Werte, Puls, Blutdruck und viele andere Daten messen – insgesamt 40 verschiedene Parameter, die im Unterhemd gespeichert und an einen Computer oder an ein Handy übertragen werden können. Von dort werden die Daten via Internet an das LifeShirt-Data-Center übermittelt, wo sie für 30 Dollar pro Tag analysiert werden und gegebenenfalls reagiert werden kann.
Das denkende Unterhemd wird in einer ersten Phase an Herzpatienten getestet, die aus dem Krankenhaus entlassen, aber nach wie vor überwacht werden sollen. Ein ähnliches Unterhemd für das Militär entwickelt auch das Georgia Institute of Technology.
Liegt die Zukunft in unserer Unterwäsche? Egal, ob wir künftig

einen Chip in uns, eine Art Uhr oder Armband an uns tragen, die per Strom oder Lichtstrahl Blut untersuchen, oder Hemden, die mit Sensoren ausgestattet sind: In allen Fällen kommuniziert ein Gerät mit einem anderen, plaudern zwei „Computer" miteinander. Ohne, daß es Joe merkt, wird Mary ständig mit allen Geräten Verbindung aufnehmen und unauffällig die „gute Seele" sein.
Ähnliche Forschungen werden seit Jahren auch in Deutschland unternommen. Am Uni-Klinikum Essen (www.uni-essen.de) haben Ärzte ein Notruf- und Diagnose-Handy entwickelt. Das Mobiltelefon ist für Herz- und Kreislaufkranke gedacht, denn es besitzt zum einen eine Herztaste, über die auf Knopfdruck die Klinik erreicht werden kann, wo man sofort die dazugehörige Krankenakte im Computer öffnet. Zum anderen sind auf der Rückseite des Handys Sensoren angebracht, die, wenn man das Handy auf seine Brust drückt, ein EKG aufnehmen und via GSM-Netz an die Klinik schicken.
Das Bremer Institut für Mikrosensoren (www.uni-bremen.de) wiederum hat ein drahtloses Mini-Meßsystem entwickelt, das vor lebensbedrohlichen Krankheiten warnt. Ein winziger Sensor in den Adern mißt den Blutdruck und gibt die Daten über eine Leiterbahn an einen Chip weiter, der knapp unter der Haut eingepflanzt ist. Die Daten werden an ein kleines Gerät geschickt, das in der Wohnung des Patienten aufgestellt ist.
Die Sensor-Technologie wird, kombiniert mit dem Mobilfunk, in den kommenden Jahren das gesamte Gesundheitssystem revolutionieren und die Kranken- und auch Altenpflege ändern. „Die Medizin wird sich in den kommenden 20 Jahren stärker ändern, als sie dies während der vergangenen 2.000 Jahre getan hat", prophezeit der Herausgeber des British Medical Journal (www.bmj.com), Richard Smith. Betrachtet man die Entwicklungen, so hat er wohl recht: Ob das nun neue Medikamente sind, die Entschlüsselung des Genoms, wodurch Erbkrankheiten geheilt und – wie John Naisbitt befürchtet –, der perfekte Mensch künstlich geschaffen werden kann, oder ob das die Fortschritte in der Transplantationschirurgie sind, die ein

wenig schon an FRANKENSTEIN erinnern, da man Menschen Körperteile von Toten annähen kann. Die Computerisierung der Medizin ist das Tüpfelchen auf dem i, denn es wird nicht nur die Medizin technisiert, sondern auch der Mensch selbst.
Die Entwicklung erinnert ein bißchen an eine Attraktion, die derzeit im EPCOT-CENTER (www.disney.go.com) in Orlando gezeigt wird. Im GESUNDHEITSLAND können Besucher in ein U-Boot einsteigen, das - so wird einem vorgegaukelt - auf Minigröße geschrumpft und in die Blutbahn eines Menschen injiziert wird. Bei dieser Fahrt durch die Adern und Arterien passiert das U-Boot Herz, Leber etc. Vielleicht war es diese Attraktion, die die Studenten des MEDIA LAB im MIT inspiriert hat: Sie entwickeln derzeit einen eßbaren Computer, so groß wie eine Vitaminpille. Wer körperliche Beschwerden hat, schluckt diese Pille. Auf dem Weg durch den Körper speichert der kleine Mikrocomputer Körperwerte und sendet sie an ein kleines Gerät, das am Gürtel hängt - an ein Handy oder eine Art Pager. Dort werden die Daten gespeichert und können am nächsten Tag, wenn die Pille wieder den Körper auf natürliche Weise verlassen hat, vom Arzt oder im Spital analysiert werden. In fünf Jahren werden Apotheken solche eßbaren Computer verkaufen.
Jeder Mensch kann ständig überwacht werden. In Akutfällen kann rascher reagiert werden. Digitale Assistenten, ob sie nun Mary, Frank oder Nicole heißen, werden in der mobilen Informationsgesellschaft zu Lebensrettern. Man weiß, daß sich Schlaganfälle oder Herzinfarkte ankündigen. Digitale Assistenten werden sensibel genug sein, um solche Vorzeichen zu erkennen, um zu warnen oder gleich Alarm auszulösen.
An den drei deutschen FRAUNHOFER-Instituten (www.fhg.de) für Mikroelektronik und Mikrointegration wurde der sogenannte e-ssist entwickelt. Ein elektronischer Assistent, der den Menschen unterstützen soll. Voraussetzungen sind zum einen die neue Generation von Handys beziehungsweise Mobilfunkgeräten, zum anderen Meßsysteme, wie etwa verformbare Transponder, die auch auf runden oder „unförmigen" Gegenständen

angebracht werden können. Beim e-ssist gingen die FRAUNHOFER Experten nicht nur davon aus, daß diese Transponder auf Artikel im Supermarktregal geklebt werden können, sie sahen auch Ärzte als mögliche Anwender. Diese könnten über den e-ssist Notrufe empfangen und sich über Sensoren am Körper der Patienten jederzeit über Funktionen wie Blutdruck, Puls oder Körpertemperatur informieren.

Der e-ssist funktioniert nicht nur in einem Krankenhaus, er könnte auch - verbunden mit dem Mobilfunknetz - Patienten in der Ferne überwachen. Die Arztpraxis der Zukunft wird sicherlich ein Computer sein, der ständig online ist und laufend mit Patientendaten gefüttert wird, die ganz automatisch ins Netz geschickt werden. Entweder, weil die digitalen Assistenten der Patienten in regelmäßigen Abständen Daten an den Arzt weitersenden, oder, weil der Computer in regelmäßigen Abständen die Verbindung zu den Patienten herstellt und Daten abfragt. Tritt eine Unregelmäßigkeit auf, so wird automatisch der Arzt verständigt, mit einem Warnton alarmiert. Dieser kann sofort die Daten analysieren, unmittelbar darauf reagieren und schon vorzeitig mit seiner Behandlung starten. Befindet er sich zufällig auf einem Hausbesuch, oder ist er unterwegs, so wird er via Handy gewarnt. Oder der Arzt wird von seinem digitalen Assistenten informiert - so, wie es Mary bei Joe macht -, daß Patient X oder Patientin Y eine dringende Behandlung benötigt. Ist der Arzt auf Urlaub, werden die Daten entweder an den nächsten diensthabenden Arzt oder an eine eigene Health-Care-Zentrale weitergeschickt. Denn die wird es in der mobilen Informationsgesellschaft auch geben beziehungsweise geben müssen. Es werden sich entweder neue Zentren bilden, die dieses Patienten-Monitoring in Kombination mit Arztpraxen anbieten, oder es werden in den Krankenhäusern neue Abteilungen aufgebaut, die für die Fernüberwachung zuständig sind.

Die Computerisierung wird die Spitäler ändern - und die ärztliche Ausbildung. In den Spitälern werden die Patienten mit Sensoren vernetzt, die viele Labortests überflüssig machen.

Sogar Toiletten werden mit Sensoren ausgestattet, die jeden Wert automatisch in die digitale Krankenakte weiterleiten. Das gesamte Krankenhaus wird zu einer Intensivstation. Jeder, der das Spital betritt, wird in einer Schleuse auf Bakterien und Viren gescannt und im Bedarfsfall gleich desinfiziert. Die Krankenhäuser selbst werden zu Internethäusern – nur so wird Telemedizin in den Privathäusern überhaupt möglich.
Diese Entwicklung muß in der medizinischen Ausbildung berücksichtigt werden. Mittels virtueller Realität lassen sich virtualisierbare Standardmenschen darstellen – 3D-Modelle, die so gut sind, daß man auf echte Patienten verzichten können wird. So wie seit Jahren schon Piloten das Fliegen an Flugsimulatoren trainieren, lernen Medizinstudenten die Medizin und die Behandlungsmethoden bald an Patientensimulatoren. In der ärztlichen Ausbildung wird der Umgang mit den telemetrischen Systemen, Fernüberwachung etc. einen hohen Stellenwert erhalten. Ärzte werden teilweise zu medizinischen Telematikern, Berufszweige wie eMediziner werden entstehen – Ärzte, die digitale Daten verknüpfen und daraus ihre Schlüsse ziehen.
Nicht nur angehende Mediziner werden in die Geheimnisse der Telemedizin eingeweiht werden müssen, auch bereits gestandene Ärzte werden sich in Weiterbildungsprogrammen mit diesen Systemen anfreunden. Mediziner in ländlichen Gegenden, die seltener an Fortbildungsprogrammen oder Kongressen teilnehmen, werden die ersten sein, die Telemetrie einsetzen werden. Ihre Patienten müssen häufig von weit her anreisen, und das oft wegen „harmloser" Kontrolluntersuchungen. Telemedizin wird ihnen nicht nur einiges an Arbeit abnehmen, sondern auch dafür sorgen, daß die Wartezimmer nicht mehr überfüllt sind.
Carpe Diem nennt sich das Unternehmen, das Ericsson-Spanien gemeinsam mit dem Netzbetreiber Airtel, der Bank Hispamer und der Hilfsorganisation Once realisiert hat. Carpe Diem ist ein funktionierendes Beispiel von Telemedizin, denn hier können Diabetes-Patienten, die mit einem Blutanalyse-

Gerät und einem Handy ausgestattet sind, ihre Blutwerte via Mobilfunk an den Hausarzt überliefern.
Die Gesundheitsüberwachung in der mobilen Informationsgesellschaft ist weit mehr als bloße Computer-mit-Computer-Kommunikation. Es ist vielmehr eine Mensch-zu-Mensch-via-Computer-Kommunikation. Hausärzte, Spitäler, Rettungsfahrer stehen mit ihren Patienten online in Verbindung. Der Arztbesuch der Zukunft beginnt mit der Herstellung einer Online-Verbindung zwischen Patient und Arzt. Wie oft müssen Menschen wegen Routine-Untersuchungen die Arztpraxis aufsuchen. Künftig wird dies online erledigt. Auch Erstdiagnosen können online erstellt werden. Der Arzt stellt eine Verbindung zum Patienten her und kann nicht nur via Bildtelefon erkennen, wie es um den Patienten bestellt ist, er erhält vom digitalen Assistenten auch gleich medizinische Informationen und kann diese mit seinen im Computer gespeicherten Daten abgleichen.
Freilich darf telemetrische Medizin nicht als Ersatz für menschliche Medizin angesehen werden. Viele Behandlungen, viele Wegzeiten von und zum Patienten, von und zum Krankenhaus oder zur Arztpraxis sind in der Zeit des Wireless World Wide Web jedoch nicht mehr notwendig.

Durch die Kombination von Tele- und Biomedizin wird biblisches Alter Realität. Online-Betreuung ermöglicht schnellere Reaktion, genauere Diagnosen und konkretere Anweisungen – eine neue Definition von Erster Hilfe.

Online-Visiten und Bettnässer-Homepages

Das Gesundheitswesen der mobilen Informationsgesellschaft wird wesentlich stärker vom Patienten und seinen Bedürfnissen bestimmt. Die nahezu absolutistische Macht der Ärzte wird gebrochen. Das Arztsein, das Bescheidwissen über Erkrankungen und Krankheiten ist kein Wissensmonopol mehr, da der Patient via Internet Informationen einholen und sich über den Hausarzt hinaus noch beraten lassen kann. Der technologische Fortschritt und der Einsatz von telemetrischen Instrumenten werden dazu führen, daß sich Ärzte verstärkt mit den Patienten einlassen müssen. Das heißt nicht, daß Patienten noch häufiger Praxen oder Ambulanzen aufsuchen. Die Mediziner werden vielmehr durch die neuen Technologien gezwungen sein, den Patienten am Demokratisierungsprozeß der Medizin teilhaben zu lassen.

Die Patienten werden auch deshalb mündiger, weil sich die Ärzte im gleichen Medium wie sie bewegen: im Internet. Und sie benutzen die gleichen Ansprechpartner. Die Mediziner werden künftig gezwungen sein, gute Arbeit zu leisten und den Patienten als mündigen Bürger zu sehen. Bestes Beispiel sind medizinische Portale, wie sie von amerikanischen Medizinern bereits angeboten werden. Auf den Seiten MEDSCAPE (www.medscape.com) oder DRKOOP (www.drkoop.com) werden die neuesten wissenschaftlichen Erkenntnisse gesammelt, Patienten erhalten so gut wie zu jedem medizinischen Thema die gewünschte Information. Forschungsergebnisse, medizinische Sensationen und Informationen zu neuen Behandlungsmethoden, Übersichtsartikel zu allen denkbaren Krankheitsbildern, auch Fortbildungsprogramme und Expertensprechstunden werden hier angeboten. Ähnlich wie Zeitungen Fachärztesprechstunden für ihre Leser anbieten, können Internet-User hier mit Experten reden. Fast zwei Millionen User sind auf der Seite von MEDSCAPE registriert, zwei Drittel davon Laien, die den Arzt von MEDSCAPE kontaktieren, wenn sie ihrem Hausarzt mißtrauen. Auch der Hausarzt wird künftig den Professor von MEDSCAPE fragen können.

Neben Beratung auf der einen, bietet das Wireless World Wide Web auf der anderen Seite auch die Möglichkeit, Online-Selbsthilfegruppen beizutreten oder zu organisieren, und zwar noch stärker als dies im Festnetz-Internet passiert. Durch das Internet können sich auch jene Menschen zu einer Selbsthilfegruppe zusammenschließen, die im Real Life nicht daran teilnehmen könnten – weil sie entweder eine seltene Krankheit haben, in abgelegenen Gegenden wohnen oder zu gebrechlich sind, um ihr Haus verlassen zu können. Im „Wohnzimmer" des Internet können sie miteinander plaudern, ihre Probleme besprechen und betreut werden. Gerade hier kann sich die vielzitierte und von vielen angeprangerte Internet-Anonymität positiv auswirken. Anonym spricht man leichter über Probleme, die einem zu schaffen machen, und über die eigene Krankheit. In einem Krankheits-Chatroom, in dem sich die Teilnehmer nur mit ihren Vornamen oder mit einem erfundenen Kosenamen ansprechen, kann die Anonymität sehr nützlich sein. Diese Anonymität im Netz kann zum Beispiel sowohl bei den ANONYMEN ALKOHOLIKERN ein Aspekt der Behandlung der Krankheit sein wie auch bei den WEIGHTWATCHERS.

Positive Erfahrung mit der vielzitierten Internet-Anonymität hat der amerikanische Kinderarzt ROBERT PRETLOW gemacht, der seit Mitte 1999 eine Webseite für Bettnässer (www.wetbuster.com) anbietet. PRETLOW ist der Meinung, daß Kinder, die bettnässen, sehr ungern über ihre Krankheit reden, weil das Schamgefühl groß ist und Bettnässer vor allem unter Kindern ausgelacht und gehänselt werden. Daß die Krankheit vor allem dann besser wird, wenn sich Kinder damit auseinandersetzen, hat den Kinderarzt zur Bettnässer-Homepage veranlaßt, auf der die Kinder über ihre Erfahrungen plaudern können. Jedes loggt sich einmal täglich mit seinem Vornamen ein und erzählt, wie die vergangene Nacht verlaufen ist. In einer „Ruhmeshalle" werden diejenigen verewigt, die längere Zeitlang trocken geblieben sind.

Fliegende Ärzte und mobile Schwestern

Wo in Europa es zuerst Marys und Franks geben wird, ist logisch: in den skandinavischen Ländern – von je her die Vorreiter im Bereich des Mobilfunks. Dort bereitet man sich am besten auf die mobile Informationsgesellschaft vor. Die Mobilfunkanbieter in Finnland, Schweden und Norwegen sind am innovativsten unterwegs. In Finnland steht nicht nur die erste Auto-Waschstraße, die man per Handy steuern und bezahlen kann, in Finnland ist auch die Medizin mobil geworden. Mobilität zum Quadrat sozusagen. Mit einem Bus, der mit verschiedensten medizinischen Geräten und den neuesten Telekommunikationssystemen ausgestattet ist, fahren Krankenschwestern in entlegene Gegenden und bringen die Medizin zur Bevölkerung. Wie der MedicaRing-Van funktioniert, ist einfach erklärt: Die mobilen Schwestern fahren in Dörfer, untersuchen die Menschen und schicken Röntgenbilder, Untersuchungsdaten etc. über das GSM-Netz direkt vom Bus in ein Krankenhaus. Das Konzept geht voll auf, denn in Finnland gehört es zum Alltag, oft weite Wegstrecken zurücklegen zu müssen, wenn man einen Arzt oder ein Krankenhaus braucht. Nun kommt das Krankenhaus zum Patienten in den Hinterhof, womit man sich mühsame Reisen erspart. Vertrauen in den Mobilfunk haben die Finnen ja ohnehin. Ein weiterer Vorteil des Konzepts: Größtenteils sind es Studenten, die die gesamte Elektronik im Bus im Rahmen ihrer Ausbildung überwachen.

Die fahrenden Ärzte des Mittelalters erleben ein Comeback. Arztpraxen werden mobil, die Gesundenuntersuchung und Krankenvisite findet im virtuellen Raum statt.

Was in GSM-Zeiten funktioniert, wird in der Ära des superschnellen UMTS-Netzes noch besser werden. Dauert die GSM-Übertragung eines Röntgenbildes etwa eineinhalb Minuten – was verglichen mit einer mehrstündigen Anreisezeit in ein Spital sehr kurz ist –, so wird es per UMTS in zwei Jahren innerhalb weniger Sekunden vom Bus ins Krankenhaus geschickt werden können.

Die Medizin kommt in der mobilen Informationsgesellschaft zum Patienten beziehungsweise der Patient virtuell in die Klinik oder in die Arztpraxis. Viele Modelle sind denkbar: mobile Schwestern, Busse oder auch „fliegende Ärzte" – Allgemeinmediziner, die für die Grundversorgung eines Landes zuständig sind. Sie haben keine feste Praxis mehr, sondern sind ständig auf Achse. Ihre gesamte Praxis steckt in mobilen Geräten. Zur Grundausstattung wird ein Diagnosekoffer gehören, mit dem man ein EKG abnehmen, Laboruntersuchungen wie etwa Blut- oder Harntests durchführen oder auch Ultraschalls machen kann. Die Kommunikation zwischen dem Arzt und den Krankenhäusern oder Fachärzten erfolgt mittels digitalem Assistent. Der besorgt nicht nur aus der medizinischen Datenbank verschiedene Informationen zum Patienten, sondern überträgt auch die Daten an Kliniken.

Wie wird in Zukunft der Besuch eines Hausarztes ausschauen? In seinem Notfallskoffer mit bestimmten Medikamenten, Stethoskop und Injektionsnadeln wird er ein Medizin-Handy haben und kleine Mikrocomputer-Pillen. Er wird dem Patienten das Handy auf die Brust drücken, EKG, Blutdruck etc. messen und die Daten online mit seiner Datenbank abgleichen oder sie gleich an ein Krankenhaus weiterleiten. Für die Erstdiagnose bei Schmerzen wird der Patient eine Computerpille schlucken, die gewisse Körperwerte und Parameter an das Handy schickt.

Diagnosen werden in Zukunft dank der Technik viel rascher erstellt werden können. Das heißt aber nicht, daß die Medizin unmenschlicher, weil technischer wird. Die Medizin wird menschlicher, da der Heilungsprozeß rascher beginnen kann. In Krankenhäusern und Arztpraxen wird oft lange nach der richtigen Diagnose gesucht. Oft zu lange, denn häufig hört man den Satz: „Man hat noch nichts gefunden" – weil man eben nicht in den Körper „hineinschauen" kann. In der mobilen Informationsgesellschaft werden sich die Mediziner besser auf den Patienten einstellen und auf dessen Heilung konzentrieren können.

Die Koordination zwischen dem „fliegenden Arzt", den Spitälern und auch Therapieeinrichtungen könnte von medizinischen Call Centern erledigt werden, die von Versicherungen oder anderen Institutionen gesponsert werden.

Ein derartiges Gesundheitssystem bedarf eines zentralen Archivs, in dem die Daten aller Patienten gespeichert werden. Zwar wird ein Patient bestimmte Grundinformationen bei sich tragen, sprich: in seinem digitalen Assistenten gespeichert haben, doch wenn es um Details geht, kann er mit seinem Handy den Arzt ermächtigen, in einem zentralen Krankenarchiv die gewünschten Daten abzurufen – ob das nun Röntgenbilder sind, Operationsberichte oder diverse andere Befunde und Krankengeschichten.

Ein zentrales Krankenarchiv ist auch aus einem ganz anderen, banalen Grund notwendig. In der mobilen Informationsgesellschaft, in der viele verschiedene Ärzte, aber auch nichtmedizinisch Beteiligte an der Gesundheitsversorgung teilhaben, können Untersuchungsdaten nicht im Besitze eines Arztes oder einer Klinik sein. Sie müssen zentral gespeichert sein, damit im Bedarfsfall viele darauf Zugriff haben können. Natürlich nur dann, wenn es der Patient will beziehungsweise der Arzt vor Ort dazu berechtigt ist.

Auch der Kostenfaktor spricht für ein zentrales Krankenarchiv. Durch ein derartiges Zentrum könnte man sich viele Untersuchungen ersparen. Oft kommen Patienten in Kliniken oder Arztpraxen und müssen nochmals ein und denselben Test über sich ergehen lassen, weil entweder der Befund nicht mitgenommen wurde oder der Arzt von sich aus nochmals eine Untersuchung anfordert. Künftig kann es so sein, daß die elektronische Krankenakte eines Patienten geöffnet wird und der Arzt sofort sieht, welche Untersuchungen gemacht wurden und welche noch notwendig sind. Damit erspart sich das System nicht nur die hohen Kosten diverser Checks, man erspart dem Patienten mitunter auch mühevolle Tests. Auf diese „elektronische Krankenakte" haben in der mobilen Informationsgesellschaft auch die „fliegenden Ärzte" Zugriff – und wie man weiß, ist vor allem bei Erstdiagnosen Wissen über medizinische Vorgeschichte sehr wichtig.

Zentrale Archive der Gesundheitsdaten sowie eine effiziente, funktionierende Vorsorgemedizin werden den einzelnen Volkswirtschaften Milliarden an Euro ersparen.

Mit intelligenter Wellness zu neuem Gesundheitsbewußtsein

Der Patient wird mit Hilfe der neuen Technologie stärker in seine eigene Gesundheitsvorsorge eingebunden werden. Er wird zum aktiven Patienten. Nicht aktiv, weil er die Rolle des Kranken verkörpert und der Arzt die Rolle des Heilers, sondern weil er beim Einsatz der neuen Technologien einen aktiven Part übernehmen wird. Er muß die Meßgeräte an seinem Körper anbringen, Blut in Meßgeräte abgeben und die Online-Verbindung herstellen, sofern er noch keine Mary beziehungsweise keinen Frank hat, die ihm diese Arbeit abnehmen. Er kann dazu „erzogen" werden, besser auf seinen Körper zu achten, weil er von dessen Reaktion sofort informiert wird. Er kann daher auch besser in den Gesundungsprozeß eingebunden werden. Der Satz des Arztes „Sie müssen auch selbst etwas dazu beitragen, wenn Sie wieder gesund werden wollen", wird dem Patienten mit Hilfe der neuen Technologien deutlich veranschaulicht. Er wird die Meßdaten sehen oder von einer Mary informiert werden, wenn etwas nicht in Ordnung ist.

Die neuen Technologien werden ein neues Gesundheitsbewußtsein entstehen lassen, weil mit ihnen der eigene Körper besser beobachtet werden kann – zum Beispiel, wie er auf gewisse Situationen, Nahrungsmittel etc. reagiert. Jogger verwenden heute schon Pulsmeßgeräte, die während des Sportprogramms den Herzschlag aufzeichnen. Sportler wissen immer, ob sie sich in der aeroben oder anaeroben Zone befinden, also in jenem Bereich, in dem sie Fett abbauen, oder „nur" in jener Zone, in der sie ihre Kondition stärken.

Sportler mit Pulsmessern beobachten ihren Körper genauer als jene, die ohne dieses Gerät trainieren. Polar (www.polar.fi) beispielsweise hat ein Gerät auf den Markt gebracht, das Hobby-Sportler motiviert. Die M-Serie berechnet nicht nur den Kalorienverbrauch, sondern erinnert auch ans Training. Die jüngste Innovation ist der in der Uhr integrierte Fitneß-Test, der bei einigen Modellen den sogenannten OwnIndex anzeigt. Dabei wertet der Pulsmesser anhand des Trainings und der Ruhedaten den Fitneßzustand aus. Der OwnIndex ist eine Zahl zwischen 20 (für Untrainierte) und 95 (für Olympiasieger). Wer sein Training beginnt oder auch nur sportlich tätig ist, um Gewicht zu verlieren, kann anhand dieses OwnIndex feststellen, wie sich seine sportliche Fitneß verbessert. Menschen, die auf diese Art, sprich unterstützt von Geräten wie einer Pulsuhr, trainieren, sind gesundheitsbewußter, beobachten ihren Körper und seine Reaktionen besser. Ein ähnliches Wohlfühlen beziehungsweise Gesundheitsbewußtsein wird auch der Einsatz von modernster Technologie bei der Fernüberwachung auslösen. Und es ist durchaus möglich, daß Mary in Zukunft auch beim Waldlauf oder bei der Radtour in die Rolle des Pulsmessers schlüpft: „Joe, du trainierst eben in der anaeroben Zone. Wenn du Fett abbauen willst, solltest du langsamer in die Pedale treten."

Die Kontrolle durch den digitalen Assistenten wird das Gefühl für den eigenen Körper verbessern. Anzeichen, die jetzt ignoriert werden, werden künftig als Warnsignale des Körpers wahrgenommen. Das Handy wird zum persönlichen Gesundheitsberater.

Politik

Klammeraffen in der Demokratie

„Guten Morgen, Joe. Heute ist Wahltag."
„Wahltag ist Zahltag", sagt Joe und grinst.
„Wem wirst du denn deine Stimme geben, Joe?" fragt Mary. „Der Kandidatin, mit der du den netten Video-Chat hattest oder dem Kandidaten mit den populistischen Sprüchen?"
„Das verrate ich dir noch nicht, Mary. Du wirst es ohnehin als erste sehen, wenn die Online-Verbindung zur Wahlbehörde steht und ich die Enter-Taste drücke."

Mary vergißt keine Termine. Auch nicht, wann Bundestag, Nationalrat oder Gemeinderat gewählt wird. Joe geht mit Mary zur Wahl beziehungsweise Mary organisiert die Wahl, stellt die Online-Verbindung zum Wahlbüro her. Joe muß dann nur noch jener Partei beziehungsweise jenem Vertreter seine Stimme durch Drücken einer Taste geben, dem er sie geben möchte. Er weist sich mit seiner digitalen Signatur aus, das System erkennt dann, daß es sich um Joe handelt und erlaubt die Stimmabgabe. Es gäbe zwar die eingebaute Kamera im Handy, mit der Joes Gesicht in die Wahlbehörde „übertragen" werden könnte, doch die digitale Signatur ist die weitaus sicherste Methode. Die Authentifizierung erledigt das Computersystem der Behörde. Was Joe gewählt hat, bleibt freilich anonym, keiner weiß, was er gewählt hat. Mit einer Ausnahme: Mary, die digitale Assistentin.
Mary ist es auch, die Joe über die Wahlresultate informiert. Und die werden künftig rascher vorhanden sein als heute. Die erste Hochrechnung wird anhand der Online-Wahldaten erstellt, danach kommen die „traditionellen" Stimmen – jene, die per Stimmzettel abgegeben wurden. Die Ergebnisse stehen jedenfalls rascher fest, da Computersysteme sofort rechnen und das Ergebnis praktisch in Echtzeit ausspucken können.

Einen ähnlichen Fortschritt gab es auch bei LOTTO und TOTO. Erinnern Sie sich nur: Vor einigen Jahren noch mußte man einige Tage warten, bis die Zwölfer- und Sechser-Gewinner feststanden. Heute, aufgrund der immer besser werdenden Rechnerleistung, kann man derartige Ergebnisse schon kurz nach dem Ende der Spiele beziehungsweise nach der Ziehung der Zahlen bekanntgeben. So, wie man Lotto-Zahlen ins Netz stellt und praktisch sofort via Handy abrufen kann, so rasch werden auch Wahlresultate „ins Netz“ gestellt. Mary sagt dann Joe Bescheid, wie die Parteien und Kandidaten abgeschnitten haben und wird auch wissen, ob Joe zu den Gewinnern oder Verlierern zählt.

In einer Online-Umfrage, die im Rahmen des von der MOBILKOM AUSTRIA veranstalteten Symposiums DIE ZUKUNFT DER MOBILEN KOMMUNIKATION im Herbst 1999 in Wien durchgeführt wurde, konnten sich 65 Prozent der Befragten vorstellen, bei der kommenden Nationalratswahl 2003 per Handy ihre Stimme abzugeben. Was auf den ersten Blick zum Nachdenken anregt, ist auf den zweiten gar nicht so abwegig, eigentlich sogar sehr wahrscheinlich. Wählen per Handy, Online-Wahlen vom PC oder von einem Laptop aus werden bald zum Alltag gehören.

In einer Studie des IBM INSTITUTE FOR ELECTRONIC GOVERNMENT wurden Politiker in ganz Europa befragt, was sie von Online-Wahlen auf der einen und überhaupt vom Einsatz moderner Informationstechnologie auf der anderen Seite halten. Ergebnis: Mehr als die Hälfte der Befragten würde die Einführung von Online-Wahlen unterstützen, drei Viertel sehen im Einsatz von neuen Technologien eine Chance, daß demokratische Prinzipien besser umgesetzt werden.

Erfolgreiche Beispiele für Online-Wahlen gibt es bereits. Die Bürger des US-Bundesstaates Iowa haben im November 1999 erstmals bei den Regionalwahlen ihre Stimme über das Internet abgeben können. Es war eine Art Testlauf, denn alle mußten – aus Sicherheitsgründen – vorher ihre Stimme auch auf traditionelle Art und Weise in die Wahlurne geworfen haben. Auch in den Bundesstaaten Washington, Virginia und Kalifornien setzt man auf die elektronische Stimmabgabe.

Die Schweiz plant, 2001 über das Internet eine Volksbefragung durchzuführen. Über das Internet. Ob dieses wireless sein wird oder nicht, spielt keine Rolle. Jeder, der über einen Internetanschluß verfügt – jeder Netzbetreiber bietet seinen Mobiltelefonkunden eine kostenlose eMail-Adresse an –, wird daran teilnehmen können.
In Deutschland verlief der erste Versuchsballon einer Wahl im Netz Anfang 2000 sehr vielversprechend, als die Universität Osnabrück die Wahl des Universitätsparlaments durchführte. Einziger Wermutstropfen, entgegen allen Prognosen: die Wahlbeteiligung. Mit 18,5 Prozent lag sie drei Prozent unter jener von 1999, was aber sicherlich darauf zurückzuführen war, daß sich die Studenten Chipkarte und Lesegerät besorgen mußten.
In der mobilen Informationsgesellschaft wird es diese Hemmnisse nicht geben, da man mit jedem Handy, jedem digitalen Assistenten wählen kann und die Wahlkarte elektronisch ins Gerät gesendet wird.
Der Mensch ist bequem, das Handy der Zukunft wird „bequemes Wählen“ möglich machen. Doch die Online-Wahl hat nicht nur Freunde. Abgesehen von jenen Technologieverweigerern, denen die „Wahlmaschine“ suspekt ist, befürchten auch so manche traditionellen Politiker, daß – hohe Wahlbeteiligung hin oder her – eine notorisch gleichgültige junge Meute zur Stimmabgabe motiviert wird und damit die traditionelle Vorstellung des althergebrachten bürgerlichen Gesellschaftsverständnisses geschädigt wird. Sie haben Angst, daß etwa die Wahl eines Präsidenten zu einem beiläufigen Akt „degradiert“ werden könnte. Kritiker stellen sich Menschen in Pyjamas vor, die schlaftrunken an ihrem Computer sitzen oder gar noch im Bett liegen und per Handy ihre Stimme für diesen oder jenen Kandidaten abgeben. Volksnähe ja, aber wenn, dann doch traditionell.

In der mobilen Informationsgesellschaft werden Online-Wahlen möglich sein, wodurch die Wahlbeteiligung wieder steigen wird.

Online-Wahl auf grüner Wiese

Doch all den Gegnern zum Trotz: Es werden in der mobilen Informationsgesellschaft die Wahlbeteiligungen zunehmen, denn man hat die Wahlkarte, die auf elektronischem Weg ins Handy, besser gesagt in unseren digitalen Assistenten gespielt wird, im wahrsten Sinn des Wortes bei der Hand. Egal, wo man sich befindet, ob irgendwo im Inland oder gar auf Urlaub im Ausland, man kann an der Wahl teilnehmen. Wahlkarten auf Papier sind Relikte der Vergangenheit. Menschen, die heute aus Bequemlichkeit nicht wählen, weil das Wetter schlecht ist, weil sie vergessen haben, sich eine Wahlkarte zu besorgen etc. werden künftig wählen.

Mobilität bei der Stimmabgabe ist, so hat auch L. Cranor in seinem 1999 verfaßten Kriterienkatalog für ein elektronisches Wahlsystem festgestellt, eines der wesentlichen Merkmale für ein „gutes" Online-Wahlsystem. Abgesehen davon, daß eine Wahlstimme beim eVoting nicht verändert werden darf (was aber durch kryptografische Verfahren ohnehin gewährleistet ist), nur wahlberechtigte Personen wählen dürfen und niemand den Zusammenhang zwischen Wähler und abgegebener Wahlstimme herstellen darf, muß verifizierbar sein, daß die Stimmen richtig gezählt wurden. Laut Cranor zeichnet sich ein elektronisches Wahlsystem vor allem dadurch aus, daß die Wähler ihre Stimmen schnell und mit minimaler Ausrüstung abgeben können, daß mehrere Wahlstimmzetteln mit unterschiedlichen Formaten erlaubt sind und daß es keine Beschränkung hinsichtlich des Ortes der Wahl geben darf. Mobile Demokratie sozusagen, mobiles Wählen in der mobilen Informationsgesellschaft.

Online-Voting wird, weil eben die Menschen in der mobilen Gesellschaft in ihrer Mobilität nicht beschnitten werden, zum einen den Trend der geringen Wahlbeteiligungen wieder umkehren (freilich müssen die traditionellen Wahlmöglichkeiten einige Jahre beibehalten werden), zum anderen wird damit auch die Politik- und Politikerverdrossenheit, die sich vor allem

bei Jungwählern bemerkbar macht, beendet werden. 1998 haben in den Vereinigten Staaten lediglich 15 Prozent der 18- bis 24jährigen an Wahlen teilgenommen. Mit ONLINE-VOTING erreicht man jene Gruppe wieder, die verlorenzugehen scheint, die aus Bequemlichkeit, Unwissen, Gleichgültigkeit oder auch Protest Wahlen meidet. Mit Mobilfunk und Internet spricht man ihre Sprache, verwendet ihre Technologie, und das führt dazu, daß sie wieder das Gefühl erhalten, „verstanden" zu werden.
Zudem sollten Kritiker bedenken, daß die Abstimmung mit der Wahlurne zwar eine traditionelle ist, aber so wie Politik sich der Gegenwart anpassen muß und Politiker an die Zukunft denken müssen, sollte auch die Stimmabgabe mit den neuen Kommunikationsmitteln ermöglicht werden. Warum soll man nicht mitten auf einer Wiese sitzen, das Handy oder den digitalen Assistenten aus der Tasche ziehen und an einer Wahl teilnehmen können? Es gibt kein Argument, warum die neuen Technologien nicht eingesetzt werden sollten.
„Wahlkämpfe werden in wenigen Jahren im World Wide Web entschieden", ist der Berliner Soziologe STEFFEN WENZEL überzeugt. Er ist der Meinung, daß das Datennetz nicht nur den Stil und die Inhalte politischer Auseinandersetzungen ähnlich revolutionieren wird, wie es in den 60er Jahren das Fernsehen gemacht hat, er ist auch sicher, daß im Internet gewählt wird und daß das Internet für eine neue Politik sorgen wird. Für eine Politik, die transparent ist, interaktiv, in der die Menschen demokratisch echt mitbestimmen können.
Vorbei die Zeit, in denen ein Gesetzesentwurf, die Änderung des Flächenwidmungsplanes oder auch Pläne für ein neues Bauprojekt „zur Begutachtung" entweder ohnehin nur Politikern zur Verfügung standen oder im Gemeinderat „zur Einsicht" auflagen. Künftig werden Gesetzesentwürfe online ins Netz gestellt. Jeder kann von überall auf diese Entwürfe zugreifen, der digitale Assistent besorgt die Daten. Man stelle sich eine Stammtisch-Diskussion vor, bei der die Rede auf eine neue Pensionsreform und auf neue Gesetze kommt. Man zückt

das Handy oder befiehlt dem Assistenten, das Gesetz aufzutreiben. Binnen Sekunden ist die Information vorhanden.
Politik hautnah. Die Menschen werden in der mobilen Informationsgesellschaft ein neues Politikbewußtsein bekommen, da sie wieder aktiv an politischen Prozessen werden mitwirken können. Steffen Wenzel, der auch Geschäftsführer des Hamburger Politik-Onlinedienstes politik-digital (www.politikdigital.de) ist, erwartet sich durch das WWW ein politisches Schlaraffenland und verweist auf die US-Regierung, die schon jetzt Gesetzesentwürfe im Frühstadium auf ihre Webseiten stellt und dort einlädt, Kritik zu üben und Verbesserungsvorschläge zu machen.
In der mobilen Informationsgesellschaft wird die Demokratie wieder aufleben. Warum erst in der mobilen und nicht in der „normalen“ Informationsgesellschaft, in der wir uns gerade befinden? Die große „PC-Revolution“ hat ja in Wahrheit nie stattgefunden. Die Computer-Penetrationsrate ist verglichen mit jener von Mobiltelefonen sehr gering. Es gibt mehr Handys als Computer, geschweige denn Internet-Anschlüsse. In Österreich gab es Anfang 2000 etwa 4,5 Millionen Handy- aber „nur“ etwa zwei Millionen Internet-User. Wenn das Handy der Zukunft, unser digitaler Assistent, künftig ein mobiles Internet-Terminal wird, so hat mit einem Schlag eine große Menge von Menschen Anschluß ans WWW.
Darin besteht die Chance der Politik, auf Wunsch mit jedem Bürger „verbunden“ zu sein. Das Handy wird nicht nur im Bereich des Marketing ein One-to-One-Medium, sondern auch in der Politik. Die Marketing-Experten der Parteien müssen den mobilen Internet-Terminal in ihre Überlegungen einplanen. Oder anders formuliert: Das Handy wird den direkten Kontakt zu den Menschen ermöglichen – wird an erster Stelle stehen müssen.

Durch Cyberdemokratie wird der einzelne Bürger wieder in den politischen Prozeß eingebunden, da er an Entscheidungen aktiv teilnehmen kann. Politikverdrossenheit wird abnehmen.

Elektronische Demokratisierung und eGovernment

Daß Telekommunikation, Datennetze, Dienste etc. forciert werden müssen, wissen die Politiker bereits seit geraumer Zeit. Schon im BANGEMANN-REPORT der Europäischen Kommission 1994 kam man zum Schluß, daß die staatlichen und gesetzlichen Rahmenbedingungen vorangetrieben werden müßten, um die Liberalisierung des Telekommunikationsbereiches zu schaffen. Mitte der 90er Jahre waren die Politiker – wohl stark beeinflußt vom BANGEMANN-REPORT – voll auf Linie Zukunft. Beim ZUKUNFTSFORUM ALPBACH (www.forum-alpbach.at) kündigte der damalige österreichische Bundeskanzler an, daß die Weiterentwicklung und Verwendung der Telekommunikation in Österreich einen wichtigen Schwerpunkt für die Regierungsperiode darstelle.

Passiert ist nicht viel, denn erst Anfang 2000, wohl auch aufgrund des plötzlich akut gewordenen Fachkräftemangels, der erstmals in Deutschland offenkundig wurde, erkannten die europäischen Staaten wie auch Österreich, daß wohl zu wenig in diese Richtung getan worden war. Die Politiker haben begriffen, daß durch TELEDEMOKRATIE, CYBERDEMOKRATIE oder ELEKTRONISCHE DEMOKRATIE, um die drei gängigsten Schlagworte zu verwenden, die direkte Demokratie wieder vorangetrieben werden kann, daß mit Hilfe der neuen (eigentlich gegenwärtigen) Medien die Menschen wieder für Politik zu interessieren sein könnten.

Wodurch ist nun diese elektronische Demokratie gekennzeichnet, die aus der Gesellschaft eine mobile Informationsgesellschaft macht?

Wenn von der Politik der Zukunft gesprochen wird, fallen gerne Worte wie Cyberdemokratie und Teledemokratie – Begriffe, unter denen sich die Menschen nur wenig vorstellen können und die eher an Science-fiction erinnern, denn an gelebte Politik. In der mobilen Informationsgesellschaft geht es schlicht darum, daß politische Parteien, Behörden etc. das Instrument der Neuen Medien heranziehen, daß sie via Internet und Mobilfunk

die Kommunikation der Bürger verbessern, indem sie die Menschen besser informieren, die Bürger wieder an politischen Prozessen teilhaben lassen und indem sich die Menschen untereinander besser informieren können. Es ist Tatsache und durch zahlreiche Studien belegt, daß die Politikverdrossenheit zugenommen hat, das Vertrauen in die Politik gering ist und auch das Image der Politiker nicht das beste ist.
In der mobilen Informationsgesellschaft kann die Trendwende herbeigeführt werden, denn noch nie war die Chance so groß, daß Politik wieder zum Menschen kommt, daß der Bürger in den politischen Prozeß direkt eingebunden werden kann. Bürgernahe Politik, völlig transparent, die nicht am Menschen vorbeigeht, sondern in die der Mensch integriert wird. Sämtliche Protokolle, Parteiprogramme, Eingaben, Gesetzesentwürfe können von jedem Menschen abgerufen werden.
Es ist kein Wunder, wenn das Internet in der Parteipolitik eine große, wenn nicht entscheidende Rolle spielt. Alle Parteien, und diese Einigkeit gab es selten zuvor, sind überzeugt, daß es durch das interaktive Netz wieder eine direkte Demokratie geben wird. In den Programmen aller Parteien, ob SP, CDU, Grüne oder ÖVP, haben die Möglichkeiten des WWW und die damit verbundenen Chancen einen hohen Stellenwert. Noch nie war man sich so einig. Nicht nur von der Bedeutung des Internet ist man überzeugt, auch die formulierten Ziele sind dieselben. „Internet bietet neue Möglichkeiten einer offenen, vielfältigen und demokratischen Kommunikation“, haben die Grünen in ihrem Bundestagswahlprogramm 1998 verabschiedet. In dasselbe Horn stießen auch die anderen Parteien. Man ist überzeugt, daß der passive Wähler, der mitunter sogar gänzlich auf die Stimmabgabe verzichtet, wieder in einen aktiven Bürger verwandelt werden kann.
Die zentrale Forderung, die jede Partei in diesem Zusammenhang hat: Internet für alle, access for all. Die Schulen haben damit begonnen, die Haushalte sollen folgen. So ist auch die Initiative zu sehen, die Hamburg bereits Ende 1999 angekündigt hat: Jedem Einwohner der Hansestadt wird ein Internet-Zugang

ohne Provider-Gebühr zur Verfügung gestellt. Die eMail-Adresse setzt sich aus Vorname.Nachname@hamburg.de zusammen und beinhaltet eine kostenlose Homepage mit bis zu zehn Seiten. Internet für jeden.

Die DEUTSCHE POST AG hat im April 2000 beschlossen, jedem Bürger eine lebenslang gültige eMail-Adresse zur Verfügung zu stellen. Kostenlos. Beginnen möchte man mit Services wie etwa Nachsendeaufträge auf elektronischem Weg bestellen zu können. Auch eingeschriebene Postsendungen sollen künftig als eMails verschickt werden können.

Eine Vorreiterrolle hat in Europa sicherlich Schottland übernommen. Es war das erste Land, in dem die Mitglieder des Parlaments hochtechnisiert, aufgerüstet wurden. Die Notebook-Nutzung beträgt 100 Prozent. Jeder Abgeordnete hat einen Laptop mit Internetanschluß. Nicht ganz freiwillig, denn in der Konzeption der Infrastruktur des Parlaments waren Notebooks mit Internet-Anschluß vorgesehen – durch einen Vertrag mit IBM, in dem der Aufbau eines eGovernments beschlossen wurde.

In einigen Jahren wird man Abgeordnete, die, was ja häufig vorkommt, an der Rede eines Kollegen nicht interessiert sind, in den Reihen der Parlamentsgebäude nicht mehr Printausgaben ihrer Zeitungen lesen sehen, sondern Online-Ausgaben, die sie mit ihrem Laptop beziehungsweise mit ihrem Handy der Zukunft abrufen.

Das schottische Beispiel macht jedenfalls Schule. Im April 2000 wurde beschlossen, sämtlichen deutschen Bundestagspolitikern Laptops und Handys zur Verfügung zu stellen. Als „Grundausstattung" für ihre Arbeit im Parlament. Ein weiser Schritt, denn nur wer über die Möglichkeiten der neuen Medien Bescheid weiß, kann auch entscheiden, wie wichtig diese Instrumentarien für die Zukunft eines Landes sind. Der enorme Nachholbedarf und Fachkräftemangel in den europäischen Staaten ist darauf zurückzuführen, daß die Politiker einfach zu spät erkannt haben, welche Bedeutung die neuen Kommunikationsformen für ein Land haben. Doch wie soll ein Politiker, der

weder eMails verschicken noch eine Homepage aufrufen, geschweige denn nach einer Information im Internet suchen kann, erkennen, welche Vorzüge das Internet hat? Die Parteien sind zwar schon seit längerem im Internet vertreten und stellen ihre Ideen und politischen Inhalte auf Webseiten dar, doch die Politiker selbst nutzen das Internet noch relativ selten.
Wenn die Politiker in ganz Europa schon den Start in die Informationsgesellschaft verschlafen haben, sollten sie wenigstens beim Beginn der mobilen Informationsgesellschaft dabei sein.

Amtswege per Mausklick

Behörden haben schon seit längerem die neuen Technologien entdeckt. Noch sind es aber eher Städte und Gemeinden, die das Netz nutzen. Wer die Adressen von Berlin, München, Wien oder Salzburg aufruft, erhält hier Informationen, welche Abteilung für wen zuständig ist und an wen man sich bei bestimmten Fragen oder Problemen wenden kann.
Auch kleinere Städte nützen das Internet, allerdings eher als „Schwarzes Brett im Netz“ beziehungsweise als Bürgerinformationssysteme zur Veröffentlichung statistischer Informationen, Öffnungszeiten der Ämter, Wahlergebnisse etc. „Elektronische Demokratie“ dieser Art ist ein einseitiger Akt, denn hier werden Informationen nur angeboten.
Schritt für Schritt werden diese „Internet-Anschlagbretter“ durch Beratungs- und Kooperationsangebote erweitert, durch interaktive Services. Den Anfang machen eMail-Anfragen, die an Gemeinden, Parteien und Institutionen gestellt und meistens auch beantwortet werden. Man kann sich auf Mailinglisten setzen lassen und erhält automatisch aktuelle Informationen oder auch Broschüren zugeschickt. Auch der Politik-Chat ist eine Methode, die sich immer stärker durchsetzt. Radio-, TV-Stationen und auch Online-Zeitungen laden immer häufiger Politiker ein, die in einem Chat Fragen der Bürger beantworten.

Eine richtige eGovernment-Lösung bieten – noch – die wenigsten an. Zwar finden sich auf den Homepages der Städte auch sogenannte „dynamische Informationen“, wie etwa Veranstaltungskalender, Jobangebote in der Stadtverwaltung oder auch bei ortsansässigen Firmen, doch die Möglichkeit, sich elektronisch an- oder abzumelden beziehungsweise ein Leumundszeugnis online zu erhalten, gibt es noch nicht. Noch nicht, denn in Zukunft können auch Formulare auf elektronischem Wege verschickt werden. Man wird nicht nur den Meldezettel online ausfüllen, sondern auch bei den Bezirksbehörden online um einen neuen Reisepaß, einen Führer- oder Zulassungsschein ansuchen können. Entweder man bekommt – was sicherlich in den ersten Jahren der Fall sein wird – eine gedruckte Version zugeschickt, oder, der nächste Schritt, man erhält einen elektronische Reisepaß, Führer-, Zulassungs- oder Jagdschein. Dieser wird dann wiederum entweder auf einer Chipkarte gespeichert, die man in seinen mobilen Terminal einschiebt, oder, er wird, da das Handy der Zukunft ja auch die Funktion von behördlichen Ausweisen verkörpert, auf einem Chip im digitalen Assistenten gespeichert. Zugang zu diesen Daten hat nur der Besitzer selbst, denn Mary wird in Zukunft mit Hilfe von Stimm- beziehungsweise Iris-Erkennungsprogrammen wissen, ob es sich um den rechtmäßigen Benutzer handelt oder nicht.
Schon jetzt werden im deutschen Kaiserslautern alle Signale Richtung eGovernment gestellt. Die elektronischen Genehmigungsverfahren sind beispielhaft, konstatierte DIE WELT. Von der Anmeldung für Gefahrenguttransporte bis zur Ummeldung des Wohnsitzes ist in Kaiserslautern vieles möglich.
Abgesehen von den Behördenwegen, die man sich künftig erspart, werden in den Städten künftig nicht nur Wahlen, sondern auch Volksabstimmungen online durchgeführt werden. Will ein Bürgermeister einer Stadt wissen, wie seine Bürger zu einem geplanten Projekt stehen, so kann er eine Online-Umfrage starten. Kann, um das Ergebnis nicht zu verfälschen, sogar die digitale Signatur daran koppeln, damit das Ergebnis nicht verzerrt wird.

Die Stimme, seine Meinung, wird in der mobilen Informationsgesellschaft jeder abgeben können, der ein Mobiltelefon besitzt. Durch die neuen Technologien kommt die Politik wieder zum Bürger. Es entsteht ein neues Verhältnis, die Distanz schwindet.

In Österreich, so der ehrgeizige Plan, soll man spätestens ab dem Jahr 2005 alle Amtswege via Internet erledigen können. Bereits ab 2003 sollen Ämter auf Länder- und Gemeindeebene über die Adresse www.help.gv.at ins eGovernment eingebunden sein. Geplant war 1999, daß für jene Bürger, die daheim über keinen Computer mit Internet-Zugang verfügen, „öffentliche“ Geräte, Internet-Selbstbedienungs-Terminals aufgestellt werden – in Postämtern, Banken, Gemeindeämtern und Polizeikommissariaten. Von „Hunderten“ solcher Geräte war 1999 die Rede. Doch im Zeitalter der mobilen Informationsgesellschaft, in der so gut wie jeder Bürger mit Handy beziehungsweise digitalem Assistenten ausgestattet sein wird, erspart sich die Regierung die Aufstellung solcher Info-Säulen.

Durch eGovernment wird das Image des Amtsschimmels fallen. Die Verwaltungsbehörden werden zu Dienstleistungszentren für die Bürger.

Ein Paradebeispiel, wie eGovernment funktionieren kann, findet seit 1994 in Amsterdam statt. Damals wurde De digitale Stad gegründet – ein Pilotprojekt, geplant für zehn Wochen. Man wollte mit dem Projekt www.dds.nl das Internet populär machen – was den Initiatoren auch gelang, denn die digitale Stadt gibt es noch heute, und sie finanziert sich von selbst. Die Stadt hat mittlerweile 100.000 Bewohner, die all das tun, was sich in einigen Jahren in jeder Gemeinde abspielen wird. Die digitale Stadt hat die Infrastruktur einer echten Stadt: Man kann im Café plaudern, in der Bibliothek stöbern, in Zeitungskiosken nach dem gewünschten Magazin suchen etc. Es gibt Newsgroups, Chatrooms etc. Die Website www.dds.nl kann man entweder als Tourist oder als Einwohner besuchen – letztere dürfen sogar Häuser (in Form von Homepages in der digitalen Stadt) bauen und müssen all jene bürokratischen Hürden – online, versteht sich – überwinden, die sich auch im Real Life in den Weg stellen würden. Die digitale Stadt ist eGovernment in Reinkultur, denn Informationen erhalten die Bürger über das Bürgerinformationssystem und über Schwarze Tafeln im Internet. Gewählt wird online – wie es in Zukunft überall passieren wird.

Das holländische Projekt erinnert ein wenig an das bekannte Computerspiel SIM-CITY, bei dem man als Spieler eine Stadt aufbauen und organisieren, wie im richtigen Leben für die Infrastruktur, für das Wohlbefinden der Menschen, schlicht für das Funktionieren einer Stadt sorgen muß. Der Unterschied zu SIM-CITY: Die digitale Stadt funktioniert. Erfahrungen aus dem holländischen Projekt können und sind durchaus beispielhaft, wollen europäische Staaten in ihren Ländern eGovernment zum Leben erwecken. Vom Computerspiel zur Demokratie.

Der größte Hemmschuh des eGovernment war bisher, daß viele Menschen nicht in der Lage sind, einen Computer zu bedienen, geschweige denn, einen „komplizierten" Vorgang wie eine Wahl oder das Senden einer elektronischen Anfrage durchzuführen. Daß es nicht reicht, einfach nur Terminals aufzustellen, sondern daß man auch Hilfestellungen geben muß, demonstriert der österreichische Provider NETWAY (www.netway.at) mit seinem Produkt NETWAY AKTIV. Darin wendet man sich an alle Menschen über 50 und bietet ihnen nicht nur einen Computer mit Internetanschluß zu Sonderkonditionen, sondern hilft auch beim Installieren und kommt, wenn Probleme auftauchen. Ein ähnliches „Betreuungsservice" wird es auch in Zeiten der mobilen Informationsgesellschaft geben. Geben müssen. Mobile Experten, die den Menschen die Handhabung ihres mobilen Terminals erklären.

Daß die „Alten", wie vielfach vermutet wird, nicht zu den Verlierern der Informationsgesellschaft gehören, beweist das Interesse an derartigen Angeboten und auch an Internet-Kursen.

Die Verlierer der mobilen Informationsgesellschaft sind weder die „Jungen" - sie wachsen mit den neuen Medien auf - noch die „Alten" - sie haben Zeit, Interesse und meist auch das Geld, sich mit Internet & Mobilfunk zu beschäftigen. Verlieren wird die Generation „mittendrin", die weder Zeit, Interesse noch Muse hat, sich Wissen anzueignen, und den technologischen Fortschritt häufig mit einem „Das brauchen wir nicht, ich komme auch ohne Internet aus" abweist. Diese Generation ist es zum Teil auch, die die führenden Positionen in Unternehmen, aber auch Schulen innehat und die Entwicklung im wahrsten Sinn des Wortes „bremst". Auch viele Politiker befinden sich in dieser Altersklasse. Das Problem derzeit ist, daß zwar viele Politiker für eGovernment und elektronische Demokratisierung sind, allerdings selbst wenig über die Technologien, die dahinter stecken, Bescheid wissen und so die Digitalisierung der Nation bremsen, weil sie nicht verstehen, worum es eigentlich geht.

Direktdemokratie gewinnt wieder an Leben. Wahlveranstaltungen werden durch Online-Diskussionen ersetzt. Der Politiker ist für den Bürger wieder greifbar - und umgekehrt.

Internet-Zensur und Datenjäger

Wer von Teledemokratie spricht, denkt in gewisser Weise an zwei Szenarien: Einerseits ermöglicht es die Vernetzung der Haushalte den Bürgern, aktiver am politischen Geschehen teilnehmen zu können, andererseits macht diese Vernetzung theoretisch auch die totale Kontrolle der Privatpersonen möglich. Einen Überwachungsstaat à la George Orwell oder eine Brave New World à la Aldous Huxley.

Das World Wide Web entstand aus der Idee der freien Kommunikation heraus. Freie Kommunikation ist allerdings etwas, was

nicht von jeder Nation gerne gesehen wird. Abgesehen von China, wo man das Internet kontrollieren will, damit die Bürger nicht mit westlichem und „falschem" Gedankengut infiziert werden, gibt es auch in fortschrittlichen Ländern Tendenzen, die der Idee des Internet zum einen und der Freiheit des Menschen an sich zum anderen widersprechen.
Australien kontrolliert seit Anfang 2000 das World Wide Web. Mit dem Zensurgesetz will man verbotene und anstößige Webseiten aus dem Netz werfen. Gibt es Beschwerden, so kann man von der AUSTRALIAN BROADCASTING AUTHORITY (www.aba.gov.au) fordern, eine Seite vom Netz zu nehmen. Das BROADCASTING SERVICES AMENDMENT (www.ozemail.com/~mbaker/amended.html) beinhaltet ein vollständiges Verbot von „pornographischem Material" im Netz. Allerdings wird nicht näher definiert, was man in Down Under darunter wirklich versteht. Jeder australische Provider muß derlei Materialien auf ausländischen Servern blockieren und verpflichtend automatische Filtersoftware einbauen. Genau darin, nämlich im Filtern, liegt das Hauptproblem. Versuche in den USA, Sex-Seiten zu sperren, hatten zur Folge, daß auch Brustkrebs-Selbsthilfegruppen und andere Institutionen plötzlich ohne Informationspool dastanden. Das Wort „Sex" steht auf jedem Einreiseformular, das man ausfüllen muß, wenn man in ein fremdes Land kommt. Wer in Australien „R-rated" Sites betrachten will, muß sich vorher bei der TV-Regulierungsbehörde anmelden. Dabei müssen Name, Adresse, Geburtsdatum, eMail-Adresse und eine digitale Signatur bzw. Kreditkartennummer angegeben werden. Wird der Antrag genehmigt, erhält man ein persönliches Paßwort, mit dem man Zutritt zu „R-rated" Sites erhält.
Die mobile Informationsgesellschaft, in der jeder freien Zugang zum Internet hat, wird es zwar in Europa geben und auch in den USA, doch gibt es einige Staaten, vor allem in der ehemaligen UdSSR und in Asien, die den Zugang zur freien Kommunikation beschränken. Neben China sind das zum Beispiel Rußland, Tunesien und Vietnam. In Burma und im Irak ist die Benutzung des Internet noch verboten, in China müssen aus-

ländische Firmen ihre Sicherheitssysteme den Behörden zugänglich machen.
Auch wenn Politik den Internet-Zugang nicht zensuriert, hat man surfende Bürger im Griff. Mary kann zwar schweigen wie ein Grab, aber die vernetzten Datensysteme machen es schwierig, wenn nicht sogar unmöglich, Steuern zu hinterziehen, sich Zölle zu „ersparen“ oder Schwarzgeld für Nebenjobs zu kassieren. Die Pläne der EU, die einzelnen eGovernments untereinander zu verknüpfen, haben Vor-, aber auch Nachteile. Eines ist sicher: Arbeitsuchende aus ganz Europa können in allen Mitgliedstaaten eine Stellung finden. Daten können praktisch und schnell von Brüssel nach Berlin oder von Rom nach Wien geschickt werden, Beamte können auf Knopfdruck Informationen, elektronische Bestätigungen etc. erhalten. Auch die Daten in den Bereichen Zoll, Steuern und Kriminalität werden miteinander verbunden. Der große Gewinner in der mobilen Informationsgesellschaft wird der Staat, wird die EU sein. Steuerhinterziehung und Schwarzgeldzahlungen werden unmöglich sein, Zollvergehen können viel leichter geahndet werden. Die „Datenjäger“ werden von der nationalen und EU-weiten Vernetzung profitieren. Tatsache ist, daß die Vernetzung eine Überwachung des Menschen erleichtert. Durch den Zusammenschluß verschiedener Informationssysteme, durch einen Datenabgleich und Analyseprogramme läßt sich durch das Internet das Bild eines Menschen entwerfen, das für eine Behörde oder einen Staat sehr aufschlußreich ist. Die Angst vor den Datenjägern ist vor allem in Europa sehr ausgeprägt, in den Vereinigten Staaten versteht man die Sorgen der Europäer nicht.

Datensicherheit bei den Behörden

Die Zahl der Angriffe auf die Computersysteme der Behörden nimmt mit jedem Jahr zu. Das „Meisterstück“ ist für jeden Computerhacker das PENTAGON. Die Computersysteme des amerikanischen Militärs sind wohl eines der begehrtesten Ziele von Ha-

ckern. Wohl auch deshalb, weil man sich in den Vereinigten Staaten besonders rühmt, Netze so abzusichern, daß sie von niemandem geknackt werden können. Innerhalb eines Jahres wurde eine Verdreifachung der Netzattacken registriert. Zählte man 1998 noch 5.844 Angriffe, so gab es ein Jahr später bereits 18.433 Besuche, bestätigte die DEFENSE INFORMATION SYSTEM AGENCY. Da aber nicht alle Hackversuche entdeckt beziehungsweise gemeldet werden, gehen pessimistische Experten sogar von 250.000 Attacken pro Jahr aus.
Computerhacker sind nicht nur für Unternehmen wie AMAZON.COM oder das Online-Versteigerungshaus EBAY gefährlich, wie die Attacke des Computerfreaks COOLIO Anfang 2000 bewiesen hat, der die Systeme der wohl bekanntesten Internetfirmen lahmlegte. Auch Behörden sind immer öfter mit diversen Hack-Attacken konfrontiert, wie auch eine „harmlose" Gemeinderatswahl im April 2000 in Niederösterreich gezeigt hat. Hacker waren in die Computersysteme der Landesregierung eingedrungen. Passiert ist, außer daß einige Zugangsberechtigungen gelöscht beziehungsweise vorübergehend in den Status „nichtberechtigt" versetzt wurden, nicht viel. Aber in Zeiten von Cyberdemokratie und eGovernment wird es für die Politik ungemein wichtig sein, die Systeme zu schützen. Denn wenn Amtswege auf der Datenautobahn erledigt werden und Anträge und Bestätigungen für diverse Dokumente mobil von A nach B geschickt werden, müssen die Regierungen oder Infrastrukturministerien für die Sicherheit auf der Datenautobahn sorgen. Das ist eine der wichtigsten Vorkehrungen, die getroffen werden müssen: komplette Datensicherheit, wenn heikle Daten auf die Reise geschickt werden. Es muß gewährleistet sein, daß Unbefugte keinen Zugriff auf persönliche Daten haben. Solange eine Regierung, eine Behörde nicht „beweisen" kann, daß Daten nicht mißbräuchlich verwendet werden können, wird sich wirkliches eGovernment mit elektronischer Demokratisierung, Online-Wahlen etc. nicht durchsetzen.

Cyberwar

Von Viren, Hackern und Crackern

„Joe, es ist eben eine eMail eingelangt, dessen Absender ich nicht kenne."
„Checken, bitte."
„Ich kann nichts Verdächtiges entdecken, aber sie hat ein Attachment."
„Dann isoliere die eMail, und leg sie im Security-Raum ab. Schau im System nach, ob eine Virenwarnung herausgegeben wurde."

Ein junger Computer-Student, nicht älter als 22, stürzte im Mai 2000 die ganze Welt ins Chaos und verursachte einen Milliardenschaden. So viele Menschen wollten geliebt werden und öffneten ein Attachment einer eMail, die als Betreff ILOVEYOU hatte. Mit ihrer Neugier verteilten sie, anfangs, ohne es zu wissen, einen darin enthaltenen Virus nach dem Schneeballprinzip weiter. Er hängte sich an sämtliche Mailadressen im Adreßbuch eines Mail-Programms und verschickte sich selbst automatisch in die ganze Welt.
Die Computersysteme von Großkonzernen wurden ebenso lahmgelegt wie die von Kleinunternehmen und Privatpersonen. Auch wenn in manchen Unternehmen der Ausfall innerhalb weniger Stunden behoben werden konnte – der Schaden war enorm und hat das große Problem der Informationsgesellschaft deutlich gemacht: Die ganze Welt ist derart vernetzt, daß sie durch eine Kleinigkeit, und mehr ist ein Computervirus wirklich nicht – immerhin gab es binnen Stunden das entsprechende Abwehrprogramm –, ins Wanken gerät. Die Vernetzung, durch die in Sekundenschnelle Informationen von A nach

B gebracht werden können, kann ebensoschnell Unheilbringendes „verteilen“.
Ein einziger kleiner Virus kann einer Firma Milliardenverluste bringen, wenn die Systeme für wenige Stunden oder gar Minuten lahmgelegt werden. Die gesamte Firmenkommunikation läuft bei den meisten Unternehmen via Inter- und Intranet ab. Werden diese Kommunikationstools attackiert, kann entweder eine gute Firewall (im Unternehmen) beziehungsweise ein gutes Virenprogramm (auf dem Privat-PC und auch Firmen-PC) den Angriff abwehren, oder der Angreifer legt die Systeme lahm, zerstört sie im schlimmsten Fall sogar.
Was ein Computerausfall bewirken kann, nämlich Chaos, wird offenkundig, wenn es auf einem Flughafen zu einem Systemabsturz kommt. Es können keine Tickets mehr ausgegeben werden, das Check-in funktioniert nicht, folglich können die Flugzeuge nicht abheben und müssen am Boden bleiben. Es kommt zu Verspätungen, die sich von einem Flughafen auf die nächsten ausbreiten, da die Maschinen dort später ankommen. Es kommt zu Slot-Verschiebungen, also zu einem Chaos bei den Zeitfenstern, in denen die Maschinen abheben können, etc. So, wie sich der ILOVEYOU-Virus im Schneeballsystem verteilt hat, verbreiten sich auch die Probleme.
Man stelle sich vor, was eine Attacke auf das Computersystem eines ganz normalen Supermarkts auslösen könnte. Die Kassen gehen nicht mehr auf, vor den Kassen bilden sich Menschenschlangen, die immer länger werden. Auf den Parkplätzen stehen immer mehr Autos, weil alle, die drinnen sind, nicht mehr wegfahren. Verkehrsstaus um das Einkaufszentrum. Menschen kommen zu spät in die Arbeit, versäumen Meetings etc.
Oder ein Angriff auf das System einer Zeitung, eines Mediums wie etwa Radio oder TV. Die Artikel können nicht mehr ins Layout geschrieben werden, können nicht mehr von der Redaktion online in die Druckerei geschickt werden. Zum Jahreswechsel 1999/2000 haben sich viele Radiostationen aus Angst vor Y2K an die Urzeiten des Radiomachens erinnert und ein Notsystem

aktiviert, bei dem sie, wie in alten Zeiten, die Menschen mit Information versorgt hätten.
Wir sind so sehr von der Technologie abhängig geworden, daß oft ein winziger Fehler, eine kleine Attacke genügt, um das System ins Wanken zu bringen. Es ist kein Wunder, wenn das amerikanische FBI Computerhacker so verfolgt, als ob sie Terroristen wären. Warum wohl ist die Aufregung in den Vereinigten Staaten so groß, ruft sogar den Präsidenten auf den Plan? Weil die Computerfreaks von heute die großen Gegner von morgen sein könnten.
Nach den Attacken auf die Internetseiten der großen US-Konzerne wie Amazon.com oder eBay.com wurde in den Vereinigten Staaten eine Großoffensive gegen Computer-Hacker gestartet. Jene Hacker, die die Polizei ausfindig machen konnte, sind meistens junge Täter, junge Programmierer, Computerfreaks, unter 20 Jahre alt. Sie nennen sich – wie der Angreifer auf die Amazon- und eBay-Seiten – Coolio oder sonstwie, und ihr größter Spaß ist es, die Systeme anderer zu knacken.

In der mobilen Informationsgesellschaft kann die Welt durch die globale Vernetzung aus der Bahn geworfen werden. Angriffe aus der Cyberwelt können Staaten destabilisieren, Unternehmen ruinieren und Menschen töten.

3D-Kriegsführung made in Hollywood

Wie groß die Angst vor Hackern ist, zeigt auch die Geschichte rund um den bekanntesten aller Hacker: Kevin Mitnick. 1995 hat er nicht nur 20.000 Kreditkartennummern, sondern auch das System des US-Verteidigungsministeriums geknackt. Mitnick, Held und großes Vorbild in der Hackerszene auf der ganzen Welt – Sympathiekundgebungen für ihn im Internet erinnerten an jene für Popstars –, wurde Anfang 2000 aus dem

Gefängnis entlassen. Als „Computerexperte“ fand er zwar rasch einen Job als Kommentator beim TIME MAGAZINE und der britischen Zeitung THE GUARDIAN (als Programmierer oder ähnliches darf er nicht mehr arbeiten), doch hat ihm der Richter nach einiger Zeit sogar das Schreiben von Kommentaren verboten, da er diese Tätigkeit auf Computern oder Laptops ausübe und von dort wieder Zugang in das weltweite Netz Internet habe.

Von allen Hackversuchen werden nur die offensichtlichen Attacken bekannt, wie jene von COOLIO auf AMAZON.COM, EBAY.COM etc. Die anderen bleiben geheim, denn eine Veröffentlichung würde noch größeren Schaden anrichten. Wie oft wurde schon die eigene Hausbank geknackt? Niemand weiß es, keiner wird es zugeben. Würden Sie Ihr Geld auf einer Bank deponieren, von der Sie wissen, daß sie Ziel eines Hackers geworden ist? Wohl nicht.

Wenn junge Computerhacker in das PENTAGON eindringen – wie erwähnt, geht das PENTAGON im schlimmsten Fall von etwa 250.000 Angriffen aus –, so tun sie das mit dem Ziel, in das als „sicherstes Computersystem der Welt“ angepriesene System einzubrechen. Die Zahl gibt man deshalb bekannt, um zu zeigen, daß man die Situation im Griff hat. Immer wieder gelingt es jungen Hackern aber dennoch, diese Rechner zu überlisten. Wie oft wir tatsächlich am Rande eines Krieges standen, weil ein Computerfreak den Code zum Abschuß von Atomraketen geknackt hat oder schon im „Vorzimmer“ der Abschußrampe stand – wir werden es wohl, besser gesagt: hoffentlich, nie erfahren.

CYBERWAR – der Begriff enthält nicht zufällig das Wort Krieg. Die Helden der Zukunft werden nicht nur Kämpfer sein, sondern vor allem Hacker, Programmierer und Informationsmanager.

Militärstrategen verbinden schon seit geraumer Zeit das Neue mit dem Alten. Die Feldherren der Gegenwart und Zukunft ziehen mit einem System der Systeme in den Krieg, mit einem Verbund von weltweiten Sensoren, Datennetzen, künstlicher Intel-

ligenz. Das Schlachtfeld soll so transparent gemacht werden, „wie die irakische Wüste zur Mittagszeit", meinte ein gewisser General Norman Schwarzkopf, der im Kuwait-Irak-Krieg die Operation Desert-Storm geleitet hat.
Die Datenverarbeitung ist eine der wichtigsten Aufgaben von Militärs geworden. Die Ausgaben des Pentagon, die mit dem Erzeugen, Sammeln und Verteilen von Information verbunden sind, betrugen 1999 etwa 40 Milliarden Dollar. Um die Menge an anfallenden Daten überhaupt meistern zu können, arbeitet das US-Militär bereits mit Hollywood-Spezialisten zusammen. Die US-Army ist an einem Joint-venture der School of Cinema-Television der University of Southern California (www-cntv.usc.edu) beteiligt. Dort entwickeln Studenten eine dreidimensionale Gefechtsfeld-Simulation. Man stelle sich vor: Alle Daten und Informationen, von der Position eines feindlichen Soldaten über geographische Details bis hin zu Waffenstellungen, die das „System der Systeme" aufschnappt, werden in 3D übersetzt. Ähnlich einem Videospiel könnten Soldaten, die mit einem Schlachtfeld-Assistenten ausgestattet sind, agieren. Eine militärische Mary sozusagen, die dem Soldaten sagt, wo es langgeht, worauf er achtgeben muß, was ihn hinter dem nächsten Gebüsch erwartet.
Das ist die eine Seite des Cyberwar, die Verschmelzung aller Systeme, aller Informationen. Die andere: Cyberwar wird nicht mehr auf Schlachtfeldern, sondern innerhalb der Computersysteme geführt. Das wird eines der großen Probleme der Informationsgesellschaft werden. Ein Problem, das in der mobilen Informationsgesellschaft noch viel gravierender werden wird, da man einerseits durch das WWWW von überall Zugang ins Internet hat und andererseits durch verschiedene PrePaid-Produkte wie bei den PrePaid-Handys nicht mehr weiß, wer am Netz hängt, wer telefoniert, wer eingedrungen ist. Dadurch wird auch die Ausforschung der Täter schwieriger.
Cyberwar – die Wortkreation bringt es auf den Punkt – ist ein Krieg, dessen Waffen in der virtuellen Welt gebaut sind und die reale Welt angreifen. Krieg wird in Zukunft nicht mehr nur

mit Panzern, Maschinengewehren und Abfangjägern gemacht, der Krieg der Zukunft wird mit Bits und Bytes geführt, die vom eigenen Netz ins feindliche geschickt werden. Die Kriege der Zukunft werden mit Mitteln der Informationsgesellschaft geführt.

Das Handy der Zukunft wird zum Globalisierungsinstrument, das weltweiten Zugang zu allen Informationen ermöglicht – für jeden Menschen, zu jeder Zeit und von jedem Punkt der Erde aus.

Schirinowskis CyberRekruten

Im Kosovo-Konflikt sind Schlagworte wie CYBERWAR, INFORMATION WAR oder auch NETWAR das erste Mal aufgetaucht. Das Magazin NEWSWEEK behauptete in einem Artikel über den Kosovo-Konflikt, BILL CLINTON habe den CIA beauftragt, CYBERWAR gegen den jugoslawischen Präsidenten MILOSEVIC zu führen, um ihn mit den Waffen des Computerzeitalters in die Knie zu zwingen. Regierungs-Hacker sollten die Konten von MILOSEVIC in Rußland, Zypern und in Griechenland via Datenautobahn leeren.
WLADIMIR SCHIRINOWSKI, jener russische Politiker, der durch rechte Sprüche und sein nicht immer seriöses Verhalten vor laufenden Kameras aufgefallen ist, hat zwar im Dezember 1999 eine Wahlniederlage einfahren müssen, doch geschlagen gebe er sich noch lange nicht, ließ er verlauten. Er werde die Zeit zwischen den Jahren am Computer verbringen. Der Rechtspopulist will seinen Kampf gegen das Ausland mit Mitteln der Gegenwart führen und verlautbarte, die besten Hacker der Welt zu haben. Er und seine Anhänger würden die westliche Welt mit Computerviren überschwemmen.
CYBERWAR kann die Infrastruktur eines Landes schwer stören, sogar zerstören. Ein Angriff auf die Computersysteme kann die Strom- und Energieversorgung lahmlegen, das öffentliche

Telefonsystem, die Rechner von Banken, von Verkehrsunternehmen wie Bahn und Airlines. Wie anfällig Systeme sein können, hat die großangelegte Y2K-Kampagne gezeigt. Der Ausfall eines einzigen lebenswichtigen Systems reißt andere mit sich und kann eine ganze Gesellschaft ins Chaos stürzen. Eine Attacke auf das Stromnetz würde einen stundenlangen Stillstand des öffentlichen Systems bedeuten. Eine Stadt ohne Strom: keine Straßenbeleuchtung, keine Verkehrsampeln, keine öffentlichen Verkehrsmitteln. Chaos in den Supermärkten, weil Nahrungsmittel abtauen, Verkehrschaos auf den Straßen, Kaufhauseinbrüche, Chaos in den Spitälern etc.

Die Front wird dorthin verlagert und ist dort, wo sich Computer befinden. Aufgrund der weltweiten Vernetzung muß künftig jeder an einem Krieg teilnehmen, bekommt zumindest seine Auswirkungen zu spüren, weil er am System der Informationsgesellschaft hängt. Ein Krieg, der weit weg von uns zu sein scheint, kommt plötzlich zu uns. Wir sind mitten drin, und nicht durch Medien wie das Fernsehen, das uns das Schlachtfeld, das Elend der Flüchtlinge ins Wohnzimmer liefert. Wir sind Beteiligte. Wir bekommen einen Krieg, der sich ganz weit weg von Mitteleuropa, etwa in Angola oder in Asien abspielt, am eigenen Leib zu spüren, weil Computerhacker einer Kriegspartei eine Offensive auf das Netzwerk der Welt durchführen.

Im Kosovo-Krieg haben Spione nicht nur das Abheben der Kampfflieger von der italienischen NATO-Lufwaffenbasis Aviano beobachtet und die per Handy nach Jugoslawien berichtet, wodurch die richtigen Panzer versteckt und die aufblasbaren Panzer aufgestellt werden konnten. Im Kosovo-Krieg haben die Serben, so wird von der NATO behauptet, auch den privaten Handy-Gebrauch von deutschen Bundeswehrsoldaten überwacht. Die Serben hätten dann bei den Angehörigen angerufen, um ihnen eine „sehr sehr traurige Mitteilung" zu machen. Das ist eine Vorstufe des Cyberkriegs. Jeder kann davon betroffen sein.

So werden die Kriege der Zukunft geführt. Man führt ein Land ins Chaos, indem man die Rechner angreift. Wie InfoWar in

Zukunft funktionieren kann, haben China und Taiwan bereits demonstriert. Taiwan, dessen Unabhängigkeit dem großen China ein Dorn im Auge ist, war im Juli 1999 nach einer Forderung von Taiwans Präsident LEE TENG-HUI Angriffsziel einer Attacke aus der Cyberwelt. Kurz nach dem Ausspruch des Präsidenten wurde die Webseite des taiwanesischen Generalinspekteurs verändert. „Es gibt nur ein China" war auf der Seite zu lesen. Die virtuellen Soldaten der Insel starteten daraufhin zum Gegenschlag, verunstalteten eine Seite der chinesischen Finanzbehörde und hinterließen die Warnung, daß China aufhören solle, sich mit dem Feuer zu spielen.

Im September 1999 bestätigte der taiwanesische Geheimdienst, daß Hacker aus China innerhalb von nur eineinhalb Monaten 165 Mal in Computersysteme Taiwans eingestiegen waren.

Es ist wohl ein wenig Ironie der Geschichte, daß gerade das Internet zum Bumerang für das US-Militär wird. Das Internet, das als ARPA-NETZ (Advanced Research Project Agency) ab den 50er Jahren entwickelt wurde, sollte im Kalten Krieg die Kommunikation innerhalb des Militärs bewerkstelligen. Ab 1962 begann man unter höchster militärischer Geheimhaltung mit der Entwicklung dieses Netzes, das ab 1967 auch installiert wurde. Später wurden auch führende Universitäten eingebunden, 1973 startete schließlich das Internet, und England und Norwegen wurden an das ARPA-Net angeschlossen.

Genau diese militärische Erfindung, die freie Kommunikation über alle Grenzen hinweg, wird nun zum Problem. „Mit zehn Hackern kann man die USA in die Knie zwingen", zitierte DIE ZEIT ARNAUD DE BORCHGRAVE, den Verfasser eines Berichts des CENTER FOR STRATEGIC AND INTERNATIONAL STUDIES (CSIS) (www.csis.org). In einer Studie kommt man zum Schluß: „Amerikas Feinde wissen, daß die wirklichen Schätze des Landes in elektronischen Speichern lagern, nicht in Fort Knox." Dieser Feind kann wirklich jeder sein, vom Terroristen über einen geschaßten Mitarbeiter bis hin zu einem anarchistischen Hacker oder gar einem „harmlosen" Computerfreak, der nur ausprobieren will, „ob die

Systeme wirklich so sicher sind, wie behauptet wird". Die Gefahr eines „elektronischen Pearl Harbour" sei so groß wie noch nie.

Das Problem der mobilen Informationsgesellschaft: Gegner einer Firma, eines Landes, benötigen keine großen Rechnersysteme mehr. Es reicht ein Laptop mit Satellitenantenne, künftig ein digitaler Assistent mit Anschluß ans Internet. Von überall auf der Welt kann man in jedes System eindringen.

Wieviel Infokrieg heute schon geführt wird, kann wohl niemand sagen. Ist ein Computervirus wie der Loveletter eine Attacke, die man als Cyberwar bezeichnen kann? Sind Computerviren die Waffen des Computerzeitalters?

Die Soldaten der Zukunft ziehen keine Stiefel mehr an, sie sitzen vor ihren Computern, vor ihren Laptops oder sind mit ihren mobilen Geräten irgendwo auf der Welt unterwegs. „Dort, wo mein Laptop ist, ist mein Büro." Ein Zitat, mit dem die grenzenlose Möglichkeit der mobilen Informationsgesellschaft hochgepriesen wird, zeigt, daß jeder sein Büro überallhin verlegen kann. Auch militärische Büros, Soldaten, Terroristen etc. können von überall aus agieren.

Die Helden der Zukunft werden nicht nur Soldaten mit ihren Maschinengewehren, Panzern und Kampfjets sein, sondern vor allem Hacker, Cracker, Programmierer und Informationsmanager.

Bildung

eBooks, virtuelle Studenten und digitale Universitäten

„Joe, dein Universitäts-Professor hat soeben die Prüfungsfragen ins Netz gestellt."
„Danke, Mary, wie sind sie?"
„Ich weiß es nicht, Joe. Sie sind verschlüsselt und können nur mit deiner Universitäts-ID-Karte entschlüsselt werden."
Joe schiebt seine digitale Signatur ins Handy und aktiviert damit den Fragenkatalog. Mary meldet sich wieder zu Wort: „Joe, das sind Fragen aus jenen Gebieten, für die ich dir Information aus dem Internet besorgt habe."
„Na, dann kann ja nichts mehr schiefgehen."

Der Student der Zukunft ist ein virtueller, er immatrikuliert über das Internet, studiert von zu Hause aus und erwirbt sein Diplom oder seinen akademischen Grad, ohne seinem Professor auch nur einmal leibhaftig begegnet zu sein. Virtuelle Universitäten oder Cyber-Fachhochschulen werden in einigen Jahren wichtiger Bestandteil im Bildungssystem der mobilen Informationsgesellschaft.
England will dabei Europa und dem Rest der Welt zeigen, wie es geht. Anfang 2000 hat das Bildungsministerium angekündigt, die erste elektronische Universität für das Internet zu schaffen. Allerdings nur für technische Fachrichtungen, wirtschaftliche Berufe, Management, Recht und Computerwissenschaft. Studienrichtungen, bei denen ein großer Praxisbereich notwendig ist, wie etwa Veterinärmedizin, werden nicht online angeboten. Noch nicht.
Beim britischen Projekt arbeiten Universitäten eng mit Unter-

nehmen aus der IT-Branche zusammen. Wieviele der 107 Bildungsstätten es sein werden, ist noch nicht klar, da einige Universitätsrektoren gegen die elektronische Konkurrenz sind. So befürchten etwa die Leiter der traditionellen Universitäten wie OXFORD oder CAMBRIDGE ein Absinken des Standards.
eUNIVERSITÄTEN werden nicht vom Staat finanziert, sondern autonom organisiert und können die Höhe der Studiengebühren selbst festsetzen. Der britische Premier TONY BLAIR hofft, daß es bis 2005 um 75.000 mehr Auslandsstudenten gibt und auch die Einnahmen drastisch steigen werden. Schon jetzt nimmt der Staat etwa 1,2 Milliarden Euro an Studiengebühren ein.
In der mobilen Informationsgesellschaft wird prinzipiell jedem der Zugang zu den besten Universitäten dieser Welt ermöglicht. Egal, wo auf dem Globus man lebt, man kann in OXFORD studieren, auf einer der vielen Eliteuniversitäten in den USA oder Medizin in Wien. Ohne jemals dort gewesen zu sein, können Absolventen auf ihrer Visitenkarte auf ein Diplom einer anerkannten Universität verweisen.
Darin liegt die Chance von Universitäten in Deutschland und Österreich, durch virtuelle Studienangebote plötzlich eine große Anzahl von Studenten aus der ganzen Welt zu inskribieren, da jeder, der einen Computer mit Internetanschluß besitzt und die Voraussetzungen für ein Studium erfüllt, Student an einer Universität werden kann. Durch ein eSTUDIUM wird es möglich sein, daß ein Management-begeisterter Junge aus der Provinz Sabah auf Borneo an einer europäischen Universität inskribiert und dort sein Studium abschließt.
Am Home-Computer zu studieren statt in den Hörsaal marschieren zu müssen, wird in einigen Jahren aber nur eine Möglichkeit des Studierens sein. In Deutschland arbeiten einige Universitäten an einem virtuellen Campus. Die größten Hemmschuhe dabei sind nach einer Studie von BERTELSMANN und der HEINZ-NIXDORF-STIFTUNG (www.stiftung.bertelsmann.de) die hohen Investitionskosten. Pro Jahr und Studiengang müssen im Schnitt zwischen drei und zehn Millionen Mark investiert werden.

Einen interessanten deutschen Status-quo-Bericht über Pläne virtueller Universitäten hat im April 2000 die DEUTSCHE PRESSE-AGENTUR (www.dpa.de) geliefert. In sieben Bundesländern wurde schon an virtuellen Projekten gebastelt. In Bayern hat im Mai 2000 die virtuelle Hochschule ihren Betrieb aufgenommen, auf der neun Universitäten und elf Fachhochschulen mehr als 40 Kurse in Medizin, Informatik, Wirtschafts- und Ingenieurwissenschaften anbieten. Nach einer Testphase bis März 2001 soll der Traum vom virtuellen Studium dann wahr werden.
In Baden-Württemberg läuft seit 1997 ein Programm „virtuelle Hochschule", das Online-Angebote beinhaltet, die das Studium ergänzen sollen. Damit man in Zukunft auch Studienrichtungen wie Chemie, Physik oder Medizin online durchziehen und abschließen kann, werden eigene High-Tech-Methoden entwickelt, so etwa ein Labor, das man per Mausklick steuern kann. In der FACHHOCHSCHULE AACHEN sollen sich per Knopfdruck Maschinen einschalten lassen können.
Daß auch im medizinischen Bereich solche Ausbildungen möglich, ja sogar notwendig sind, zeigen die Entwicklungen im Bereich der Telemedizin. Fernoperationen oder Ferndiagnosen könnten während des Studiums auch von zu Hause aus durchgeführt werden. Theoretisch ist es sogar denkbar, daß Medizinstudenten an AVATAREN Operationen probieren, gewisse Techniken perfektionieren.
An einem VIRTUELLEN CAMPUS RHEINLAND-PFALZ arbeiten derzeit die Bildungs-Verantwortlichen in Rheinland-Pfalz. Unter der Adresse www.vcrp.de will man eine Plattform für multimediale Studienangebote schaffen und die Möglichkeit bieten, Vorlesungen zu besuchen. Diesen kann man sowohl von daheim als auch von unterwegs aus beiwohnen. Vorlesungen der Zukunft werden per Webcam ins Internet übertragen und können von jedem Ort der Welt genossen werden. Von den Studenten werden diese Formen jedenfalls angenommen, fraglich ist, wie die Professoren, die in ihren Traditionen verbunden sind, auf diese neuen Studienformen reagieren.
Ein virtueller Campus ist auch im Saarland geplant, wo man

aber gemeinsame Sache mit Rheinland-Pfalz machen will. Als Vorzeigeprojekt für den IT-Sektor gilt die Virtuelle Fachhochschule Lübeck (www.vfh.de) im Bundesland Schleswig-Holstein, auch auf Universitäten in Niedersachsen bereitet man alles für das Studieren im virtuellen Raum vor.

Wie das Studieren in Zukunft noch funktionieren wird, zeigt man an der Universität Rostock, wo Anfang 2000 ein Internet-Funknetz in Betrieb genommen wurde. Studenten wie Professoren können dabei mit ihren Laptops auch außerhalb der Hochschule drahtlos auf das Uni-Netzwerk und das Internet zugreifen. Im Stadtgebiet von Rostock wurden insgesamt 150 Sendestationen errichtet, damit die Studenten immer online sein können. Ähnlich funktionieren auch die virtuellen Unis im japanischen Keio und im amerikanischen Boston.

Die Digitalisierung der Bildung schafft einen weltweiten Bildungsmarkt. Neue, virtuelle Eliteschulen werden entstehen.

Ein PC für 100 Schüler

Doch nicht nur die Universitäten werden sich in den kommenden Jahren stark verändern und von diesem Wandel sogar profitieren können. Die Basis für virtuelle Studenten muß bereits in den Schulen geschaffen werden. Internet und Computer müssen in den Schulen zur Standardausstattung gehören. Entsprechende Projekte werden von Politikern bereits seit Jahren angekündigt, auch prahlen sie mit der guten Vernetzung von Schulen. Alle Gymnasien seien „ausreichend mit neuen Techniken versorgt“, sagte die österreichische Bildungsministerin Elisabeth Gehrer. „Sogar 43 Prozent der Pflichtschulen wie Volks- und Hauptschulen“, wie sie betonte. Eine Statistik, die nur auf den ersten Blick gut aussieht, auf den zweiten Blick aber ein Armutszeugnis an sich darstellt. Darüber hinaus stellt sich die Frage, was das denn bedeutet, dieses „mit Technik versorgt“. Es

heißt nichts anderes, als daß jede Schule über einen Internetanschluß verfügt. Es bedeutet nicht, daß den Schülern ausreichend Terminals zur Verfügung stehen. Wenn 300 Schulpflichtige sich um 20 Computer streiten, ist man von einer guten Vorbereitung auf das Informationszeitalter weit entfernt.
In Deutschland ist die Situation nicht viel besser. Von den etwa 44.000 öffentlichen deutschen Schulen war Ende 1999 nicht einmal jede dritte ans Internet angeschlossen, in Deutschland mußten sich Anfang 2000 exakt 63 Schüler um einen PC streiten.
Wie es geht, zeigen die skandinavischen Länder. In Finnland hängen alle Schulen am Netz, in Schweden teilen sich statistisch gesehen sechs Schüler einen PC, sogar in Großbritannien hat man mit neun Schülern pro Computer noch eine relativ gute Ausgangsbasis. In den Vereinigten Staaten, punkto Internet immer als Musterland hochgepriesen, erreicht man ein 7:1-Verhältnis von Schüler:Computer. Ende 2001 wird man in Deutschland alle Schulen ans Netz gebracht haben, so will es nicht nur die Bundesregierung.
Die INTERNETISIERUNG wird man aufgrund der budgetären Situation in den EU-Staaten wohl durch enge Kooperationen mit Firmen aus dem IT-Bereich schaffen. Ein Vorzeigeprojekt ist eine Offensive, die 1999 an den Wiener Volksschulen gestartet wurde. Das Technologieprojekt wurde gemeinsam mit SIEMENS realisiert, die insgesamt 6.500 PCs und 337 Server an allen Wiener Pflichtschulstandorten mit einem Hochleistungsnetz verbunden haben.
Als Meilenstein in der Computerisierung Deutschlands kann wohl das Projekt angesehen werden, das TELEKOM-Chef RON SOMMER und Bundeskanzler GERHARD SCHRÖDER am 11. Februar 2000 präsentiert haben, nämlich einen kostenlosen Internet-Zugang für sämtliche 44.000 Schulen Deutschlands. Kostenlos ist nicht nur die Einrichtung, es fallen auch keine Provider- und Online-Gebühren an, und das Angebot enthält eine eigene Homepage für jede Schule. Jede Schule wird bis zu 10.000 eMail-Adressen selbst einrichten können.

In Europa besteht jedenfalls enormer Aufholbedarf, wie durch den akuten Arbeitskräftemangel im IT-Bereich offensichtlich geworden ist. Kinder und Jugendliche sind nicht nur jene Menschengruppe, die mit der Technologie aufgewachsen ist und auch mit dieser Technologie ausgebildet werden will. Kinder und Jugendliche sind auch die „Missionare“ der Gesellschaft. Sie können ihren Eltern und Großeltern erklären, wie das Netz funktioniert. Durch ihr Wissen sind Eltern, die ihren Kindern bei den Schulaufgaben auf die Finger schauen wollen, gezwungen, sich auch Wissen in diesem Bereich anzueignen.

Versäumnisse im Bildungsbereich, in der Vorbereitung der Kinder und Jugendlichen auf die mobile Informationsgesellschaft, in der Ausbildung von neuen Berufen werden einer der größten Bumerangs für die europäischen Staaten.

Die Nabelschnur zur Information

Kommt nach dem vielzitierten papierlosen Büro auch der papierlose Unterricht, die papierlose Schulklasse, die papierlose Universität? Nachdem in den vergangenen Jahren unter dem „Stichwort“ Museumsmilliarde um 218 Millionen Euro die Museen modernisiert wurden, beschloß man im April 2000 in Österreich auch eine „Computermilliarde“. Mit diesem Geld sollen eLearning und Internet an die österreichischen Schulen und Universitäten gebracht werden. Neben dem Lesen, Schreiben und Rechnen, so argumentierte die österreichische Bildungsministerin Elisabeth Gehrer, sei die Arbeit am Computer „eine vierte Kulturtechnik“ geworden – ein Begriff, der im Ansatz stimmt, doch wird diese vierte Kulturtechnik in den kommenden Jahren zur ersten werden! Kinder werden, nachdem sie die ersten Worte plappern können, mit dem Computer Bekanntschaft machen und dort Lesen, Schreiben und Rechnen lernen. Der Com-

puter ist das wichtigste Bildungsutensil der Zukunft und wird Schulbücher und andere Unterrichtsmaterialien ersetzen.
Wie sieht der Schulcomputer der Zukunft aus? Wird jeder Schüler mit einem Laptop ausgerüstet, den er in der Schule genauso nutzen kann wie zu Hause? Daß die Einrichtung von Computerzimmern schon lange nicht mehr ausreicht, haben Lehrer bereits begriffen. Computer, die irgendwo in einem Raum stehen, werden zum einen selten aufgesucht, zum anderen ist, wie bereits erwähnt, die Anzahl der Terminals in den Schulen so niedrig, daß sich im schlimmsten Fall bis zu 100 Schüler um einen PC streiten.
Der Ansatz mit den Schul-Laptops geht hier in die richtige Richtung, denn damit hat jeder Schüler die gleiche Chance, das Informationsangebot des Internet zu nutzen. Der Slogan „Dort, wo mein Laptop ist, ist mein Büro", kann in den Slogan „Dort, wo mein Laptop ist, kann ich lernen" umformuliert werden.
Doch es genügt nicht, alle Schulen ans Netz zu hängen, Computerräume zu schaffen, bestenfalls einzelne Klassen mit Internet-Terminals auszustatten. In der mobilen Informationsgesellschaft muß für jeden Schüler ein Terminal bereitgestellt werden. Ein Computerarbeitsplatz mit Internetanschluß auf der einen und einem Intranet-Anschluß auf der anderen Seite.
Künftig werden Schüler mit ihrem Schul-PC eine Klasse betreten, sich ans Klassennetzwerk hängen und dann dem Unterricht folgen können. Der Lehrer wird die Tests nicht nur online in die Terminals spielen, sondern ähnlich wie in einem Sprachlabor jedem einzelnen Schüler auf die Finger, sprich: in den Bildschirm schauen können. Bei Tests wird die Online-Verbindung ins Internet gesperrt, damit man sich keine Informationen aus dem Internet besorgen oder im Online-Schummelzettel nachschauen kann.
Über ein eigenes Schul- oder Klassen-Portal werden die Schüler mit Informationen versorgt. Die mobilen Geräte haben den Vorteil, daß die Schüler auch daheim erreichbar sind, man ihnen online Informationen zuschicken kann. Etwa, daß der Wandertag ausfällt und anstelle dessen ein Museum besucht wird.

Oder daß sich durch die Erkrankung eines Lehrers der Stundenplan ändert und Sportsachen mitgenommen werden sollen, da eine Turn-Supplierstunde auf dem Programm steht.
Der Computer ist nicht nur das Medium, mit dem Kinder aufwachsen, durch den PC eröffnet sich auch die Chance, verschüttete Begabungen freizulegen, wie der Bielefelder Jugendforscher KLAUS HURRELMANN bestätigt. Der PC spreche andere Persönlichkeitsmerkmale an als herkömmliche Medien wie etwa das Buch. Man denke da an Videospiele. Stundenlang können Kinder vor den meistens sehr kleinen Bildschirmen verbringen. „Viele, die sonst hibbelig und kribbelig sind, können sich vor dem Bildschirm plötzlich konzentrieren." Und auch weniger kommunikativ begabte Kinder entwickeln vor einem PC unerwartete Stärken. In jeder Schule gibt es Außenseiter, Kinder, die von den Kameraden nicht akzeptiert werden. Der Computer bietet die Chance, aus ihnen gleichwertige Schulkameraden zu machen. Ein Bub, der ob seiner großen Brillen, abstehenden Ohren, oder ein Mädchen, das wegen seiner Sommersprossen ausgelacht wird, kann sich durch besondere Fähigkeiten auf dem PC auszeichnen.

eBook statt Schulbuch

In der mobilen Informationsgesellschaft werden jedoch nicht, wie in Ansätzen geplant, Laptops das Schulbuch ersetzen, sondern EBOOKS, elektronische Bücher. Warum, ist einfach erklärt. Zum einen ist es das Format, das das EBOOK attraktiv macht. Breite Bildschirme sind zum Lesen einfach nicht ideal, werden, wie Tests gezeigt haben, von den Konsumenten nicht angenommen. Es ist daher kein Wunder, wenn die Hersteller von elektronischen Büchern ein Format wählen, das wir seit Jahrhunderten gewohnt sind: ein aufrechtes Seitenformat. Das ROCKET EBOOK des US-Herstellers NUOVOMEDIA (www.nuovomedia.com) etwa wurde einem Buch nachempfunden und ist sogar in eine Lederhülle eingepackt. Freilich muß das Schulbuch der Zukunft keinen Ledereinband haben, aber das Format muß beibehalten werden. Auch die Hersteller anderer elektronischer Bücher wie etwa die Firma SOFTBOOK PRESS (www.softbook.com) sowie www.everybk.com behalten das Format bei. Ob wir nun ein richtiges Buch aus Papier und Pappe oder eine Seite im Internet lesen – wir sind gewohnt, daß der Text das A4-/A3- oder A6-Format, also Hochformat hat. Seiten, die sich in die Breite ziehen, werden nicht nur vom Drucker ignoriert, der immer den rechten Rand schluckt, sie sind auch unbequem zu lesen.

Die Mobilität ist ein weiterer Faktor, der für eBOOKS und gegen Laptops spricht. Sogar das leichteste Laptop ist für einen Grundschüler ein relativ schweres Gerät – abgesehen davon, daß es anfällig für Erschütterungen in der Schultasche ist, die ja mitunter relativ achtlos zu Hause in ein Eck geworfen wird. Das eBOOK ist stabiler, kann an eine externe Tastatur angeschlossen werden, die sich in der Schule befindet und die man auch zu Hause hat.

Schließlich sind auch die Kosten beim eBOOK niedriger als bei einem Laptop. Das ROCKET eBOOK von NUOVOMEDIA kostet etwa 200 Dollar, ein Laptop ein Vielfaches davon. Auch ist der Preis eines eBOOKS im Vergleich zur Anschaffung der Printausgaben der Schulbücher (z. B. vier Jahre Grundschule, acht Jahre Gymnasium) auf Dauer billiger, selbst wenn es beim Übertritt von der Grundschule in eine andere Schulform gewechselt werden muß.

eBOOKS werden die Schulbücher ersetzen. Von diesem Ansatz gehen auch die US-Unternehmen aus. So, wie ein Urlauber für den Urlaub sein eBOOK mit verschiedenen Romanen laden kann, werden Schüler in ihre SCHUL-eBOOKS verschiedene Schulbücher laden.

Daß man in eBOOKS auch Anschlüsse für eine externe Tastatur baut, ein Betriebssystem und einen Internetzugang schafft, ist wohl das geringste Problem. Wenn es, wie schon erwähnt, auch bei Spielkonsolen möglich ist, ist das bei eBOOKS auch kein Problem.

Das Ende aller Bücher, wie es von einigen Skeptikern befürchtet wird, bedeutet dies aber nicht. Das traditionelle Buch aus Papier wird nie ganz ersetzt werden. Vor allem in Bereichen wie etwa Telefonbücher, Gesetzestexte oder im Bildungsbereich werden digitale Bücher den Platz der Printausgaben einnehmen. Romane, Sachbücher und Paperbacks wird es immer geben, weil die Menschen gerne mit einem Buch ins Bett gehen und dort blättern, weil man im Urlaub gern mit einem Buch am Strand liegt, auch wenn der Wind den Sand zwischen die Seiten bläst und die Seiten Sonnencreme-Flecken abbekommen.

Das Hauptargument für das Überleben des Buches ist historisch und auch technisch begründet. Papier hat eine längere Lebensdauer als jeder Datenträger. Während Ton- und Videobänder eine durchschnittliche Lebensdauer von 10 bis 20 Jahren haben, leben Zeitungspapier 10 bis 30 Jahre, eine CD und auch Farbfilme 30 bis 100 Jahre. Saures Papier, wie es für Bücher verwendet wird, kann man mindestens 200 bis 500 Jahre erhalten. Die ältesten Medien leben am längsten, wenn man an die 4.000 Jahre alte Keilschrift in den Tontafeln denkt. Gespeicherte Daten können gelöscht oder einfach nicht mehr lesbar gemacht werden. Wer heute noch alte 5⁄-Zoll-Disketten in seinem Fundus hat, kann davon ein Lied singen. Es gibt keine Laufwerke mehr, in die man diese biegbaren Disketten reinschieben könnte.

eBooks werden die Schulbücher schon in absehbarer Zeit verdrängen. Ihr breites Einsatzspektrum wird den Schulalltag grundlegend verändern.

Arbeit

Virtuelle Firmen und Teleworker

„Joe, die Konzepte von Philippe Gonzales sind eingelangt."
„Zeit wurde es, wieviel Megabyte hat das Attachment?"
„125 MB Joe, ein kleine Videodatei ist auch angehängt." Mary, die Assistentin, organisiert auch Joes „Berufsleben".
„Danke, Mary. Frage bitte bei Kimimasa Mayomi nach, wann ich seine Vorschläge erhalte, und organisiere eine Telekonferenz um 720 Beat."

Joe ist ein richtiger Teamworker. Er liebt es, mit anderen Kreativen an einem Projekt zu arbeiten und gemeinsam Ideen zu entwickeln. Aber was waren das früher noch für Zeiten! Immer im Büro sitzen, elendslange Besprechungen, Konferenzen.
In der mobilen Informationsgesellschaft ist Joes Arbeitsplatz daheim beziehungsweise überall dort, wo er seinen Laptop mit hinnehmen kann. Sein Büro ist ein virtuelles im WWWW. Um mit seinen Kollegen und Partnern zusammenarbeiten zu können, hätte er früher eine kleine Weltreise organisieren müssen. Zuerst nach Japan Richtung Osten und dann nach Brasilien.
In Zukunft finden Meetings zu jedem Zeitpunkt statt. Joe kennt nicht Dienst- oder Freizeit, Tag oder Nacht, er hat Freude an seinem Job, der ihm Lebensgefühl verleiht, den er nicht als Arbeit oder Pflicht empfindet.
Wer heute in seine Firma marschiert, betritt meist ein Gebäude aus Ziegel, Stahlbeton oder Glas. In der mobilen Informationsgesellschaft fallen die Mauern eines Unternehmens, es gibt sie mitunter physisch gar nicht mehr, sie existieren auf einem

Blatt Papier, pardon: als Datensatz im Zentralcomputer der Wirtschaftskammer, der Sozialversicherung. Mehr nicht. Kein sündteurer Raum für Beschäftigte, denn die Mitarbeiter können von daheim aus arbeiten oder von unterwegs - oder gar an einem Sandstrand an der griechischen Küste oder auf einer Terrasse auf einer thailändischen Teeplantage. Hauptsache, sie machen ihn gut.

In einigen Jahren wird es von virtuellen Firmen nur so wimmeln, einen Besuch kann man ihnen via eMail oder Webcam abstatten, einen Termin beim Chef gibt's bestenfalls via Videokonferenz. In der mobilen Informationsgesellschaft wird es ein Firmensterben geben - aber nicht deshalb, weil die Geschäfte schlecht gehen, sondern weil sich Unternehmen projektbezogen bilden. Für ein Projekt schließen sich die besten Leute zusammen und gehen nach getaner Arbeit wieder auseinander. Das heißt nicht, daß sie nicht wieder einmal zusammenarbeiten. Diese Entscheidung hängt zum einen davon ab, wie sie ihre Arbeit gemacht haben. Sind sie gut, dann kommen sie wieder, erhalten gutdotierte Aufträge. Sind sie Durchschnitt, dann werden sie mit weniger hochdotierten Jobs versorgt. Zweitens hängt diese Entscheidung davon ab, welche Rolle der Beschäftigte im Gefüge spielt. Ist er wie im Film Statist, Hauptdarsteller, Ausstatter oder gar Regisseur? In Hollywood und auch im indischen BOLLYWOOD, wie die Filmstadt Bombay genannt wird, arbeitet man nach dem virtuellen Prinzip schon seit Lebzeiten. Ein Regisseur sucht sich seine Truppe zusammen. Ist der Streifen fertig, geht sie wieder auseinander - was aber nicht bedeutet, daß Regisseur und Schauspieler nicht wieder miteinander zu tun haben, wie man weiß. Ein Regisseur, der einmal Erfolg hatte, versucht seine Lieblingsschauspieler immer wieder zu verpflichten, sucht sich auch für neue Projekte seine Vertrauensleute zusammen. Auch der Chef einer virtuellen Firma wird jenen vertrauen, mit denen er erfolgreich war.

Da digitale Netze alle Daten miteinander verknüpfen können, sind auch Unternehmen in der Lage, ganz anders zu agieren, können sich Firmen über mehrere Staaten erstrecken. Es ist nicht mehr notwendig, daß Geschäftsbereiche wie Entwicklung Produktion, Vertrieb oder Marketing im selben Gebäude sitzen. Sie können dank des Mobilfunks sogar auf unterschiedlichen Kontinenten untergebracht sein, Firmen können komplett neue Strukturen annehmen.

Trendforscher wie MATTHIAS HORX (www.zukunftsinstitut.de) prophezeien bereits seit einigen Jahren, daß die Zahl der Langzeit-Angestellten zurückgehen, daß es die klassischen Berufsbiographien nicht mehr geben wird. Es wird kaum noch Jobs geben, die man ein Leben lang macht – und die, die ständig den gleichen Beruf ausüben wollen, geraten immer stärker unter Druck: durch schleichende Kürzungen sozialer Leistungen, durch das Gesundschrumpfen von Unternehmen und damit verbundene Entlassungen und durch die ständig steigenden Anforderungen und den Leistungsdruck.

Die großen Gewinner sind die neuen Selbständigen, jene, die traditionelles Gedankengut ablegen und unternehmerisch denken. Genau hier merkt man die Differenz zwischen Jung und Alt. Die Generation der heute 50- bis 60jährigen rät ihren Kindern immer, den Job beizubehalten, nichts zu riskieren und für ein sicheres Einkommen zu sorgen. Frei nach dem Motto: „Sei froh, daß du einen Job hast".

In der mobilen Informationsgesellschaft, in der man mit seinem Laptop von überall aus arbeiten kann, in der das Wireless World Wide Web zur Nabelschnur von Information und Wissen wird, gewinnen interdisziplinäre Tätigkeiten an Bedeutung. Zweit- und Dritt-Jobs werden normal sein, man wird für mehrere Arbeitgeber gleichzeitig arbeiten, aus Hobbys werden Berufe, aus Jobs werden Hobbys.

In den Firmen der Zukunft sind High-Skill-Worker gefragt, die so flexibel, intelligent und teamfähig sind, daß sie mühelos die eine Aufgabe genauso verrichten können wie die andere. Für sie gilt die Formel der Arbeitszukunft, die der deutsche Freizeitforscher HORST OPASCHOWSKI (www.bat.de) kreiert hat: 1 x 2 x 3. Ein Angestellter bekommt in Zukunft zwar zweimal so viel bezahlt wie jetzt, muß aber das Dreifache arbeiten.

Zu den Verlierern der Jobzukunft gehören die, wie es HORX nennt, „Couch Potatoes“, jene, die vor dem Fernseher sitzen, sich durchs Programm zappen, ihr 08/15-Leben beibehalten und nichts daran ändern wollen. Auch wenn es die Zukunft verlangt.

Über den Arbeitsplatz der Zukunft ist schon viel philosophiert worden, derzeit überbieten sich die Experten in ihren Prophezeiungen und Publikationen. Der Arbeitsplatz ist künftig immer öfter daheim. Konzerne wie FORD, DELTA AIRLINES oder auch INTEL und die deutsche BERTELSMANN-Gruppe werden oder wollen ihren Angestellten PCs für daheim schenken. Als BERTELSMANN im März 2000 die Medien von dieser Idee informierte, waren alle begeistert. Den Beschäftigten und ihren Familien eröffneten sich dadurch zusätzliche Chancen des Wissenszugangs, der Weiterbildung, der Qualifikation, argumentierte man. Der Anschluß an die Welt, an das Netzwerk Information hat allerdings einen Haken: Die Mitarbeiter hängen damit auch an der Firma.

Dasselbe Ziel hat der Automobilkonzern FORD verfolgt, als er seine 350.000 Angestellten weltweit mit Computer, Laserdrucker und einer Internet-Flatrate von fünf Dollar pro Monat ausstattete. „Individuen und Unternehmen, die im 21. Jahrhundert erfolgreich sein wollen, müssen in der Anwendung des Internet und verwandter Technologien führend sein“, begründete FORD-Vorstandsvorsitzender BILL FORD die Offensive. Nach FORD entschloß sich auch DELTA AIRLINES zu diesem Schritt und schenkte 70.000 Mitarbeitern ebensoviele Geräte. Schließlich folgte INTEL mit dem Mega-Angebot: Jeder der 70.000 Angestellten bekam das Beste vom Besten: einen 667-Megahertz-Pentium III-Rechner mit einer 20 Gigabyte Festplatte sowie eine Kamera für Videokonferenzen. Gerade hier wird die Absicht, die hinter diesen scheinbar großzügigen Angeboten steckt, offenkundig. Die Mitarbeiter sollen an die Firma gebunden werden. Nicht durch Mitgliederprogramme, Ausflüge oder diverse Vergünstigungsaktionen. Sie sind nicht nur an ihr Unternehmen ge-, sondern auch ständig mit ihm verbunden.

So neu ist die Idee, Mitarbeitern PCs zu schenken, gar nicht. 1997 gab es rund um die Einführung der Telearbeit in Deutschland erstmals derartige Vorschläge. Hintergrund dieser Idee war seinerzeit, die Mitarbeiter ganz still und heimlich zu Internetfreaks zu machen, die damit dem Unternehmen nutzen könnten. Ein geschickter Vorschlag, den seinerzeit der Geschäftsführer der ALCATEL SEL AG FÜR KOMMUNIKATIONSFORSCHUNG (www.alcatel.de) DIETER KLUMPP, gemacht hat. Hätte man ihn befolgt, wäre es mit der Internetisierung Deutschlands besser bestellt, hätte Deutschland ein Beispiel für Europa sein können – der Rückstand zu den Vereinigten Staaten wäre vielleicht schon egalisiert worden. Doch so gut der Vorschlag klingt, die digitale Giveaway-Aktion ändert das Leben von Mitarbeitern gewaltig. Die Vermischung von Privat und Beruf, von Freizeit und Arbeitszeit ist eine der größten Änderungen, die die mobile Informationsgesellschaft mit sich bringt. Der Telearbeitsplatz daheim schafft auf der einen Seite Freiheit im geographischen Sinn, da die Fahrt von und zum Arbeitsplatz entfällt, man hat mehr Zeit für Familie, Freunde und Hobby. Doch immer erreichbar zu sein, kann auf der anderen Seite zur Qual werden. Immer erreichbar sein zu müssen, weil der Chef oder Abteilungsleiter Druck ausübt, noch viel mehr.

Dennoch ist der Telearbeitsplatz die Zukunft. Auch wenn es in Europa derzeit noch nicht so viele gibt, wie geplant. Das Karlsruher FRAUNHOFER-INSTITUT kam in einer Delphi-Studie zum Ergebnis, daß in zehn Jahren mindestens 30 Prozent aller in Büros beschäftigten Mitarbeiter an zwei von fünf Wochentagen zu Hause arbeiten werden. Diese alternierende Telearbeit, durch die die Mitarbeiter nicht den Anschluß an die Firma verlieren sollen, ist neben der echten Vollzeit-Telearbeit und der Arbeit in ausgelagerten Satelliten-Büros, um Mitarbeitern eine lange Anreise zu ersparen bzw. Krisenregionen wieder zu beleben, eine der Arbeitsplatz-Varianten der Zukunft.

800.000 derartige Arbeitsplätze zählte man in Deutschland 1999, bis ins Jahr 2002, so das Ziel der rot-grünen Regierung, soll es 1,6 Millionen solcher Jobs geben.

In der mobilen Informationsgesellschaft wird sich vor allem auch die mobile Telearbeit durchsetzen. Es muß eine Reihe von Jobs, von Tätigkeiten nicht zwingend von einem bestimmten Ort aus erledigt werden. Mit der entsprechenden technischen Ausstattung, einem mobilen Büro mit Drucker, Laptop samt Internetanschluß via Handy oder Cardphone kann der Job als mobile Arbeit organisiert werden. Nicht nur im Büro oder zu Hause, auch in Geschäftsräumen der Kunden, auf Dienstreisen, im Hotelzimmer, selbst in schönen, wärmeren Gegenden und Urlaubsdestinationen. Wer träumt nicht davon, auf einem Balkon zu sitzen, auf das Meer zu blicken und so nebenbei den Job erledigen, da man ohnehin via Internet im Netzwerk der Firma hängt und sich die notwendigen Informationen runterladen kann.

In der mobilen Informationsgesellschaft werden die Totzeiten weniger. Einerseits kann die Arbeitszeit besser genutzt, andererseits auch die Freizeit länger genossen werden. Wer in seinem Auto unterwegs ist, kann durch Handy und künftig auch mit Hilfe von digitalen Assistenten wie Mary bereits einiges an Arbeit erledigen: auf eMails antworten, Termine koordinieren oder sich auch einfach die Zeitung vorlesen lassen beziehungsweise Nachrichten hören. Dadurch wiederum kann man viel an Arbeit, die man früher vom Büro nach Hause mitgenommen hat, unterwegs erledigen. Der lateinische Satz „Carpe diem" bekommt eine neue Bedeutung. Den „Slogan", den viele WORKOHOLICS zu ihrer Maxime gemacht haben, werden künftig auch FUNOHOLICS nutzen.

Wer von zu Hause aus arbeitet, kann sein Leben komplett neu gestalten, umkrempeln, ihm einen neuen Sinn geben. Telearbeitsplätze schaffen ein neues Lebensgefühl, die Menschen werden freier, können sich dem widmen, was sie gerne tun – und das werden künftig nicht nur Kinder oder Hobbys sein, das wird auch der Job, die Arbeit sein.

So wie es FUNOHOLICS gibt, wird es auch eine neue Form von Arbeitern geben, die FUN-WORKERS, MOBILE-PLEASURE-WORKERS oder einfach nur MOBILE-WORKERS. Sie realisieren ihre Träume, arbei-

ten frei und werden ihren Job von jedem Punkt dieser Welt aus ausüben.
Die Mobile-Pleasure-Workers wird es nicht nur in den sogenannten Selbständigen Berufen geben, wie etwa Grafiker, Texter, Journalisten. Zu Mobile-Workers werden auch Außendienstmitarbeiter, Handelsvertreter etc. mutieren. Doch auch andere Branchen wie Lieferdienste, Servicearbeiter oder auch Getränkeautomaten-Befüller könnten zur Gruppe der Fun-Workers zählen.
Die Vorteile der mobilen Telearbeit liegen auf der Hand. Die Produktivität steigt, die Kundenzufriedenheit wächst, die Mitarbeiter sind motivierter, und auch die Firmen profitieren davon, indem sie sich Kosten ersparen.
Schon heute, so zeigen Statistiken, werden die Büroräume in den Betrieben durchschnittlich nur zu etwa 20 Prozent genutzt. In vertriebs- und servicenahen Bereichen sinkt die Auslastung teilweise sogar unter 15 Prozent. Desk-Sharing ist eines der Schlagworte der Zukunft. Wenn das Büro der Laptop ist, so reicht es künftig, ihn zwei- bis dreimal in der Woche auf dem Schreibtisch aufzustellen, sich an das Firmennetzwerk zu hängen und zu arbeiten.
Warum Unternehmen für Telearbeitsplätze sind, liegt auf der Hand. Wenn die Mitarbeiter teilweise von zu Hause aus arbeiten können, muß das eigene Bürogebäude nicht so groß dimensioniert werden. Große Firmenniederlassungen wird es in einigen Jahrzehnten nicht mehr geben. Millionenteure Repräsentanzen werden künftig kleiner und günstiger ausfallen. Die Zeit der Unternehmenspaläste ist vorbei, Architekten werden ihre großartigen Pläne kleiner dimensionieren müssen.

Hollywood wird das Arbeitsmodell der Zukunft. So wie sich bei Filmen Teams bilden, werden sich für Projekte kurzfristig Teams zu Firmen zusammenschließen, die auch virtuell sein können.

Die neuen Jobs – Firewall-Maurer, Internet-Schulwarte & Co

Neue Jobideen sind in der mobilen Informationsgesellschaft gefragt. Den Mutigen wird die Welt gehören, aber auch jenen, die sich an die alten Traditionen erinnern. Welche neuen Jobs wird es geben? Der Laufbursche ist wieder im Kommen. Der Lieferant, der das bringt, was wir bestellen.
Wenn wir unsere Bestellungen in Zukunft online erledigen, müssen uns die Produkte geliefert werden. Ob Lebensmittel, Modeartikel oder Autos. Alle, die befürchten, daß in der Informationsgesellschaft Computer und Maschinen Arbeitsplätze verschlingen, werden in Zukunft auf neue Berufe stoßen. Die Informationsgesellschaft wird nämlich wieder verstärkt zur Dienstleistungs-, zur Servicegesellschaft.
Durch die Computerisierung bzw. Internetisierung wird auch an den Schulen eine neue Berufsgruppe entstehen. Der Schulwart der Zukunft muß nicht nur den Gehsteig vor dem Schulgebäude reinigen, die Arbeiten eines Hausarbeiters erledigen, wie etwa die Glocke auswechseln oder die Sprossenwand im Turnsaal reparieren. Der Schulwart der Zukunft muß Systemtechniker sein, er muß das Netzwerk der Schule organisieren, davor sorgen, daß keine Computerviren im Netz landen oder von den Schülern eingeschleust werden. Wie in Unternehmen wird es auch an Schulen eigene Systemtechniker geben müssen. Denkt man an die 44.000 deutschen Schulen, erkennt man, welcher Bedarf hier gegeben ist. Ist einmal jeder Schüler mit Schullaptop oder eBook ausgestattet, wird man Experten brauchen, die sich um die technischen Probleme kümmern.
Auch bei den Content-Providern wird eine Vielzahl neuer Jobs geschaffen. Content-Journalisten, Online-Redakteure, die den Inhalt, die Information aufbereiten. Besonders hier besteht ein immenser Aufholbedarf, denn Content-Provider sind in den vergangenen eineinhalb Jahren wie die sprichwörtlichen Pilze aus dem Boden geschossen.
Jene, die für den Content zuständig sind, müssen ausgebildet

werden. Sie müssen Selektieren, Recherchieren und auch Formulieren lernen. Sie müssen mit dem Recht im Internet vertraut werden. Was darf im Netz veröffentlicht werden, wie sieht es mit dem Copyright aus etc.
Auch Firewall-Maurer werden zu den Gewinnern der mobilen Informationsgesellschaft gehören. Experten, die für die Datensicherheit zuständig sind und dafür sorgen, daß weder Hacker in die Systeme eindringen noch Computerviren das System verseuchen oder vernichten. Wenn in der mobilen Informationsgesellschaft jeder im Besitz eines Handys ist, eines digitalen Assistenten mit Internetanschluß, dann muß jeder mobile Terminal abgesichert sein, muß sich jeder vor Angriffen schützen.
Einigkeit ist bei den Parteien zwar gegeben, alle sind überzeugt, daß die neuen Kommunikations- und Informationsdienste in Wirtschaft, Gesellschaft und Politik keinen Stein auf den anderen lassen werden. Doch die Einsicht kommt spät. „Blutleere Pläne" nannte Stefan Krempl in Telepolis (www.telepolis.de) einen Artikel über die vertane Chance der Info-Gesellschaft. Auf den Punkt gebracht haben sowohl die Deutschen als auch die Österreicher die Abfahrt ins Informationszeitalter verschlafen. Trotz der vielfach gerühmten Telekommunikationsstruktur in Deutschland, wo es Hunderttausende Kilometer an Glasfaserkabel gibt, rangiert Deutschland punkto Internet-Nutzung nur im unteren Drittel in Europa. Eine Forsa-Studie im April 2000 hat ergeben, daß nur 23 Prozent der Deutschen mit dem Begriff Internet etwas anfangen können. Für viele mittelständische Betriebe ist das WWW ein Medium mit sieben Siegeln. Mit gegenseitigen Schuldzuweisungen haben die Parteien im Januar 2000 versucht, sich den Schwarzen Peter zuzuschieben.
Zufall oder nicht, bereits einige Wochen später kam die Ernüchterung: Der IT-Fachkräftemangel wurde plötzlich bekannt. In Deutschland fehlen 60.000 IT-Experten. Eine Zahl, die in den kommenden Jahren noch steigen wird, denn mit 60.000 liegen die Prognosen weit unter dem tatsächlichen Bedarf.

Warum 60.000 nicht reichen, ist leicht beantwortet. In der mobilen Informationsgesellschaft müssen neuen Funknetze errichtet werden, die Netzbauer von Ericsson, Nokia bis Motorola oder Kapsch haben es jetzt schon schwer, geeignete Fachkräfte zu finden. In zwei, drei Jahren, wenn das ultraschnelle UMTS-Netz gebaut wird, steigt der Bedarf nochmals kräftig an. Durch das Mehr an Handys sind auch mehr Fachkräfte bei den Netzbetreibern notwendig.
Ganz zu schweigen von den vielen Content- und Service-Providern, die das mobile Zeitalter mit Inhalt anreichern, die Dienste anbieten, Services für den täglichen Gebrauch. Das Potential an benötigten Fachkräften ist derart goß, daß heute kein Mensch den tatsächlichen Bedarf seriös schätzen kann. Daher wirkt es beinahe lächerlich, wenn deutsche Politiker als Zielmarke nennen, den Anteil der Surfer an der Gesamtbevölkerung bis ins Jahr 2005 auf 40 Prozent zu steigern. Damit würde in fünf Jahren jener Stand erreicht, den die USA oder Finnland schon heute haben. Der Marschplan der rot-grünen Bundesregierung sieht vor, 2001 die Zahl der derzeit 1.500 Multimediafirmen auf etwa 3.000 zu verdoppeln. 2003 sollen 40.000 Ausbildungsplätze in neuen IT-Berufen zur Verfügung stehen. Erst 2005 sollen 250.000 Fachkräfte für qualifizierte IT-Aufgaben ihre Ausbildung abgeschlossen haben. Ein hehres Ziel, das nicht bei einer Absichtserklärung bleiben darf. Die Frage ist, ob im Jahr 2005 nicht sogar 250.000 Fachkräfte zu wenig sein werden. Niemand kann den Boom voraussagen, den Handys, Internet und das WWWW auslösen werden. In den Prognosen der Marktpenetration und in den Zuwachsraten hat sich bislang jeder Experte geirrt. Wenn der Run aber so anhält, wie es in diesem Buch anhand verschiedener Entwicklungen aufgezeigt wird, wird sich jeder einzelne Bürger IT-Wissen aneignen müssen – z. B. mit Hilfe von Weiterbildungsprogrammen, die vor allem von den verantwortlichen Politikern gefördert werden müssen. Jeder Bedarf, der im IT-Bereich bislang errechnet wurde, wurde von der Realität überholt. Das war bei den Prognosen für die Mobiltelefone schon so, das wird auch bei Arbeitsplät-

zen im IT-Bereich so sein. Politiker dürfen nicht vom Worst Case ausgehen, von dem, was wir brauchen werden, sondern vom Best Case – die Menschen werden, vor allem durch die gegenwärtigen Entwicklungen, auf die sogenannten neuen Technologien, die gar nicht mehr so neu sind, abfahren. Jeder Lebensbereich, von der Medizin über die Umwelt bis hin zu Politik und Kultur, wird in den kommenden Jahren von der Telekommunikationstechnologie dominiert werden. Wenn nun jeder dieser Bereiche von der Technologie erfaßt wird, muß es folglich auch in jedem dieser Bereiche IT-Experten geben. Und da werden 250.000 Fachkräfte mit Sicherheit zu wenig sein.

Die geistige Flexibilität des Arbeitnehmers wird über seine Zukunft entscheiden.

Frauen ans Netz

Man denkt, wenn man ihre Adresse sieht, an einen Schreibfehler: www.webgrrls.at, .de, .com. Bei diesem „grr" assoziiert man ein wenig das Aggressive, das Raubtierhafte. Bei den Webgrrls bedeutet es schlicht, daß sich auch die Frauen formiert haben und entweder als Webgrrls, Ceiberweiber (www.ceiberweiber.com) oder als ganz normale Hausfrauen das Netz nutzen wollen. Das männliche Internet wird weiblicher, feministischer. Aus gutem Grund! Frauen haben einiges aufzuholen, sind im Internet nicht so stark vertreten wie ihre männlichen Kollegen. Warum? Wohl auch deshalb, weil die Themen der zahllosen Internetseiten von den Männern geprägt sind – nicht nur jene Seiten mit pornographischen Inhalt, die ja, so besagen es die Statistiken, am häufigsten aufgerufen werden. In der mobilen Informationsgesellschaft werden die Frauen jedoch weiter aufholen, werden ihren Frauenanteil im Netz von derzeit etwa 30 Prozent weiter steigern. Es gibt nicht nur eigene Suchmaschinen für Frauen, es gibt eigene Frauen-Computer-Schulen, eigene Frauenmedien etc.

In der Entwicklung und Gestaltung technischer Produkte und Dienste war der Frauenanteil bisher sehr gering. Die Sprache war zu technisch, Produkte und Beschreibungen waren zu sehr auf Technikfreaks, zu wenig auf den Normalverbraucher zugeschnitten. Frauen im Netz werden das Wireless World Wide Web verständlicher machen, werden dazu beitragen, daß die Inhalte auch von der Masse der Menschen angenommen werden, daß man kein Freak sein muß, um das WWWW zu nutzen.
Beispielhaft ist deshalb die Aktion FRAUEN ANS NETZ (www.frauen-ans-netz.de), die im Herbst 1999 von der Initiative FRAUEN GEBEN TECHNIK NEUE IMPULSE (http://lovelace.fh-bielefeld.de), dem Bildungsministerium, der DEUTSCHEN TELEKOM und der Zeitschrift BRIGITTE (www.brigitte.de) gestartet wurde und Frauen in Ost- und Westdeutschland freien Zugang ins Internet ermöglichte. In mehr als 100 Städten wurden Frauen vier Wochen lang von eigenen Trainerinnen auf den Eintritt in die elektronische Welt vorbereitet – mit Frauen-Internet-Kursen in eigenen Bildungseinrichtungen. Am stärksten wurde das Angebot von der Altersgruppe der 26- bis 45jährigen angenommen. Frauen im Alter von 46 bis 55 Jahren waren noch mit 23 Prozent vertreten, 12 Prozent betrug der Anteil der über 55jährigen. Neun von zehn Frauen hatten nicht nur Spaß an den Schulungen, sondern waren auch von den Möglichkeiten, die das Internet bringt, begeistert. Interessant ist auch, daß ein Drittel der Teilnehmerinnen Hausfrauen oder Mütter waren und fast jede Teilnehmerin ihre Kenntnisse vertiefen wollte, um das Internet künftig auch privat und beruflich nutzen zu können.
Derartige Initiativen werden in der mobilen Informationsgesellschaft dazu beitragen, daß die hehren Ziele der Europäischen Union, europaweit bis Ende 2000 mindestens 10 Millionen Telearbeitsplätze zu schaffen, erreicht werden. Es wird sich nicht nur die Zahl der Online-Nutzerinnen erhöhen, es wird nicht bloß das Internet frauenfreundlicher gestaltet, es wird auch Frauen der Wiedereintritt ins Berufsleben erleichtert, was in der heutigen frauen- und mitunter mütterfeindlichen Arbeitswelt mehr als notwendig ist. In der mobilen Informationsgesell-

schaft werden Mütter – insofern sie den Umgang mit dem Internet beherrschen – bei der Suche nach Jobs nicht mehr benachteiligt. Mobile Büros, Telearbeitsplätze, Call Center eröffnen den Müttern eine neue Chance, weil Kindererziehung und Arbeit besser koordiniert werden können.

Das Informations-Nord-Süd-Gefälle

Wer heute durch Entwicklungsländer reist, durch Staaten in Afrika oder Ostasien und den Lebensstil der Menschen sieht, die in Hütten wohnen, ohne Warmwasser, zum Teil ohne Strom, kann sich kaum vorstellen, daß dort jemals das Internet eine Rolle spielen könnte. Doch selbst in diesen Ländern ist der Mobilfunk im Ausbau begriffen, auch diese entlegenen Gegenden werden ans Internet angeschlossen. Die Netzbauer sind Konzerne wie NOKIA, MOTOROLA oder ERICSSON. Sie installieren in diesen Ländern die modernsten Netze auf dem neuesten Stand der Technik. Sobald der Mobilfunk eine Gegend erreicht, wird automatisch der Zugang ins Wireless World Wide Web mitgeliefert. Die, die zuerst ein Handy besitzen werden, sind die Kinder – spielerisch erlernen sie das Internet und weihen auch ihre Eltern in die Geheimnisse ein.
Ein weiterer Weg, wie das Web und das WWWW den Siegeszug in den Entwicklungsländern antreten werden, ist der Tourismus. Die gesamte Tourismusbranche vor Ort verständigt sich via Internet. Hotels haben ihre Homepages, Tourenveranstalter etc. einen Anschluß. Vor allem deshalb, weil die Zahl der Pauschaltouristen ab- und jene der Individualtouristen zunimmt. Und die wollen den Anschluß an ihr Informationssystem, an ihr eMail-Account nicht verlieren. Die Vorboten der mobilen Zukunft sind die zahlreichen Internet-Cafés und Internet-Shops in vielen noch gar nicht so erschlossenen Ländern. Im nepalesischen Pokhara etwa gibt es an jeder Ecke einen Shop, der nicht nur internationale Ferngespräche, sondern auch Internet-Zugang und eMail anbietet. Bei allen Computern ist das Freemail-

Programm HOTMAIL bereits vorinstalliert. Die Preise für eine Stunde Surfen sind mit etwa fünf Dollar mehr als moderat.
Visionäre wie NICHOLAS NEGROPONTE sehen im Mobilfunk die große Chance für Entwicklungsstaaten. Das Handy der Zukunft könnte zum Missionar werden, da via Handy Information zu den Menschen gebracht werden könnte. Die Betonung liegt auf könnte, denn Afrika zum Beispiel wird in der mobilen Informationsgesellschaft zum Verliererkontinent. Es werden in Afrika die Netze nicht in dem Ausmaß gebaut wie in Europa oder Asien. Die politische Situation ist zu instabil, die afrikanischen Staaten haben kein Geld - weder Netzbauer noch Netzbetreiber wollen Investitionen tätigen.
SWATCH-Chef NICOLAS HAYEK, einer der europäischen Visionäre, sieht gerade darin eine der größten Gefahren. Er erwartet neue Konflikte, ausgelöst durch die Informationsgesellschaft in der Informationsgesellschaft. Es wird nicht zur Konfrontation von Ost und West, sondern von Süd und Nord kommen. Als Süden versteht er vor allem den afrikanischen Kontinent, der beim Aufbau von Mobilfunknetzen benachteiligt wird und daher auch nicht jene Vorteile der mobilen Informationsgesellschaft nutzen kann, von denen die anderen, technisch erschlossenen Kontinente profitieren. Dieser Neid wird neue Konflikte auslösen, die sogar zu Kriegen führen werden.
In Asien wiederum ist der Mobilfunk die Chance, erstmals auch jene Gebiete telefonisch zu erreichen, in denen es bisher nicht einmal einen Festnetzanschluß gibt. In China zum Beispiel gibt es in allen größeren Städten ein Mobilfunknetz - die Netzbauer haben eine richtige Offensive gestartet, pro Monat kommen im Schnitt eine Million neue Handy-User hinzu. Das ist bei einer Bevölkerung von einer Milliarde zwar nur ein Promille, aber durch den Mobilfunk wird China kommunikationstechnologisch erschlossen.
CHINA.COM (www.china.com) ist eines der großen Einstiegsportale ins Internet. Da es im Internet relativ wenige chinesische Seiten gibt, werden die interessantesten Inhalte des WWW von einer Mannschaft ins Chinesische übersetzt. Bei CHINA.COM

übersetzen nicht weniger als 500 Frauen und Männer die englischen, deutschen, französischen, spanischen etc. Inhalte ins Chinesische, damit die Bevölkerung auf Informationen des Internet zugreifen kann. Freilich wird in China noch versucht, das Internet zu kontrollieren, doch wird diese freie Kommunikation, wie es das Wesen des Internet ist, nicht durch Zensur beschränkt werden können.

Aufholbedarf hat auch Rußland, doch ist dort die politische und daher auch finanzielle Situation zu trist, um die Errichtung von Mobilfunknetzen zu forcieren. Die Menschen im asiatischen Teil Rußlands sind zu arm, um sich ein Handy leisten zu können.

Brasilien ist einer der großen Märkte der Zukunft, für die Handy-Hersteller schon jetzt nach den Vereinigten Staaten der größte überhaupt. Hier werden Netze gebaut, von hier geht die mobile Internetisierung Süd- und Mittelamerikas aus. Allerdings auch nicht ohne europäische Hilfe. Abgesehen davon, daß die Brasilianer auf europäische Handys abfahren, sind es auch europäische Netzbetreiber, die in Süd- und Mittelamerika aktiv sind, da dort der potentielle Markt gewaltig ist. Brasilien könnte die Vereinigten Staaten überholen – nicht im Festnetz-Internet, aber sehr wohl im mobilen Internet der mobilen Informationsgesellschaft.

Afrika ist der große Verliererkontinent. Das globale Netz des Internet hat über dem afrikanischen Kontinent ein riesiges Loch.

Freiheit

Zwischen Lebenszeit und Auszeit

„Joe, dein Gefühlschip meldet mir, daß ich das Mood-Management-Zimmer vorbereiten soll."
„Ja, Mary, ich brauche eine Auszeit, aktiviere den Entspannungsmode und dann den Motivationsmode."
„Wie lange? 30 oder 60 Minuten?"
„30 Minuten dürften reichen."
„Kann ich sonst noch was für dich tun, Joe?"
„Nein danke, Mary."

In der mobilen Informationsgesellschaft werden wir nicht mehr klar zwischen Arbeitszeit und Freizeit unterscheiden können. Wann beginnt unsere Arbeit, ab wann haben wir frei? Wir sind durch Handy immer erreichbar, durch Telearbeitsplätze können wir uns unsere „Arbeitszeit" selbst einteilen. Ob jemand einen Auftrag, ein Projekt untertags oder – etwa eine Familienmutter – in der Nacht erledigt, wird künftig egal sein. Die Tendenz geht weg von der Arbeitszeitgesellschaft hin zur Leistungsgesellschaft. Das Ergebnis zählt, und sonst nichts. Ob jemand an einem Projekt fünf oder 50 Stunden arbeitet, ist künftig egal. Das Ergebnis muß stimmen, und es muß fristgerecht abgegeben werden.
Schon im Buch Die mobile Revolution haben die Autoren auf dieses Verschwimmen von Freizeit und Beruf, von Privatem und Öffentlichem hingewiesen. Studien zeigen, daß die Menschen davon ausgehen, daß es zu diesem Verschwimmen kommen wird.
Hierfür sind zum einen die neuen Informationstechnologien verantwortlich. Zum anderen ist es die Altersschere, in die die westlichen Industrienationen schlittern. Die Menschen werden

immer älter, und um ihr Leben finanzieren zu können, wird in vielen Staaten, muß in vielen Staaten das Pensionsantrittsalter angehoben werden. Das löst heftige Diskussionen bei den Gewerkschaften aus, die darin einen Angriff auf die Freiheit des Menschen sehen. Doch um diesen ersten Schritt kommt man nicht herum, die Menschen leben durch Medizin, Wohlstand und Fortschritt einfach länger. Die Zahl derer, die mehr als 100 Jahre alt sind, wird von derzeit 135.000 auf etwa 2,2 Millionen im Jahr 2050 ansteigen, das haben Prognosen eindeutig ergeben.

Diese Zahl zeigt klar, in welche Richtung sich die Menschheit bewegt. Wenn die Menschen nun älter werden, muß man ihnen weiterhin ein Leben auf dieser Welt garantieren können, müssen jene, die noch im Berufsleben stehen, jene, die es nicht mehr sind, finanzieren und, um dieses häßliche Wort zu verwenden, erhalten. Um dieses Erhalten geht es.

Die Frage des Alters wird in den Industriestaaten zur „großen politischen Frage", konstatierte bereits PETER F. DRUCKER (www.pfdf.org), Gründer der FOUNDATION FOR NON PROFIT MANAGEMENT. In den Vereinigten Staaten, so hat Drucker prognostiziert, wird es nur noch 3,3 arbeitende Menschen pro Rentner über 65 Jahre geben. Vor einem Jahrhundert hat nur ein einziger von 20 Menschen keine Arbeit verrichtet, derzeit liegt der Schnitt zwischen 1:4 und 1:5.

Das Problem kann schlicht mit den Worten „weniger" und „länger" zusammengefaßt werden: Weniger Menschen müssen länger arbeiten.

In der mobilen Informationsgesellschaft werden die Leute aber gerne arbeiten, weil sie ihren Job lieben, weil er interessant ist, weil er erfüllend ist, weil sie im Job aufgehen und sich selbst verwirklichen können.

Die durch Handy und Internet erlangte Mobilität ermöglicht freies Arbeiten. Freies Arbeiten bedeutet Freiheit. Freiheit gibt den Menschen ein neues Lebensgefühl. Lebensgefühl macht Spaß. Und wer Spaß am Leben hat, ist zufrieden. Wenn Arbeiten nicht als Last und lästige Pflicht empfunden wird, sondern als Vergnügen, arbeiten die Menschen auch gerne. Und länger. Oder sogar immer.

Der deutsche Freizeitforscher HORST OPASCHOWSKI hat die Arbeit der Zukunft mit den drei Worten Spaß-Sinn-Geld umschrieben – genau das ist die Reihenfolge, warum Menschen arbeiten wollen. Spaß-Arbeit fördert die Motivation und macht Sinn. Daß man dabei auch Geld verdient, ist ein „Neben-Haupteffekt".

Wir werden in einigen Jahren deshalb auch gar nicht mehr in den Ruhestand gehen wollen, werden nach dem Pensionsalter, das rein rechnerisch ständig angehoben werden müßte, weiterhin Sinnvolles für uns selbst und die Gesellschaft leisten.

Einen „Pensionsschock", das plötzliche Gefühl, nicht mehr wichtig zu sein, nicht mehr gebraucht zu werden, wird es künftig nicht mehr geben. Auch nach dem „Ruhestand" werden die Menschen weiterarbeiten – wenn nicht in ihrem erlernten Beruf, dann im sozialen Bereich.

Traditionen werden in der mobilen Informationsgesellschaft über Bord geworfen. Die Abfolge Schule, Berufsausbildung, Arbeit, Beförderung, also Karriere, und Ruhestand wird es nicht mehr geben. Die Menschen werden nicht nur öfter den Job wechseln, sie werden auch immer öfter die Schulbank drücken oder den Hörsaal – virtuell oder wirklich – besuchen. Ständige Weiter-, Fort- und Umbildung wird künftig zur Tagesordnung gehören. Man wird nicht mehr nur einen Job erlernen und ihn ausüben, bis man ein Pensionsalter erreicht hat. Man wird Berufe wechseln und das Sicherheitsdenken, die Frage an sich, ob man überhaupt noch einen Job findet, wenn man kündigt und was anderes macht, über Bord werfen und wirklich das tun, was man gern tut. In der mobilen Informationsgesellschaft wird man sich nie vorwerfen können: „Hätte ich das nur seinerzeit gemacht." Man wird es tun, wird probieren und wird Freude daran haben.

Die Rund-um-die-Uhr-und-sieben-Tage-pro-Woche-Gesellschaft

Einem anderen Ansatz zufolge werden wir in der mobilen Informationsgesellschaft nicht mehr zwischen Arbeitszeit und Freizeit, Pensionsalter und Berufsleben unterscheiden, weil es diese Differenzierung nicht mehr geben wird. Künftig wird es nur noch eine sogenannte LEBENSZEIT geben. Wir leben unser Leben, und das besteht aus einem gemischten Verhältnis von Arbeit und Freizeit.

Ein Leben, in dem wir unsere Zeit in LEBENSZEIT einteilen, beziehungsweise eben nicht mehr einteilen, weil sich alles vermischt. Kann es so etwas überhaupt geben? Wie oft bewundern wir bei Reisen in entlegene Regionen dieser Erde, ob das nun – abseits der großen Touristenrouten – Gegenden in Südostasien, in Südamerika oder auch in Afrika sind, die Ruhe in manchen Ländern, die Einwohner, die scheinbar ohne Streß leben, die gemütlich vor ihren Hütten sitzen und Menschen beobachten. Sie leben nach dem Prinzip der LEBENSZEIT. Fragt man einen Einheimischen in Nepal, Thailand, auf Borneo oder in Indien nach den Öffnungszeiten seines Gemischtwarenhandels, wird er nur lachen. Bei ihm kann man immer einkaufen, sieben Tage die Woche. Er lebt sein Leben, und das besteht eben aus dem scheinbar sorglosen Sitzen vor dem Haus, dem Beobachten der Vorbeikommenden und dem Plausch mit dem Freund aus dem Ort – und seinem Job, der daraus besteht, Einheimischen oder auch Fremden etwas zu verkaufen.

Auch Journalisten, Marketingfachleute, vor allem Ausübende freier Berufe leben nach dem Prinzip der LEBENSZEIT. Ein Journalist ist, wenn er seinen „Job" gerne macht, wenn er ihn liebt, Tag und Nacht, sieben Tage die Woche Journalist. Wenn er am Sonntag aus dem Bett steigt, nach dem Einschalten der Kaffeemaschine den Computer einschaltet, seine eMails abruft und seine Seiten im Internet besurft, um sich zu informieren, dann ist das genaugenommen Arbeit. Doch er hat nicht das Gefühl

zu arbeiten, zu seinem Leben gehört es eben dazu, immer auf dem Laufenden zu sein.
„Ich bringe Sie überall hin. Willkommen in der 24/7-Society." Taxifahrer in New York leben mitten in dieser Rund-um-die-Uhr-und-sieben-Tage-pro-Woche-Gesellschaft. Wer um drei Uhr morgens Appetit auf Apfelstrudel hat, bekommt ihn in New York. Wer um Mitternacht Schuhe einkaufen will, kauft sie in New York. Kein Problem. New York, the city that never sleeps, ist eine Stadt, in der dieses Rund-um-die-Uhr-und-sieben-Tage-pro-Woche gelebt wird. Auf eine Art und Weise aber, die nur zum Teil erstrebenswert ist. Auch in Las Vegas gibt es diese 24/7-Society. Man kann dort rund um die Uhr einarmige Banditen bändigen, heiraten, frühstücken und wonach immer einem sonst der Sinn steht. Zeit spielt in Las Vegas keine Rolle. Das ist wohl auch der Grund, warum es auf öffentlichen Plätzen keine Uhren gibt.
Freilich wäre es schrecklich, wenn man überall auf dieser Welt eine Las-Vegas-Situation vorfinden würde, doch anhand von Las Vegas und New York läßt sich erahnen, was die sogenannten neuen Technologien bewirken werden: ein Verschwinden von Ort und Zeit – übrig bleibt nur noch eine Zeit: die LEBENSZEIT.
Ein Leben nach einer weltweiten, einheitlichen LEBENSZEIT einzuteilen, wird bereits von vielen praktiziert. SWATCH hat dem Internet 1999 eine eigene Zeitrechnung verpaßt: BEAT. Ein Tag besteht aus 1000 Beats, ein „Schlag" entspricht exakt einer Minute und 26 Sekunden, und der Tag beginnt um @000 Beats – um Mitternacht mitteleuropäischer Zeit. SWATCH-Chef NICOLAS HAYEK hat sich diese Zeitrechnung einfallen lassen. Eigentlich war die Idee zur Internet-Zeit ein Gag: „Ich wollte die Engländer provozieren", sagt HAYEK. Und das ist ihm auch gelungen, denn ein halbes Jahr nach der Geburt von BEAT forderte der britische Premier Tony Blair, auf Basis von GREENWICH eine Internet-Zeit zu entwickeln.
Der Vorschlag kommt zu spät, BEAT setzt sich sukzessive durch. CNN gibt die Uhrzeit auch in Beat an, auf SEGA-Spiel-

konsolen findet man die „Schläge", und Internet-Freaks geben die Geburtsstunde ihres Kindes ebenfalls schon in BEAT an. Der Vorteil der einheitlichen Zeitrechnung, die Basis der LEBENSZEIT ist: Niemand mehr auf dem Globus muß umrechnen, niemand mehr muß Zeitverschiebungen einplanen. Wenn sich zwei Chatter oder zwei Teamworker, von denen der eine in Südamerika und der andere in Deutschland sitzt, ausmachen: „Wir treffen uns um 500 Beat", bedeutet das: „WWW-Meeting-Beginn um 12 Uhr Mittags MEZ."

In einer Gesellschaft, die nach dem Prinzip der LEBENSZEIT lebt, gibt es natürlich auch weiterhin Freizeit. Wir werden das aber nicht mehr Freizeit nennen, sondern „Auszeit". Wir nehmen nicht mehr Urlaub, sondern „Auszeit". Diese kann zum einen echter Urlaub sein, wie wir ihn gewohnt sind. Kurzauszeiten à la Städtereisen oder Langauszeiten in Form von Fernreisen. Wir werden weiterhin Ferien auf Sandstränden, unter Palmen und an türkisem Wasser verbringen, werden uns weiter in All-Inclusive-Clubs amüsieren oder Expeditionen durch das australische Outback unternehmen.

„Auszeiten" werden wir uns aber auch in unserem alltäglichen Leben gönnen. Wir werden uns, wenn wir Abstand brauchen, wie bisher sportlich betätigen, joggen, radfahren oder Tennis spielen, werden wandern, im Wald spazieren gehen, shoppen oder uns im Briefmarkensammelverein oder mit den Kumpels von der Blaskapelle treffen. In der mobilen Informationsgesellschaft werden wir Auszeiten auch daheim, in den eigenen vier Wänden nehmen, werden uns, wie es der Mediendramaturg CHRISTIAN MIKUNDA prophezeit, in ein MOOD-MANAGEMENT-ZIMMER begeben. In diesen Zimmer, das mit digitalen Tapeten ausgestattet sein wird, wie sie BILL GATES in seinem digitalen Haus in Seattle bereits hat, werden wir ausspannen und mit neuen, entspannenden Reizen überflutet. In diesem Zimmer werden wir in eine virtuelle Welt eintauchen und ähnlich, wie es die vor einigen Jahren auf den Markt gekommenen MIND-MACHINES seinerzeit mit Lichtreizen getan haben, stimuliert. In den MOOD-MANAGEMENT-ZIMMERN werden uns auf den digitalen Tapeten zu entsprechender Musik entsprechende Filmsequenzen geboten. Das können graphische Figuren genauso sein wie Naturaufnahmen oder Videoclips.

Wir werden nicht mehr zwischen Arbeitszeit und Freizeit, Pensionsalter und Berufsleben unterscheiden. Künftig wird es nur noch eine sogenannte Lebenszeit geben. Wir leben unser Leben, und das besteht aus einem gemischten Verhältnis von Arbeit und Freizeit.

Funworld

Die Mobiltainment-Gesellschaft

„Von g 6 auf f 5."
Marys Zug entlockt Joe ein kurzes Lächeln.
„e 6 auf f 5", sagt Joe kurz und schlägt mit seinem Bauern den Läufer.
Kaum ausgesprochen, antwortet bereits Mary mit „e 1 auf e 7" und wischt mit dem Turm die Dame vom Schachbrett.
„Mary, Mary", seufzt Joe, „du machst es mir aber auch nicht sehr schwer: f 8 auf e 7." Joe hat mit einem Bauern den Turm geschlagen.
Joe überfällt plötzlich eine schlimme Vorahnung, er wetzt unruhig auf der Gartenliege hin und her und meint: „Ich kenne diese Züge von irgendwo."
Mary haucht mit ihrer erotischen Stimme: „Ja, Joe, das sind berühmte Züge. Ich fahre von c 2 auf c 4."
„Mary, das ist unfair", sagt Joe kurz, fast beleidigt, überlegt nicht lange und meint: „Ich gebe auf."
Mary hat sich aus der Datenbank die berühmten letzten Züge aus der Schachpartie Garry Kasparov gegen den Supercomputer von IBM, Deep Blue „ausgeliehen". „Joe, du hast so wie Kasparov beim siebenten Zug einen Fehler gemacht."

Deep Blue, der 1,4 Tonnen schwere 32-Prozessor-Computer aus den IBM-Labors in Yorktown im US-Bundesstaat New York hat am 11. Mai 1997 den regierenden Schachweltmeister geschlagen. Nach 19 Zügen gab der Aserbaidschaner auf.
In der mobilen Informationsgesellschaft wird Kasparov, wenn es wieder einmal zu einem Aufeinandertreffen Mensch gegen Maschine kommen sollte, Unterstützung von Millionen von Schachfans auf der ganzen Welt bekommen, denn mit ihrem

Handy, ihrem digitalen Assistenten werden sie am Spiel teilnehmen können. In Echtzeit werden auch sie gleichzeitig gegen die Maschine spielen können.

SCHACH, das Spiel der Spiele für Strategen und Denker, wird zum Gesellschaftsspiel. Denn der Begriff Gesellschaftsspiel muß in der mobilen Informationsgesellschaft neu definiert werden.

Gesellschaft sind in diesem Zusammenhang nicht mehr nur Familie oder Freunde, mit denen man zu Hause, in den eigenen vier Wänden sitzt und ACTIVITY, NOBODY IS PERFECT oder OUTBURST spielt. Mit der Gesellschaft ist in der mobilen Informationsgesellschaft wirklich die gesamte Bevölkerung auf dem Erdball gemeint. Mit dem Handy der Zukunft werden „Gesellschaftsspiele" über geographische Grenzen hinweg möglich sein. Man ist nicht mehr an den Ort und auch nicht mehr an die Zeit gebunden. Man wird gegen Freunde antreten können. Kinder werden, auch wenn sie sich nicht in einem gemeinsamen Raum aufhalten, gegeneinander spielen. Schüler werden in der Pause im Schulhof sitzen und sich untereinander ihre Matches liefern. Sie werden auch gegen Freunde spielen können, die zur gleichen Zeit, aber eben an einem ganz anderen Ort mit ihrem Handy online sind. Oder eben nicht online sind, wie es beim Schach möglich ist. Joe deponiert seine Züge im Wireless World Wide Web, der Gegenspieler, der vielleicht auf einem anderen Kontinent sitzt, kann darauf reagieren. Wenn der dann einen Zug getätigt hat, wird Joe von Mary informiert, daß „wieder er an der Reihe ist".

Das Handy wird zum Spiel-Terminal, zur Spielkonsole, wie es ein NINTENDO GAMEBOY, eine SONY PLAYSTATION oder ein DREAMCAST von SEGA ist.

MICROSOFT hat Anfang 2000 seine X-BOX vorgestellt, um die es lange ein Rätselraten gab. Die silberne Spielkonsole, die ab 2002 erhältlich sein wird, macht nicht nur Games in Videoqualität möglich, sondern hat standardmäßig einen Internetanschluß – ebenso wie SONY seine PLAYSTATION 2 mit einem Anschluß an das World Wide Web ausgestattet hat. An das Wire-

less World Wide Web. Denn die Spielkonsolen werden in Zukunft keine Kabelverbindungen mehr benötigen.
Mit der PLAYSTATION 2 und der X-BOX soll das realisiert werden, was Entwickler und Visionäre unter dem Schlagwort „Teamgames" zusammengefaßt haben: Spielen gegen andere, in kleinen und großen Gruppen, sprich Teams. Kinder werden nicht mehr nur auf den Fußball- und Volleyballplätzen gegeneinander spielen, sondern auch im virtuellen Raum.
FORMEL 1-Fans können sich zusammenschließen und parallel zum GRAND PRIX von Monaco ihr eigenes Rennen veranstalten. Die Fanclubs von HAKKINEN, SCHUMACHER, VILLENEUVE & Co können jeweils einen Vertreter auf den Online-Rundkurs „entsenden", der für sie in die heiße Schlacht geht. An 22 verschiedenen Terminals wird dann zur gleichen Zeit gespielt. So international wie im echten FORMEL-1-Zirkus können auch im Online-Game die Teilnehmer sein. Ein Brasilianer schlüpft in den Overall von HAKKINEN, ein Russe in den von SCHUMACHER, ein Sardinier geht als JAQUES VILLENEUVE ins Rennen.
Die ganze Welt wird zu einer einzigen riesigen Spielhalle. Spanier spielen gegen Australier, Südafrikaner gegen Deutsche, Österreicher gegen Argentinier. Durch die Gesellschaftsspiele der Zukunft wird die große weite Welt kleiner, Grenzen verschwinden gänzlich, neue Freundschaften werden geknüpft. Auf spielerische Weise werden die Menschen andere Kulturen kennenlernen. Der Familien- und Freundesbegriff muß neu definiert werden.
Langeweile wird es in der mobilen Informationsgesellschaft nicht mehr geben. Wer einen Partner sucht, kontaktiert den Zufallsgenerator. Den gibt es nicht nur in CD-Playern, sondern auch schon im weltweiten Chat- und Instant-Messenger-Programm ICQ (www.icq.com). Der „Random-Generator" wird über neue Spieler entscheiden. Wer einen Partner für Schach, Fußball oder die MOORHUHNJAGD sucht, läßt sich einen Kontrahenten zuweisen.
Den Anfang haben die europäischen Netzbetreiber bereits Anfang 2000 mit SMS-Games gemacht, die in den WAP-Menüs

genauso angeboten werden wie für „normale" Mobiltelefone. Man kann an Geschicklichkeitsspielen oder auch an einem Wissensquiz teilnehmen, indem man eine Textnachricht an eine bestimmte Nummer sendet. Wer am schnellsten reagiert, steigt auf und kann nicht nur andere herausfordern, sondern auch Preise gewinnen.
Es wird künftig nicht mehr DIE Spielkonsole oder DAS Handy geben. Es wird nur noch ein Gerät für alles geben. Konvergenz in Reinkultur. Aus dem GAMEBOY wird ein Handy, oder anders formuliert, der digitale Assistent wird zur Spielkonsole. Man wird sich aus dem Internet, so wie es heute mit dem Festnetz-Computer schon funktioniert und wie es bei der X-BOX und der PLAYSTATION 2 geplant ist, Spiele herunterladen können. Oder man wird in ein Einschiebefach im Handy ein Spiel stecken können, wie es eben bei Spielkonsolen üblich ist.

Unsere Kinder werden nicht nur am Spielplatz spielen, sie werden auf der ganzen Welt spielen – mit neuen, virtuellen Freunden.

Das Mobiltainment-Terminal

Auch Gambling wird sich künftig durchsetzen – „Online-Zockerei". Lotterien setzen schon seit geraumer Zeit auf Online-Gambling. Die ÖSTERREICHISCHEN LOTTERIEN etwa bieten unter www.webclub.at verschiedene Games an. Man lädt sich Software down, registriert sich, spielt mit, gewinnt oder verliert. Damit die Verluste (und auch Gewinne) nicht zu hoch ausfallen, werden Limits eingezogen – „Kein neuer Tatort für Spielsüchtige" lautet die Devise. So, wie es ein Casino-Verbot für verschuldete Spieler gibt, wird es freilich auch ein Online-Zock-Verbot geben.
Auf ähnliche Schranken stoßen auch Flugpassagiere, wenn sie über den Wolken bei Bord-Entertainment-Programmen der Airlines mitspielen wollen. Man kann mit seiner Kreditkarte nur

bis zu einer bestimmten Grenze mitspielen. Hat man zuviel verloren, wird der Gambling-Modus im ausklappbaren oder in der Rücklehne des Vordermannes integrierten Monitor auf dem Sitz gesperrt.
Gambling hat auch noch einen zweiten Aspekt: Das Handy wird zum Terminal, zur elektronischen Annahmestation. Das Ankreuzen der Lottozahlen, das Ausfüllen des Totoscheins gehören bald der Vergangenheit an. Der Lottoschein ist das Handy, besser gesagt, ist im Handy. Man wird diesen elektronischen Zettel „ausfüllen" und ihn entweder online an die Lotteriegesellschaft weiterschicken oder die Seite der Lotterien aufrufen und den Schein dort ausfüllen.
Die Frage, ob Joe auch das „Ja" angekreuzt hat, wird sich nicht mehr stellen, denn Mary wird ihn daran erinnern, bevor er die Bestätigungstaste drückt. „Joe, du hast das ‚Ja' nicht angekreuzt."
Zu Mobiltainment in Reinkultur gehören aber weit mehr als nur Games und Gambling. Alles, was uns Freude und Spaß macht, ist in diesem Begriff zusammengefaßt: Musik, Videos, Fotos.
Daß das Handy auch zur Musicbox werden kann, haben bereits mehrere Handy-Hersteller gezeigt. Walkman und Discman haben Konkurrenz bekommen durch die im Karlsruher FRAUNHOFER INSTITUT entwickelte MP3-Technologie (Motion Picture Expert Group 2, Layer 3). Das Verfahren, das digitale Datenpakete – etwa Musik – auf CD um bis zu 90 Prozent reduzieren kann, ist freilich auch an den Handy-Herstellern nicht spurlos vorübergegangen. ERICSSON hat Anfang 2000 den MP3-Player HPM-10 entwickelt, den man an der Unterseite des Handys aufsteckt. In diesem Steckaufsatz können etwa 30 Minuten Musik geladen werden. SAMSUNG (www.samsung.com) hat Mitte 2000 ein Handy auf den Markt gebracht, in dem der MP3-Teil bereits integriert ist. Im MP3-HANDY, wie es auch genannt wird, können sogar 60 Minuten Musik gespeichert werden. Auf Knopfdruck wird das Handy zum klingenden Gerät – Mobiltainment in Reinkultur.
Das sind die Vorboten einer Ära, in der der digitale Assistent zu unserem Multimedia-Terminal wird. Denn MP3 wird zur

Standardausstattung in den Handys so dazugehören wie die Sprachbox, auf der man Nachrichten hinterlassen kann. So wie die Spielkonsole werden auch Geräte wie Walkman und Discman aussterben und von einem Gerät, das alle Funktionen enthält, ersetzt. Doch Multimedia beinhaltet weit mehr als nur Musik, dazu gehört auch Video und Fotografie.

NOKIA hat bei der CEBIT 2000 sein MULTIMEDIA-MESSAGING präsentiert: Das Versenden von Fotos via Mobiltelefon. Mit einer digitalen Kamera aufgenommene Fotos können per BLUETOOTH an ein Handy übertragen und von dort verschickt werden. Allerdings nicht, wie es jetzt schon möglich ist, als Attachment, sondern ganz einfach wie eine SMS. Braucht man anfangs noch eine Digitalkamera und ein Handy, wird MULTIMEDIA-MESSAGING künftig mit einem einzigen Gerät möglich sein, da im Mobiltelefon die Kamera bereits integriert ist.

PANASONIC (www.panasonic.com) hat schon mehrere Handy-Prototypen im Programm, die mit diesen technischen Raffinessen ausgestattet sind. Auch SIEMENS hat in seinen - funktionierenden - Prototypen Weitwinkelkameras eingebaut. Während sich SIEMENS (www.siemens.com) bei den Kameras auf Entwicklungen im eigenen Konzern verläßt, ist NOKIA mit CASIO (www.casio.com) eine Kooperation eingegangen, was dahingehend gedeutet werden kann, daß in einem NOKIA-Handy künftig eine CASIO-Digitalkamera eingebaut sein wird.

Wer ein Multimedia-Handy besitzt, wird künftig aus seinem Urlaub nicht mehr postalische, sondern digitale Ansichtskarten verschicken. Man schießt das Urlaubsfoto selbst und schickt es als elektronische Postkarte weiter. Zwar werden die Betreiber für Multimedia-Messages höhere Kosten verrechnen als für eine normale SMS, dennoch wird die digitale Ansichtskarte günstiger kommen als jede Postkarte. Erstens fällt das Schreiben von digitalen Ansichtskarten viel leichter, man muß nicht mehr zu einem Souvenirladen, Briefmarken sind überflüssig, Briefkasten braucht man keinen mehr. Dazu kommt noch der Bequemlichkeitsfaktor. Das lästige Adressen-Suchen-und-Schreiben fällt weg, weil der digitale Assistent entweder alle

gespeichert hat oder sie im WWWW suchen kann. Man verschickt mit der digitalen Ansichtskarte auch Emotion und läßt den anderen am Urlaubsvergnügen teilhaben, denn die Ansichtskarte wird binnen weniger Sekunden verschickt, ist eine aktuelle Momentaufnahme, mit der man anderen seine Eindrücke sofort, in Echtzeit, überträgt. Was man im Moment erlebt, sieht, spürt, fühlt, kann man dem anderen über- und damit auch vermitteln. Lange Beschreibungen, wie schön denn der Strand nun wirklich ist, kann man sich ersparen. Man untermalt das Gespräch am Handy mit Aufnahmen des Strands. Die Emotion, die da ins Spiel kommt, die Gefühle, die da geweckt werden – das ist Mobilität, die man spürt. Malediven-Urlauber werden, wenn im Inselreich das Mobilfunknetz funktioniert, daheim anrufen, während des Telefonats ein Bild schießen und heimschicken: „Ich liege gerade am Strand von Maayafushi. Weißt, wie schön. Moment, ich schick dir schnell ein Bild rüber."
Wenn das Handy mit einer Digitalkamera ausgerüstet ist, oder anders formuliert, wenn das Handy auch eine Digitalkamera ist, wer braucht dann noch den Fotoshop? Der Gang in den Drogeriemarkt oder zum Fachhändler, um die Urlaubsfotos entwickeln zu lassen, gehört in der mobilen Informationsgesellschaft dann gänzlich der Vergangenheit an. Mary verwaltet die Bilder, Joe hat sie auf Knopfdruck parat, kann sie betrachten, verschicken, speichern oder löschen. Und Joe tut gleichzeitig auch der Umwelt etwas Gutes. Chemikalien für das Entwickeln der Filme sind dann nicht mehr in diesem Ausmaß notwendig. Wenn Joe ein Printout eines Bildes will, druckt er es sich aus oder, wenn er ein Poster haben will, schickt er sein Foto per Handy an ein Fotolabor, wo das Bild vergrößert wird.
In den Imagevideos, mit denen Handy-Hersteller und auch Netzbetreiber ihre Sichtweise der mobilen Zukunft darstellen, wird immer wieder gezeigt, wie man mit dem Handy Videos überträgt, wie die eingebaute Kamera Live-Bilder nach Hause verschickt. Theoretisch möglich, praktisch wird man darauf allerdings noch warten müssen. Zu groß sind die dafür not-

wendigen Datenübertragungsraten. Was möglich sein wird, ist, kurze Videofilme als Multimedia-Message zu verschicken. Filmsequenzen von 10, 20 vielleicht 30 Sekunden Länge.
Daß man sich auf seinem Handy aber den neuesten JAMES-BOND-Streifen oder eine Dokumentation des DISCOVERY CHANNELS ansieht, ist zu Beginn der mobilen Informationsgesellschaft eher unwahrscheinlich. Obwohl im UMTS-Zeitalter Datenübertragungsraten von bis zu 2 Megabit in der Sekunde möglich sind, wird Video per Handy nicht der große Renner werden. Zu klein sind die Bildschirme, zu groß die dafür notwendigen Datenübertragungsraten.

Marketing

Das Handy als One-to-one-Medium

„Joe, bei McDonald's gibt es Hamburger um einen Euro." „Danke, Mary, aber ich bin auf Diät", antwortet Joe etwas wortkarger als sonst, während er seinen knurrenden Magen möglichst rasch durch die Einkaufsstraße trägt. „Hab ich ja ganz vergessen, Joe", antwortet Mary und unterdrückt mühsam ein Kichern. „Apropos. Ich bekomme gerade eine Meldung rein, daß die Hometrainer bei Intersport Eybl in Aktion sind. Interesse, Joe?"

Joe wird auf seinem Marsch durch die Einkaufsstraße von Mary über die Sonderangebote in den Geschäften informiert. Joe liebt Fast-food. Das weiß Mary und ist auf „Empfangsbereitschaft" aktiviert. Nicht nur BURGER-Angebote, auch Boutiquen-, Kaufhäuser- und Supermarkt-Angebote bekommt Joe von Mary vorgelesen, wenn er auf Shoppingtour geht. Normalerweise kauft Joe im Internet ein, doch einmal im Monat gönnt er sich Real-Life-Shopping.
Rangierte in der Vergangenheit Einkaufen gleich hinter dem Zahnarztbesuch, so wird es in Zukunft Entertainment pur. Denn die mühsame Zeit, in der man mit Taschen bepackt zuerst von Geschäft zu Geschäft pilgerte, um dann die Beute ins Auto zu schleppen, ist vorbei. Einkaufen der Zukunft bedeutet, optisch zu gustieren, durch riesige Schauräume zu schlendern, im Weingeschäft den neuesten SHIRAZ von YALUMBA (www.yalumba.com.au) zu probieren, damit man weiß, was man von daheim aus per Internet oder auf dem Weg nach Hause bestellt. Sprich: Was man Mary zu bestellen diktiert. Keine Frage: Es ist viel angenehmer, per Internet drei Kisten Rotwein zu ordern und sie nach Hause liefern zu lassen, als die drei Kisten zu schleppen.
Auf unserer Einkaufstour in den Geschäften der Zukunft werden wir ständig mit Werbung versorgt. Abgesehen von Plaka-

ten und Werbebotschaften aus den Lautsprechern in den Geschäften, wird die Information über das Handy der Zukunft, über unsere digitalen Assistenten, zu uns kommen.
Mit sogenannten Push- & Pull-Informationen werden die Menschen seit 2000 versorgt. Handy-User können sich entweder Informationen aus dem Netz – derzeit WAP, später GPRS und UMTS – herunterziehen (pull), oder die Infos werden ihnen ganz gezielt ins Handy geschickt, leger formuliert aufs Display „gedrückt" (push). Wer etwa einen Geldautomaten oder eine Tankstelle in seiner Nähe sucht, kann sein Handy gezielt befragen und sich die Information aus dem Netz pullen. Wer mit seinem Mobiltelefon schon einmal durch die Schweiz gefahren ist, wird im Handy-Display immer die Stadt, den Ort beziehungsweise die Region eingeblendet sehen, in der er sich gerade befindet. Die Information wird ihm automatisch, ohne sein Zutun ins Handy geschickt.
Push-Medien werden in der mobilen Informationsgesellschaft zum Alltag gehören. Wir werden uns im Internet die Nachrichten nicht mehr suchen müssen, sie werden zu uns kommen. Pushen bedeutet: Werbung stoßt zu uns, drängt sich uns auf, bedrängt uns. Oft unfreiwillig, oft aber auch freiwillig.
Joe – besser gesagt Mary – wird sich ein Programm auf sein Handy laden. Er – besser gesagt sie – stellt ein Angebot von Informationsgebieten zusammen. So wird Joe, wenn es etwas Neues gibt, automatisch informiert. Werden die Konsumenten derzeit noch durch ein kurzes Piepsen – „Neue Nachricht eingelangt" – informiert, erledigt das künftig der digitale Assistent, sobald „frische News" eingetroffen sind. Das sind dann nicht nur Nachrichten, sondern auch interessante Angebote.
Der Ausdruck One-to-One ist bei Marketing-Strategen schon lange so etwas wie ein geflügeltes Wort, wird aber bald der Begriff der Zukunft. Direct-Mail-Agenturen werden das Handy, besser gesagt die digitalen Assistenten, in ihre Überlegungen einkalkulieren müssen. Denn das Mobiltelefon, der digitale Assistent, wird das einzige Medium sein, das künftig jeder besitzen wird. So wie man mit TV-Werbung so gut wie jeden Bürger

erreicht, wird man mit Handy-Werbung künftig jeden direkt erreichen.
Push-Medien – ein Schlagwort der Zukunft. Ähnlich wie ein Nachrichtendienst funktioniert, werden Werbemittelverteiler ihre Botschaften verteilen. Diese werden sich dynamisch über einen Bildschirm oder in Marys Cyberwelt bewegen. Die Farben platzen auf, und Joe muß lediglich seine Augen offenhalten und schauen, oder Mary liest eine eingelangte neue Botschaft vor, sobald sie kontrolliert hat, ob dies eine Meldung ist, die Joe hören will, die er sucht.
Werbebotschaften werden ganz automatisch geliefert, ohne daß Joe aktiv sein muß. Plötzlich wird es im Handy blinken, oder Mary wird ihn aufmerksam machen: „Joe, ich hab da etwas Spannendes aufgeschnappt." Egal, ob Joe zu Fuß durch eine Einkaufsstraße schlendert, im Auto sitzt oder am Arbeitsplatz. Immer, wenn es etwas gibt, was ihn interessiert, wird er informiert. Er muß sich nicht mehr durch einen Wulst an Neuigkeiten durchkämpfen, um die gewünschte Information zu erhalten. Die Information kommt zu ihm, besser gesagt: Mary bereitet sie für ihn auf.
Das Unternehmen POINTCAST (www.pointcast.com) bietet bereits seit geraumer Zeit einen derartigen Push-Dienst an. Mit dem Programm ENTRYPOINT, das kostenlos zum Download bereitsteht, kann der Kunde selektieren, mit welchen Informationen er versorgt werden will. Aktienanleger werden alarmiert, wenn es neue Börseinformationen gibt (auch ein Bildschirmschoner, auf dem die aktuellen Kurse eingeblendet werden, ist erhältlich), Fans von MP3-Musik erhalten aktuelle News, und mit den „exklusivsten Webhändlern" hat POINTCAST einen Deal abgeschlossen, der ENTRYPOINT-User mit aktuellen Sonderangeboten versorgt.
Touristen etwa werden, wenn sie auf dem Bahnhof oder auf einem Flughafen ankommen, automatisch per Handy beziehungsweise von Mary zum Autoverleih oder Taxistandplatz gelotst. Man wird sofort nach der Ankunft das Service „Sightseeing" aktivieren können. Touristen in Städten wie Berlin oder Wien bekommen, wenn sie eine Attraktion passieren, die da-

zupassende Information ins Handy geschickt. Mary wird Joe bei seinem Berlin-Besuch beim Brandenburger Tor die Geschichte des Falls der Berliner Mauer erzählen. Vor dem Reichstag wird sie nicht nur die Geschichte des Gebäudes schildern, sondern auch erzählen, wann der Verpackungskünstler CHRISTO den Reichstag verhüllt hat und was in Zukunft geplant ist.
Bei einer Fahrt mit der Straßenbahn der Linie 2 um die Wiener Ringstraße wird der digitale Assistent zum digitalen Fremdenführer – vor der Oper, dem Heldenplatz, dem Parlament oder dem Burgtheater wird er die jeweilige historische Information liefern. Entweder in geschriebener Form im Handy, oder Mary wird Joe die Information vorlesen beziehungsweise erzählen. Die Information wird entweder ins Handy gepusht, oder das System „flüstert" Mary die Information zu.
Gleichzeitig mit den historischen Zahlen und Daten werden auch andere Informationen mitgeschickt. Vor der Oper etwa, daß es noch Karten für RIGOLETTO gibt, vor dem Heldenplatz der Hinweis auf eine Sonderausstellung im Naturhistorischen Museum, vor dem Rathaus das Menüangebot des RATHAUSKELLER.
Mit den neuen Push-Medien wird man die Zielgruppe nicht nur alters- oder berufsmäßig, sondern auch zeitlich und regional eingrenzen können. Noch besser, als es heute schon möglich ist. Nicht nur auf Bundesländer, Regionen wie Bezirke oder Städte, sondern auch auf Stadtteile, auf den Sendebereich einer Funkstation oder eines Gebäudes. Diese Möglichkeit wird im Marketing zu gravierenden Änderungen führen. Menschen, die in einem bestimmten Gebiet unterwegs sind, werden automatisch mit Botschaften versorgt, da das Zielareal genau festgelegt werden kann.
Heute verteilen vor Shopping-Centern Studenten Flugzettel. Künftig werden den Menschen die Flugzettel elektronisch ins Handy flattern, wo sie gelesen oder von Marys vorgelesen werden. Wie das demnächst funktionieren wird? Menschen werden, wenn sie einkaufen, eine Message erhalten, daß es im Kaufhaus A alles um 20 Prozent billiger gibt, im Kaufhaus B derzeit die Verlosung eines Autos stattfindet und im Kaufhaus C

jeder zehnte Besucher einen Blumenstrauß geschenkt bekommt. Man betritt in Zukunft ein Shopping-Center und wird, sofern man den One-to-One-Message-Dienst aktiviert hat, von den aktuellen Sonderangeboten und Aktionen informiert.
Im WAP-Zeitalter ist diese Werbemöglichkeit bereits Realität geworden. Swisscom (www.swisscom.ch), der Schweizer Telefonbetreiber etwa, hat mit dem Konzern Migros einen Deal abgeschlossen. Mobiltelefonkunden, die ein Internet-, sprich WAP-Handy besitzen, bekommen ins Display Sonderangebote geliefert. Eine Art Bannerwerbung – wie im „normalen" Internet. Wenn Kunden im WAP-Menü auf das Migros-Symbol klicken, wird eine Verbindung zum Migros-Server hergestellt, und die aktuellen Angebote scheinen auf.
Wer Angst davor hat, in Zukunft in Werbebotschaften zu ersticken, wird die Möglichkeit haben, sie abzustellen. Alle, die es nicht wollen, werden nicht informiert. Doch dieses Abstellen wird den Konsumenten zum Verlierer machen, da in der Konsumwelt von morgen Information notwendig sein wird. In einer Welt, in der vor allem über das Internet eingekauft wird, muß man über Angebote Bescheid wissen, um sich orientieren zu können und sich zurechtzufinden in der Konsumwelt der mobilen Informationsgesellschaft.

Der Begriff Zielgruppe wird im Marketing an Bedeutung verlieren. Es wird künftig die Zielperson geben, da das Handy zum One-to-one-Medium wird.

Die Community und die Werbewelt

Auch in der Werbewelt wird es Communities geben, Menschen, die informiert werden, weil sie Teil eines Mitgliederprogramms sind, weil sie zu den VIP-Kunden gehören, Sonderbetreuung wollen. Dazu gehören Vielfliegerprogramme wie Miles & More, Treuebonus- oder einfache Kundenbindungsprogramme, wie

sie heute schon jede Supermarkt- oder Elektronik-Kette anbietet – wer sich bindet, wird mit speziellen Angeboten versorgt, bekommt Rabatt auf Produkte, kann an Verlosungen teilnehmen, erhält, kurz gesagt, eine Sonderbehandlung, die ihn von anderen Kunden unterscheidet. Wer auf Werbung im Kundenprogramm verzichtet, verzichtet auch auf Vorteile. Alles, was der Kunde künftig tolerieren muß, sind Werbebotschaften.
Teilnehmer an Kundenbindungsprogrammen werden die neuen Werbemethoden per Handy und digitalem Assistent zuerst zu spüren bekommen, da sie jene Gruppe bilden, die mit ihrer Unterschrift unter die Anmeldung die „Geschäftsbedingungen" akzeptiert hat und von ihnen keine Kritik zu erwarten ist. Das ist der erste Schritt, aktuelle Angebote für eine bestimmte Mitgliedergruppe bereitzustellen.
Der zweite Schritt ist, daß der Konsument aktiv nach Angeboten oder Preisen suchen kann, wie es heute bei jenen Supermarkt-Ketten möglich ist, die bereits im Internet vertreten sind. Diese Möglichkeit werden auch jene nutzen können, die nicht an einem Kundenbindungsprogramm teilnehmen, weil sie entweder um ihre Privatsphäre Angst haben oder nicht von Werbung „erschlagen" werden wollen.
Der logische nächste Schritt ist Online-Shopping, Einkauf via Internet. Handy-Shopping in Reinkultur, mCommerce eben.
Diese dreistufige Phase werden die Marketing-Strategen in Zukunft bedenken müssen.

Von der Zelleninfo zur Werbebotschaft

Mit SMS-Messages hat es begonnen – Lottozahlen sind bereits eine Mischform von Werbung und Service-Angebot, auch Lotto- und Toto-Spieler sind eine Klientel. Werbebotschaften per SMS sind erst der Anfang, zeigen aber, wie das Mobiltelefon sukzessive zum Multimedia-Terminal mutiert, wie das Handy nicht nur zum Empfänger von Anrufen oder Textnachrichten wird, sondern von geschriebenen Werbebotschaften.

Wer in seinem Handy die „Zelleninfo" aktiviert hat – sie ist im Menü „Telefoneinstellungen" zu finden –, kann jetzt schon eine ganz spezielle Art von Nachrichten erhalten. Wer etwa in London mit der Picadilly Line zum Flughafen Heathrow fährt, wird auf seiner Fahrt neben dem Namen des Netzbetreibers auch „komische" Buchstaben und Zahlen auf dem Display lesen können. Sind es jetzt noch internationale Zahlencodes der Netzbetreiber, so kann und wird die Zelleninfo bald auch mit verschiedenen anderen Informationen beliefert.

Über die Funkstationen werden den Handy-Teilnehmern ganz bestimmte Informationen zugeschickt werden. Alle, die ihr Mobiltelefon eingeschaltet haben und bei einer oder mehreren Basisstation in einem bestimmten Gebiet – etwa in einem Stadtzentrum – angemeldet sind, werden diese Informationen empfangen können. Das können mehrere hundert bis zu tausend Teilnehmer sein.

Die Gruppe der Empfänger kann beliebig verkleinert werden. Zum Beispiel kann man mit einer kleinen Funkstation, die etwa in einem Gebäude wie einem Hotel oder Shopping-Center montiert ist, Teilnehmer eines Kongresses informieren, daß im Festsaal ein Vortrag beginnt, Zwischenergebnisse einer Umfrage können eingeblendet werden etc. Ein österreichischer Netzbetreiber nutzt die Zelleninfo bereits seit längerem in seiner Wiener Hauptniederlassung. Wer die Zentrale betritt, wird via Zelleninfo und Handy-Display informiert, in welchem Stockwerk des Gebäudes er sich gerade be- und was er hier findet.

Elektronische Postwurfsendungen

Freilich wird es in den kommenden Jahren noch Briefkästen geben, die vor Flugblättern und Katalogen übergehen, an den Wohnungstüren werden weiterhin kleine Plastiktaschen mit Zeitungen, Broschüren und Sonderangeboten hängen, doch langsam werden durch das Handy die gedruckten Flugblätter

durch elektronische ersetzt. Die elektronische Postwurfsendung ist im Kommen.
Der Vorteil wird sein, daß der Konsument Werbesendungen dieser Art „abstellen" kann. Joe wird sie aktivieren, wenn er sie erhalten möchte, und deaktivieren, wenn er nicht gestört werden will. Er wird sich frei entscheiden können. So, wie es heute Aufkleber gibt, die Werbemittelverteiler davon abhalten sollen, Flugblätter in den Briefkasten zu werfen oder an die Türe zu hängen, wird man durch einen elektronischen Aufkleber die Werbung abbestellen können. Joes Filter wird Mary sein, sie wird man so „einstellen" können, daß sie weiß, was Joe interessiert beziehungsweise woran Joe im Moment interessiert ist. „Mary, suche mir alle Reiseinformationen zusammen und lasse alle Urlaubsangebote durch." Push- und auch Pull-Medien werden die heutigen Suchmaschinen ersetzen. Surfen ist nicht mehr notwendig, oder besser gesagt, das Surfen übernimmt Mary, die sich die Informationen aus den vielfältigen Angeboten herauszieht.
Denkbar beziehungsweise sehr realistisch könnte auch die Handy-Display-Werbung sein. Netzbetreiber wie auch die Anbieter von Inhalten werden die Werbemöglichkeit von Handy-Bannerwerbung (die Vorstufe ist SMS-Werbung) bald entdecken, wenn es nicht ohnehin schon der Fall ist, mit Marketing-Abteilungen bzw. PR-Berater verschiedener Großunternehmen Kontakt aufnehmen und sie auf diese Werbemöglichkeiten aufmerksam machen.
Die Wirksamkeit von Bannerwerbung wird vielfach bezweifelt. ANDERSEN CONSULTING (www.ac.com) hat jedoch in einer Studie festgestellt, daß Bannerwerbung effektiver als normale Werbung ist. Man hat amerikanische Internetnutzer befragt, was sie dazu bringt, in der Weite des World Wide Web einzukaufen. Von den 1.500 Befragten gaben 25 Prozent an, von Werbebannern dazu gebracht zu werden, etwas online einzukaufen.
Werbebanner wird es auch in der mobilen Informationsgesellschaft geben, wobei es sich dann um aktive, interaktive Banner handeln wird. Ein Banner ist immer eine optische Darstellung,

ein Symbol, das durch Anklicken meist den Link zum Anbieter herstellt. Eine Art Banner, zumindest eine Werbebotschaft, wird schon jetzt von vielen Menschen verschickt, die etwa eine eMail-Adresse der Freemail-Anbieter YAHOO oder HOTMAIL haben. Am Ende jeder Mail ist für den Empfänger ein Hinweis zu lesen, daß man seine eigene freie Mail-Adresse auf dieser oder jener Site bestellen kann. Experten haben für diese Methode bereits einen Begriff kreiert: VIRUS-MARKETING soll eine der Marketing-Methoden der Zukunft werden.
Doch auch private Banner werden jetzt schon verschickt. Viele nutzen die Möglichkeit, in ihrem Mailprogramm Werbung für sich selbst zu machen, indem sie ihre Absender-Signatur eigenwillig gestalten. Es scheinen nicht nur Adresse oder Telefonnummer auf, sondern auch Adressen der eigenen Homepage, Lebensweisheiten oder Zitate prominenter Personen. Mitunter aber auch Links auf andere, kommerzielle Seiten. Daß Privatmenschen mitunter selbst Werbung verschicken, hat die US-Firma EPIDEMIC MARKETING (www.epidemic.com) dazu veranlaßt, anklickbare eMail-Attachments zu entwickeln. Die Philosophie der Amerikaner: Jeder, der eine eMail verschickt, sendet eine Werbemail als Attachment mit. Klickt der Empfänger auf dieses Attachment, so wird der eMail-Versender mit einem kleinen Honorar bedacht. Die Idee läßt sich erweitern, zum Beispiel auf jede eMail, die einen Server verläßt. Sobald man eine eMail verschickt, gelangt sie auf den Server des Providers, wird dort mit einem Werbeattachment bestückt und weitergeschickt. Geld verdient damit nicht der eMail-Versender, sondern der Provider.
Denkbar ist auch, daß einzelne Firmen einen Vertrag mit einem Content-Anbieter abschließen. Ähnlich wie auf den Portal-Seiten im Internet kann künftig, aber auch jetzt schon bei WAP, ein eigener Link zum Unternehmen geschaffen werden. Der Handy-User könnte dann auf Knopfdruck Informationen des Baumarktes, des Schallplattengeschäfts oder des Modehauses abrufen.
In der mobilen Informationsgesellschaft wird der Kunde für die Unternehmen ein offenes Buch, ein Kunde ohne Geheimnisse,

ein Mensch, von dem ein exaktes Profil erstellt werden kann – ein Persönlichkeitsprofil und ein Kundenprofil. Auf Knopfdruck wird man wissen, was der Mensch kauft, woran er Interesse hat, welche Themen ihn interessieren etc. In der mobilen Informationsgesellschaft wird der Mensch zum vielzitierten GLÄSERNEN KUNDEN.

Mit Kundenkarten hat vor einigen Jahren alles begonnen. Nahezu jedes größere Unternehmen versucht mit Mitgliederprogrammen seine Kunden an sich zu binden. Für drei Prozent Rabatt, Sonderpreise bei bestimmten Produkten oder eine um Wochen spätere Abbuchung des Kaufpreises vom Konto verzichten Kunden auf ihre Identität, ihre Privatsphäre. Konsumenten sind in der Marketinggesellschaft einfach kalkulierbar geworden. Schon die Kundenkarten haben mehr über den Käufer verraten, als vielen lieb ist. Künftig sind diese Informationen elektronisch gespeichert, können abgeglichen und auch verkauft werden.

Wer mit seinem Handy sein Portal aufruft, auf dem sich der Link zu seinem Supermarkt befindet, zum Sportgeschäft, zum Fitneßclub, zum Airline-Vielfliegerprogramm und zum Autofahrerclub, hinterläßt elektronische Spuren, die gesammelt werden. Bei den Netzbetreibern wird schon seit geraumer Zeit unter dem Schlagwort INFOMEDIARY nachgedacht, wie man diese Informationen brauchbar verwerten, was man daraus machen kann.

Wer Kunde eines bestimmten Netzbetreibers ist, wird automatisch auch Kunde von bestimmten anderen Unternehmen sein, die mit dem Netzbetreiber Kooperationen eingegangen sind. Das kann eben eine Airline sein, eine bestimmte Bank, eine bestimmte Supermarkt-Kette oder ein Weinmarkt. Wer also mit dem Handy seines Betreibers einkauft, hinterläßt Daten beim Betreiber, die dieser wiederum an andere Partner weitergeben wird. Entweder, weil er sie verkauft, oder weil er Provisionen erhält. Die Netzbetreiber werden in der Lage sein, mit Hilfe von sogenannten DATA-MINING-PROGRAMMEN (www.sas.com) attraktive Kundenprofile zu erstellen. Der Kunde des Netzbetreibers X –

Alter, Adresse, Beruf und sein Telefonverhalten sind von ihm bekannt –, reist gerne (seine Lieblingsdestinationen sind Fernziele in Asien), fährt ein Luxusauto (Audi A6), ist sportlich aktiv (laut seiner Einkaufsliste beim Sportgeschäft interessiert er sich für Badminton, Laufen und Tauchen), er ernährt sich gesund (der Beweis ist seine Einkaufsliste im Supermarkt) und interessiert sich für Wirtschaftsnachrichten (er hat den Economy-On-Demand-Push-Dienst aktiviert). Zusätzlich zu seinem anderen Online-Surf-Verhalten entsteht ein berechenbarer Kunde. Auch Konsument Joe wird auf diese Art und Weise kalkulierbar, da Mary bei ihrer Tour durch das Internet und die Shopping-Welt Spuren hinterläßt. Spuren, wie sie vor allem beim Einkaufen genauer nicht sein könnten, denn wenn Joe mit seinem Handy bezahlt, ist für die Unternehmen genau nachvollziehbar, was er kauft. Somit wissen Marketing-Strategen wiederum ganz genau, mit welchen Informationen sie Joe versorgen müssen. Sie können ihm ein maßgeschneidertes Werbepaket zusammenstellen.

Netzbetreiber bekommen in Zukunft wohl eine der wichtigsten Positionen nicht nur in der mobilen Informationsgesellschaft, sondern in der mobilen Konsumgesellschaft. Sie werden nicht nur Sprachtelefonie verkaufen, sondern Drehscheibe schlechthin zwischen Kunden und Unternehmen sein. Sie sind die Datensammler, die über brisante und höchst aufschlußreiche Informationen verfügen. Die Netzbetreiber werden bald schon entweder mit Adreß-Verlagen zusammenarbeiten, enge Kooperationen eingehen oder selbst Adreß-Verlage gründen. Sie werden zu den mächtigsten Unternehmen der Zukunft, denn sie verfügen über Information, und diese kann mit speziellen Software-Programmen gezielt in Wissen umfunktioniert werden. Genaues Wissen über jeden einzelnen Kunden.

Die Kombination von Mobilität und Datamining wird sowohl die Marketingstrategien der Unternehmen als auch das Kaufverhalten der Kunden ändern.

Jeder wird fünffacher Handy-Benützer

Der schwedische Handy-Hersteller ERICSSON geht davon aus, daß in einigen Jahren jeder einzelne Bürger drei Mobiltelefone besitzen wird. 300 Prozent Penetration scheint auf den ersten Blick unmöglich, allerdings kommt es darauf an, wie man Penetration definiert und was man daher darunter zu verstehen hat. Es wird nicht jeder einzelne Bürger, vom Kleinkind bis zum Großvater, ein Mobiltelefon besitzen – wobei theoretisch auch ein Babyphone, mit dem Säuglinge überwacht werden, künftig ein Handy sein könnte. Dafür wird ein einzelner Mensch mehrere Mobiltelefone sein eigen nennen – eines für den Tag, ein wetterfestes für die Freizeit, ein kleines für das Handgelenk, ein Designer-Stück fürs Gala-Dinner, eines mit einem Bildschirm zum Fernsehen etc. Wenn man unter Penetration die Anzahl der Mobiltelefone aufgerechnet auf die Gesamtbevölkerung versteht, dann könnten 300 Prozent sehr wohl ein realistischer Wert sein, vielleicht sind sogar 400 oder 500 Prozent möglich.

In der mobilen Informationsgesellschaft wird jeder, der auf die Mobilkommunikation verzichtet, zu den Verlierern zählen. Doch die Zahl der Handy-Verweigerer und Handy-Skeptiker wird immer kleiner. Hersteller wie auch Netzbetreiber haben in verschiedenen Marketing-Offensiven auch diese Gruppe im Visier.

Handy-Verweigerer und Handy-Skeptiker sind jene, denen Handys egal sind, die den Nutzen noch nicht erkannt haben, die Angst vor der Technologie haben, denen ein Mobiltelefon zu kompliziert erscheint.

Für sie werden in Zukunft nicht nur bedienerfreundliche Handys entwickelt, sondern auch Produkte und Services geschaffen, mit denen sie von der Notwendigkeit eines Handys überzeugt werden sollen. Nur so kann eine echte 100prozentige Penetration erreicht werden.

Für Pensionisten wird schon seit geraumer Zeit überlegt, sogenannte Senioren-Handys zu entwickeln. Geräte mit riesigen

Tasten, besser ausgedrückt Notfallsknöpfen. Auf Knopfdruck ist man entweder mit einem Familienangehörigen, der Rettung oder einem Krankenhaus verbunden. Noch hat sich kein Hersteller dazu entschieden, ein solches Handy auf den Markt zu bringen, doch in Zukunft wird auch dieses Segment bedient werden, denn diese Zielgruppe hat, wie bereits beschrieben, die Zeit, sich mit der Technik zu beschäftigen. Für sie sollten auch ganz spezielle Bedienungsanleitungen geschaffen werden. Keine Büchlein, sondern ein einziges leicht überschaubares Blatt, auf dem die wichtigsten „ersten Schritte" erklärt werden.

Mit eigenen Senioren-Services, sprich Services, mit denen diese Zielgruppe etwas anfangen kann, werden die Netzbetreiber in Kooperation mit den Herstellern punkten. Das können, wie schon erwähnt, Gesundheits-Services sein, das werden aber auch Senioren-Chats sein. Das Handy der Zukunft wird die Einsamkeit der Menschen beenden, durch das WWWW werden neue Kontakte geknüpft, das Handy wird soziale Kontakte schaffen.

Immer wieder wird vor allem in Großstädten die Anonymität kritisiert. Menschen, die Tür an Tür leben, kennen einander nicht. In regelmäßigen Abständen sorgen Schlagzeilen wie „Frau lag drei Jahre tot in Wohnung" für Diskussionen. Alte Menschen sterben in Wohnungen und werden erst Jahre später durch Zufall entdeckt. Opfer der Anonymität, der Einsamkeit. Mit dem Handy der Zukunft wird diese Anonymität bekämpft. Ob sie auch beseitigt werden kann, ist eine Frage, die dann beantwortet sein wird, wenn man die Technologie erst einmal zu den älteren Menschen gebracht haben wird. Der Schlüssel dazu ist das Wie.

Chatrooms, die bei den Jugendlichen derzeit der große Renner sind, könnten, wie oben erwähnt, auch für alte Menschen eingerichtet werden. Senioren-Chatrooms etwa, in denen man einander kennenlernen kann. Sind die Chatrooms dann einmal regional organisiert, können sich die Chatter gegenseitig besuchen – „75jähriger Berliner sucht Partner oder Partnerin für

Spaziergänge, Ausflüge, Pensionistenkränzchen". Ein Zufallsgenerator könnte, wie es auch beim weltweiten Chatprogramm ICQ möglich ist, über Plauderpartner entscheiden. Ein alter Mann, passionierter Schachfan, könnte auf diesem Weg einen Schachpartner finden. Er könnte mit ihm, falls der eine oder der andere gehbehindert ist, sogar online eine Partie spielen, und er kann auch gegen „Herausforderer" aus anderen Kontinenten antreten.

Durch das Wireless World Wide Web werden die zwischenmenschlichen Kontakte wieder verbessert. So wie Jugendliche heute das Internet, den Mobilfunk nutzen, kann dies auch 1:1 auf die Zielgruppe der Alten angewendet werden. Die gleiche Systematik, lediglich Inhalte und Services müssen adaptiert werden.

„Senioren ins Netz" lautet die Devise, die seit etwa zwei Jahren laut propagiert wird. Unter der Adresse www.seniornet.com findet die Generation 55+ Tips und Tricks. In Schweden hat man Anfang 1999 die Stiftung SeniorNet gegründet und das erste Internet-Café für Senioren eröffnet. Im Café geben Gleichaltrige Gleichaltrigen Tips; gechattet wird auf einem eigenen Chat-Kanal auf der schwedischen Webseite www.seniornet.se.

Die zweite große Zielgruppe sind die Jugendlichen, wobei es bei dieser Gruppe nicht darum geht, sie von der Notwendigkeit eines Mobiltelefons zu überzeugen. Für Kinder haben Handys schon immer existiert. Die ersten Geräte gab es ja schon 1983 – heute 24jährige sind mit dieser Technik aufgewachsen. In ihrem Weltbild gab es diese kleinen Dinger, in die man hineingesprochen hat, schon immer.

Diese Gruppe der 16 bis 24jährigen wird von den Handy-Herstellern als die Trendsetter angesehen, als technologisch orientierte Gruppe, die sozialen Kontakt pflegt und großes Interesse an neuen Produkten hat. Was von ihnen abgelehnt wird, hat keine Chance, sich auf dem Markt durchzusetzen. Kinder und Jugendliche geben die Standards der Zukunft vor. Was ein Renner oder ein Ladenhüter wird, entscheidet die junge Generation. Was von jungen Handy-Usern nicht angenommen wird,

hat keine Chance auf Erfolg. Und das gilt sowohl für die Geräte selbst als auch für die Services.
43 Prozent der österreichischen Jugendlichen zwischen 12 und 17 Jahren haben laut OGM-Umfrage von Anfang 2000 bereits ein Handy. Sie sind jene Zielgruppe, mit denen man heute wie morgen das große Geschäft macht. 70 Prozent ihrer Kosten auf der Rechnung entstehen jetzt schon durch das Versenden von SMS, 20 Prozent durch Telefonieren, 10 Prozent durch das Nutzen von Services oder Verschicken von Ringtones und Bildnachrichten.
Die scheinbar banalen Dinge sind es, die bei den Jugendlichen ankommen, die Geld bringen. Ein Renner sind Ringtones, Klingelzeichen, die einem Handy den individuellen Touch geben. Der Club Nokia etwa bietet auf seiner Homepage www.clubnokia.com Ringtones zum Runterladen und zum Selbstkomponieren an. Eigenkompositionen sind auch beim österreichischen Netzbetreiber One unter www.one.at möglich.
Ringtones werden beziehungsweise sind schon eine der Killerapplikationen für Kinder und Jugendliche. In Finnland gibt es bereits eine Hitparade der Ringtones. Ein Radiosender stellt jeden Mittwoch um acht Uhr morgens die Top Ten der finnischen Ringtones vor. Die Band Bomfunk MC´s hat bei einem Konzert in Helsinki vor ihrem Konzert einen offiziellen Ringtone ins Netz gestellt, der von den Fans downgeloaded wurde. Bei einem ganz speziellen Musikstück im Konzert stoppte die Band und die Fans mußten unisono den downgeloadeten Ringtone spielen. Ringtones sind Teil der Kultur geworden. Leicht möglich, daß ein Klingelzeichen einmal die Eintrittskarte zu einem Event wird. Selbstkomponierte Ringtones verleihen Individualität: „Ich bin einer, der nicht mit der Masse geht."
Wie wichtig Jugendliche sind, hat Ericsson Anfang 2000 mit dem Start einer extra auf diese Zielgruppe hin maßgeschneiderten Angebotsoffensive gezeigt.
Kinder und Jugendliche stehen nicht nur auf Internet & Co, sie sind auch die Gruppe, die die Angebote im Netz am meisten

nutzt. In einer Studie des Marktforschungsunternehmens JUPITER COMMUNICATIONS (www.jup.com) wurde 1999 prognostiziert, daß allein die Kids in den USA im Jahr 2002 mindestens 1,3 Milliarden Dollar für Online-Shopping ausgeben werden. Die Uni Ulm kam zum Ergebnis, daß die „postmodernen Kinder“ (www.uni-ulm.de/~keim/moderne.html) zwischen fünf und 18 Jahren via Internet konkret angesprochen werden. Kids und Teenies haben großen Einfluß auf die Kaufentscheidung im Internet. Die Jugendlichen sind erfahren und betrachten das Netz als bevorzugtes Werkzeug, um Infos einzuholen und Produkte zu kaufen.

Telefonieren wird für Jugendliche immer wichtiger – zu dem Schluß kam auch der Hamburger Sozialforscher HORST W. OPASCHOWSKI in einer Studie. Nach dem Fernsehen steht Telefonieren auf Platz zwei der Top Ten-Liste. Früher haben die Jugendlichen ihre Freunde getroffen, jetzt wird mehr telefonisch kommuniziert.

Jugendlichen ist der Community-Gedanke sehr wichtig, der Gedanke der Zugehörigkeit, der Individualität. Ein sogenannter „lucky punch“ ist dem japanischen Netzbetreiber NTTDOCOMO (www.nttdocomo.com) mit seinem I-MODE, (information-mode) gelungen. Innerhalb des ersten Jahres wurde allein mit I-MODE ein Umsatz von 1,5 Milliarden Dollar erzielt – durch Abonnement-, Service-Gebühren und Datentransaktionen.

Der I-MODE ist der Renner unter japanischen Jugendlichen. Handys im I-MODE sind, und damit war NTTDOCOMO der erste Netzbetreiber der Welt, der das schaffte, ständig online, also ständig im Internet. Jugendliche können mit ihrem Mobiltelefon nicht nur emailen, chatten, spielen und das Horoskop abfragen, sie können auch unter mehr als 4.000 Websites wählen.

Was in Japan besonders beliebt ist, ist das Versenden von Bildern – vom Foto des Haustiers bis zum eigenen. Der I-MODE ist unter den Japanern derart beliebt, daß es pro Monat 500.000 neue Kunden gibt. Kinder chatten auf Teufel komm raus, Studenten und junge Erwachsene verschicken reisepaßgroße Fotos, die per Handy abgerufen werden können, BANDAI CO., der Erfinder des TAMAGOCHI, bietet animierte Cartoons an, die für etwa einen Dollar einen Monat lang runtergeladen werden können.

Mit dem I-MODE holen sich die Japaner nicht nur Nachrichten, wie es auch in Europa mit WAP möglich ist, die japanische Killerapplikation ist DATING, das Ausmachen von Rendezvous. Durch den I-MODE wurde in Japan eine Community geschaffen. Eine – zugegebenermaßen große – Gemeinschaft von Gleichgesinnten.

Diese Community wird man in Zukunft auch zufällig mit dem Handy treffen können. S,WUP nennt sich ein Programm, das die Technikstudentin BRENDA BRAIN entwickelt hat. S,WUP steht für „So, What's Up" und zeigt, wie wir das Handy in Zukunft noch nutzen werden.

Mit Hilfe der Mobilkommunikation sollen reale Personengruppen vernetzt werden können. S,WUP ist ein Partner-Finder, verbindet Menschen – jung wie alt – und arbeitet wie eine Suchmaschine. In Handys mit einer S,WUP-Software können gewisse Parameter eingetragen werden.

„Sigrid ist 24, mag Jungle und sportliche Leute, tanzt gerne, will Spaß haben und verbringt Stunden vor ihrem Computer." Mit diesen Parametern, die entweder im Handy eingespeichert sind oder – nach Lust und Laune – eingetragen werden, geht sie auf Partnersuche und bekommt vom System die Antwort: „Zwei Straßen weiter sitzen sechs Leute, die Jungle hören und absolute Computerfreaks sind. In der Bar XY wird bereits Musik gemacht und am Kanal unten steigt ein Open Air: 20 Leute und Freigetränke sind schon dort." Über GPS werden die Koordinaten abgefragt, ein Taxi angefunkt und los geht's.

Oder die 56jährige Wilma, die alleinstehend ist, für ihr Leben gerne Bridge spielt und für Schubert eine große Leidenschaft hegt. Ihr digitaler Assistent sagt ihr, was läuft: „Tut leid, Wilma, Bridge ja, SCHUBERT nicht heute abend. Vier Damen im Café gegenüber spielen Bridge – und hören ELVIS." Wilma, you are lonesome tonight?

Parntersuche im WWWW, ob für einen Nachmittag, Abend oder gar fürs Leben.
Man ist einsam und schüchtern und sucht als Partner einen großen, schlanken Briefmarkensammler und Querflötenspieler. Die RED ALERT CONNECTION in S,WUP weiß Bescheid, mutiert zur Singlebörse und geht auf Partnersuche. Was jetzt noch ein Konzept ist, wird in den kommenden Jahren zur Standardausstattung einer Handy-Software gehören. Das Gefühl der Verbundenheit wird in der mobilen Informationsgesellschaft gestärkt und gefördert. Jeder kann dies selbst steuern. Jeder kann bestimmen, was er erleben will, was er unternehmen will und vor allem mit wem.

Von Face-to-Face und Emotion-to-Emotion

Durch Fernsehen und Telefon haben wir das Miteinanderreden verlernt, die zwischenmenschliche Kommunikation ist auf der Strecke geblieben. So sehen manche Sozialwissenschafter die negativen Auswirkungen der Technologien. Es ist tatsächlich so, daß sich das Kommunikationsverhalten geändert hat. Durch das Telefonieren ist Direktheit möglich, immer öfter werden intime Sachverhalte oder Probleme über das Telefon abgewickelt, wenn man etwa die Telefonseelsorge oder anderen Hotlines wie etwa die der Anonymen Alkoholikern oder der Süchtigenbetreuung betrachtet.
Durch Medien wie Fernsehen und vor allem Telefon wurden neue Formen des Mithörens, Anhörens und Zuhörens geschaffen, sagt der Wiener Soziologe REINHOLD KNOLL. In der Schule ist das Zuhören aus der Mode gekommen, das Telefon ist jenes Medium, das diesen Mangel gleichsam aufwiegt. Wird jemand am Telefon erreicht, so ist er mehr oder weniger gezwungen, zuzuhören. Aufgrund der technischen Möglichkeiten ist man dann nicht mehr in der Lage, die Kommunikation abzubrechen.

Man stelle sich einen Streit innerhalb einer Familie vor. Vater und Mutter wohnen daheim, die Tochter, die bereits eine eigene Wohnung hat, ist bei ihren Eltern zum Mittagessen eingeladen. Im Laufe des Essens bricht eine Diskussion aus, die so heftig wird, daß einer der Gesprächspartner – mit größter Wahrscheinlichkeit die Tochter – den Tisch verläßt. Sie konnte nicht mehr reden, war nicht mehr in der Lage, zwischenmenschliche Kommunikation auszuüben.
In ihrer Wohnung angelangt, setzt sie sich vor den Computer und schreibt eine eMail, kann so die Diskussion fortsetzen. In ihrer Sprache, mit ihrer Technologie. Sie hätte ebenso ihr Handy nehmen und die Diskussion am Telefon weiterführen können. Auch das ist eine Art der Kommunikation, die ihr liegt, die in ihre Zeit paßt.
Es ist also kein Wunder, wenn das Versenden von SMS boomt. Die Jugendlichen haben zwar das Zuhören verlernt (sie werden es wieder lernen), dafür aber lernen sie, besser zu schreiben, sich kurz zu fassen, Dinge auf den Punkt zu bringen. Eine Regel besagt: Wer jemanden etwas nicht in 160 Zeichen sagen kann (das ist die maximale Buchstabenanzahl bei einer SMS), soll es bleiben lassen.
Kommunikation am Telefon folgt überhaupt eigenen Kriterien. Ehepartner, die sich daheim nichts mehr zu sagen haben, ein einsilbiges Leben führen, rufen sich an und reden miteinander, wenn einer der beiden verreist ist.
Kinder, die am Mittagstisch im Essen herumstochern und nichts sagen, fangen zu plappern an, wenn sie zum Telefon gerufen werden. Dort quellen sie förmlich vor Information über. Sobald sie zum Tisch zurückkehren, verbreitet sich wieder allgemeine Schweigsamkeit.
Die technologische Kommunikation, also das Miteinanderreden via Handy oder Computer, kann laut Sozialforscher KNOLL unter Umständen eine LOGORRHÖE zur Folge haben – beim Reden von Angesicht zu Angesicht schweigt man sich aus.
In der mobilen Informationsgesellschaft wird sich aber die zwischenmenschliche Kommunikation wieder bessern, sind

viele Wissenschafter überzeugt. Die Anonymität der kalten technischen Geräte wird durch die Wärme der Emotion ausgeglichen. Emotion wird wieder Stimmung in die Face-to-Face-Kommunikation bringen.
Bildtelefonie - seit fast einem Jahrzehnt wird sie propagiert, den Durchbruch hat sie nie geschafft. Aber nicht nur deshalb, weil die Menschen kein Interesse daran haben, daß man sieht, wie sie ungeschminkt, unausgeschlafen oder gestreßt aussehen. Die Festnetz-Bildtelefonie hat sich deshalb nicht durchgesetzt, weil mit dem Bild kein Funke Emotion übertragen wurde, das übertragene Bild nicht im geringsten attraktiv oder spannungsgeladen war. Es wurde ein statisches Bild vom Gesprächspartner übertragen.
Mit dem Handy der Zukunft wird sich die Bildtelefonie durchsetzen, und damit auch die zwischenmenschliche Kommunikation wieder auf Trab bringen. Face-to-Face-Kommunikation bedeutet nämlich auch, daß sich die Menschen sehen. Sie müssen sich nicht berühren können, sie müssen die Möglichkeit haben, mit ihren Augen hin und her wandern zu können - den Gesprächspartner, dessen Umgebung, seine Gestik beobachten zu können.
Das wird mit den Handys der Zukunft möglich sein. Sie werden ein emotionales Bild übertragen, eine Aufnahme, die nicht nur deshalb attraktiv ist, weil sich das Bild ständig bewegt. Man wird dem Gegenüber nicht nur sagen können, daß man eben in einem megamäßigen Verkehrsstau steckt, man wird ihm diesen Stau auch zeigen, ihn vermitteln können. Der Gesprächspartner wird plötzlich Teil der Szenerie, er befindet sich emotional auch im Stau und kann stärker mitfühlen, sich in die Situation hineinversetzen. Als ob er selbst dabei wäre.
Zu den angenehmeren Situationen zählt eine Urlaubsszene. Der Freund, der auf dem Sandstrand irgendwo auf einer maledivischen Insel sitzt, nimmt sein Handy, schwenkt es und zeigt seiner Familie oder seinen Freunden, wie blau das Wasser, wie weiß der Strand und wie schön die Bewohnerin des Nachbar-Bungalows ist. Und während der eine Gesprächspartner seine

neueste Badehose vorführt, zeigt der andere die Neuschnee-Menge von 50 Zentimeter.
Das Handy der Zukunft wird zu einem mobilen Schlüsselloch. Die Vorstufe sind die vielen Webcams, die im Netz minütlich mehr werden. Via Webcam kann man sich nicht nur touristische Sehenswürdigkeiten ansehen - einen Aschenbecher, ein Wrack in den Meerestiefen, eine Lebensgemeinschaft, wie es bei BIG BROTHER vorexerziert wurde -, immer mehr Menschen lassen sich auch direkt in ihren eigenen vier Wänden beobachten. Vor allem bei den Sexseiten im Internet erzielen die Anbieter mit Webcams, vor denen sich Damen räkeln und in Tastaturen tippen und mit den Konsumenten kommunizieren, hohe Einnahmen. Auch die Sexhotlines werden durch die Bildtelefonie um einen neuen Aspekt erweitert.
Hier wie da werden Emotionen geweckt, freilich auch ein bißchen Neid (oder Schadenfreude beim Stau, kommt drauf an), Emotionen, die - auch wenn man Sexhotlines als Auswuchs der Gesellschaft bezeichnet - positive Auswirkungen auf die zwischenmenschliche Kommunikation haben. Anders formuliert: Face-To-Face-Kommunikation muß neu definiert werden. Aus Face-to-Face wird künftig Picture-to-Picture, Emotion-to-Emotion-Kommunikation.

Die Communitys

Communitys sind heute in aller Munde. Ob Kundenbindungsprogramm bei einem Supermarkt, bei einem Netzbetreiber oder Handy-Hersteller. Die Community, die Gemeinschaft, die für eine Marke steht, die eine Marke präsentiert, kann sich mit diesem Unternehmen identifizieren. Sie ist eine Gruppe von Menschen mit gemeinsamen Interessen, die im mobilen Internet Kontakt haben und deren Größe eine erhebliche Kauf- und Marktmacht hat.
In diese Kerbe schlägt ERICSSON genauso wie der CLUB NOKIA - ein Special Service mit speziellen Angeboten für ausgewählte Mit-

glieder. Joe wird künftig Mary beauftragen können, sich den hippsten Ringtone von einer Page runterzuladen.
In der mobilen Informationsgesellschaft werden wir auf eine Menge von Communitys stoßen, die herzliche Beziehungen untereinander pflegen. Hauptzweck ist das Kennenlernen von Menschen, die einen auch verstehen und das gleiche Interesse haben: sich von der Allgemeinheit abzuheben. Für den Soziologie-Professor an der George Washington University, Amitai Etzoni, sind Kernpunkte einer funktionierenden Gemeinschaft Dialog, Feedback sowie eine gemeinsame Erinnerung, eine untereinander geteilte Geschichte, gleiche Ziele, schlicht auf den Punkt gebracht: Gemeinsamkeiten.
Das ist einer der Gründe, warum Ericsson mit seinen Produkten auf den Jugendmarkt drängt. Wer ein MP3-Handy besitzt, tauscht über die Ericsson-Community die neuesten MP3-Angebote aus. Innerhalb dieser Community werden sich noch einige andere Kleincommunitys bilden: etwa die Chatboard-User oder eine Gang mit einem Spezial-Abdeckcover, das nur für sie kreiert wurde.
Mit dem Community-Gedanken werden die Kunden an das Unternehmen, an die Marke gebunden. Anders als in den Communitys der anonymen Chatrooms, werden in jenen der mobilen Informationsgesellschaft soziale Kontakte gepflegt. Vor allem in den Jugend-Communitys.
Es reicht nicht, in einer Community nur Produkte anzubieten, es müssen auch Werte angeboten werden. Eine Marke steht für Lebensstil, Einstellung, repräsentiert die Person. So wie man mit einem Geländewagen demonstriert, ein harter Brocken, mit einem Sportwagen, ein flotter Typ oder mit einem Oldtimer, ein Sir zu sein.

Kommunikation – Der Markt der Zukunft

Unter Kommunikation versteht man schon lange nicht mehr nur das miteinander Reden. Kommunikation ist eine Branche, ist ein Produkt, sind Produkte geworden. Kommunikation wird

in der mobilen Informationsgesellschaft das Geschäft schlechthin. Der beste Beweis sind die monatlichen Fixausgaben in einem Haushalt. Die Kosten für Telefonanschluß, Handys und Internet schlagen sich in den Fixkosten mitunter hoch zu Buche. In einer vierköpfigen Familie hat jedes Familienmitglied ein eigenes Handy, mindestens einen Internet-Anschluß, und es werden verschiedene Infoservices genutzt. Kommunikation hat einen hohen Stellenwert, und der wird in Zukunft noch größer.
Die Handy-Hersteller konkurrieren künftig nicht mehr so stark untereinander. NOKIA, ERICSSON, MOTOROLA & Co. müssen als Vertreter der Kommunikationsbranche gegen andere kämpfen. Ihre Marken werden gegen renommierte Marken, die mit der Kommunikationsbranche nichts zu tun haben, ankämpfen müssen. LEVIS, NIKE, OAKLEY oder O'NEILL sind die „Gegner" der Zukunft. Die Jugendlichen werden in Zukunft dazu animiert, sich anstelle der neuesten LEVIS-Jean, NIKE-Schuhe oder OAKLEY-Brillen einen Ringtone, ein ausgefallenes Handy-Cover oder eine poppige Freisprecheinrichtung zu kaufen beziehungsweise bei einer Community dabei zu sein, in der man ausgefallene Services nutzen kann.

Geld

Virtuelle Kreditinstitute, eCash und Bankensterben

„Joe, es ist eben ein elektronischer Erlagschein von deiner Rechtsschutzversicherung eingelangt."
„In welcher Höhe?"
„232 Euro."
„Bestätigt. Überweise exakt am Zahlungstag."
„Kann ich sonst noch was für dich tun, Joe?"
„Nein danke, Mary."

Der Werbespot, der Anfang 2000 in Deutschland lief, war amüsant. Ein kleiner Junge, der sich verlaufen hat, läßt sich von Polizisten mit dem Polizeiauto nach Hause chauffieren. Auf die Frage, wo er denn wohne, antwortet er „Bei der Sparkasse" und erlebt daraufhin eine Stadtrundfahrt, da die Polizisten jede Filiale abklappern müssen und als Antwort auf ihre Frage „Ist es die?" ein lachendes „Nein" erhalten – weil es eben so viele Filialen der Sparkasse gibt.
In zehn Jahren könnte man mit einem solchen Spot keine Werbung mehr machen. Warum? Weil es dann nicht mehr so viele Filialen geben wird.
Heute findet man in Großstädten fast an jeder Straßenkreuzung ein Geldinstitut, und sogar in Kleinstädten ist fast jede Bank mit einer Filiale vertreten. In der mobilen Informationsgesellschaft wird sich das dichte Bankennetz sehr stark lichten. Vermutlich wird jede Bankengruppe auf lange Sicht etwa 50 Prozent ihrer Filialen schließen. Oder gar noch mehr. Computer Banking, vor allem aber Handy Banking wird sich durchsetzen.
Beim Mobile Banking haben die Netzbetreiber zu Beginn eine Randgruppe bedient, den Massenmarkt hat man ausgespart. Als im Herbst 1999 die ersten Netzbetreiber wie etwa die Swiss-

COM ankündigten, Aktienhandel per Handy zu ermöglichen, sorgte das in der Börsenwelt für Ahas und Ohos, aber für mehr schon nicht.

Mit einem WAP-Handy kann man sich die wichtigen Kursinformationen besorgen. Doch echtes Mobile Banking ist mehr als Börsenkurse, Devisenmarkt oder Aktienhandel. Mobile Banking bedeutet, jedem Kunden eine Bank in die Hand zu drücken, das Handy jedes Kunden in eine virtuelle Bank umzufunktionieren. Das System muß so gut, so sicher und so einfach zu handhaben sein, daß Kunden ihr Geldinstitut gar nicht mehr aufsuchen wollen. Praktisch, easy und mobil.

Für eine Überweisung muß schon heute niemand mehr in eine Filiale marschieren. Home Banking, Sofa Banking oder wie auch immer die verschiedenen Varianten des Internet Banking genannt werden, machen's möglich. Seit Anfang 2000 ist mit dem Handy-Internet WAP (Wireless Application Protocol) auch Handy Banking salonfähig geworden. Konnte man anfangs nur den Kontostand abrufen, so sind heute Überweisungen vom Handy aus kein Problem mehr. Und nicht nur das.

In der mobilen Informationsgesellschaft wird Joe seine digitale Assistentin Mary beauftragen, seine Bankgeschäfte zu erledigen: „Mary, bitte rufe die Aktienkurse ab. Wie steht CHINA-ONLINE?" „Mary, wie hat sich der Kurs der TELEFONICA in den vergangenen Monaten entwickelt?" „Eröffne einen Dauerauftrag über 99 Euro an meinen Fitneß-Club."

Die digitalen Assistenten werden zu den Bankbeamten der Zukunft. Gerne werden in diesem Zusammenhang die Banken als Verlierer der mobilen Informationsgesellschaft gesehen. Wer Filialen zusperren muß, scheint auf den ersten Blick wirklich als Verlierer dazustehen. Doch die Banken an sich sind die eigentlichen Gewinner dabei, weil sie auf elegante Art und mit dem Argument des technischen Fortschritts gesundschrumpfen, ihre Betriebskosten reduzieren können. Die wahren Verlierer sind die Bankangestellten, da in diesem Bereich viele Jobs frei werden. Logisch, denn kaum gibt es weniger Filialen, braucht man auch weniger Mitarbeiter. Freilich wird es weiterhin persönliche Betreuung geben: in größeren Hauptfilialen. Kredite, Leasingangebote werden auch in der mobilen Informationsgesellschaft persönlich vergeben. Obwohl theoretisch auch das nicht notwendig wäre, denn in einer Gesellschaft, in der der gesamte Geldverkehr durch eCommerce und mCommerce elektronisch abläuft, in der genau mitgespeichert ist, wo wieviel Geld wofür ausgegeben wird, weiß man über die finanzielle Situation bestens Bescheid. Aber auf die Beratung wird man in diesem Sektor wohl für eine lange Zeit nicht verzichten wollen, dafür gibt es zu viele Kreditvarianten, und auch punkto Zinssatz verhandelt man mit dem Betreuer lieber persönlich.

In Zeiten des Euro fällt – zumindest im Großteil von Europa – das Geldwechselproblem weg. Es ist überhaupt fraglich, ob die Menschen in der mobilen Informationsgesellschaft noch Bargeld benötigen, wenn sie in bestimmte Länder reisen. Wer heute in die Vereinigten Staaten reist, braucht genau genommen kein Cash mehr. In allen Geschäften kann man mit der Kreditkarte zahlen. Man holt im Taxi genauso die Kreditkarte hervor wie im Supermarkt oder in der Trafik. In der mobilen Informationsgesellschaft kann man überall auf der Welt aber auch per Bankkarte zahlen.

Wie das geht, haben FRANCE TELECOM und MOTOROLA mit ihrer Karte ITIACHAT demonstriert. Im Juli 1999 wurde mit dem Testlauf gestartet. Wer in der französischen Ausgabe von AMAZON.COM, nämlich WWW.ALAPAGE.COM ein Buch bestellt, kann zwischen verschiedenen Zahlungsmethoden auswählen – Kreditkarten und ITIACHAT: Überweisung via Handy. Man klickt auf das Symbol für ITIACHAT, gibt seine Telefonnummer ein und bekommt die Zahlungsaufforderung als Textnachricht ins Mobiltelefon geschickt. Man schiebt eine Bankkarte ins Handy – ein MOTOROLA 7389e (MOTOROLA hat als erster sogenannte Dual-Slot-Handys auf den Markt gebracht) –, gibt einen PIN-Code ein und bestätigt den Kauf. Was auf nationaler Ebene mit Bankkarten funktioniert, klappt international mit jeder Kreditkarte. Die Franzosen sind überzeugt, daß diese Art des Zahlungsverkehrs, zumindest in Frankreich, eine sogenannte Killerapplikation ist, eine Anwendung, die vom Großteil der Kunden als Sensation empfunden und auch verwendet wird. Denn bei dieser Zahlungsvariante ist es auch möglich, normale Debit-Karten, also Karten, auf denen im Chip Geld gespeichert ist, einzuschieben, womit auch anonyme Überweisungen getätigt werden können.

Überlegungen, die Bankkarte in den SIM-Karten-Chip zu integrieren, wurden zwar anfangs auch angestellt, haben sich aber in Tests nicht durchgesetzt. Die Menschen haben noch Angst, wenn auf einer einzigen Karte alle Funktionen integriert sind – theoretisch könnten auch persönliche Daten wie Reisepaß, Führerschein etc. darauf gespeichert sein. Verliert man aber diese eine Karte, so ist alles auf einmal weg.

Mobile Paying wird dazu führen, daß auch die Kreditkarten Konkurrenz bekommen und ihr Disagio neu überdenken müssen. Die prozentuelle Beteiligung an jedem Umsatz, den ein Händler, Hotelier etc. macht, sorgt schon seit geraumer Zeit für Diskussionen. Wenn eine Bank nun den Kunden anbietet, bequem mit Bankkarte und Handy zahlen zu können, und das weltweit, sind Kreditkarten nicht mehr notwendig. Und vermutlich werden Banken ähnliche Konditionen anbieten wie Kreditkartengesellschaften – spätere Abbuchung, Ratenzahlungen etc.

Das Handy wird eCommerce, vor allem aber mCommerce zum Durchbruch verhelfen, da mobil sichere Transaktionen durchgeführt werden können.

Einen kleinen Rückschlag in Sachen eCommerce gab es in Österreich. Im Juni 2000 ist hier ein Gesetz in Kraft getreten, das zwar an die Konsumenten denkt, nicht aber an die Händler und in der weiteren Folge an eCommerce. Im sogenannten FERNABSATZGESETZ ist geregelt, daß ein Konsument von jedem Deal, der über Telefax, Internet und Teleshopping abgewickelt wird, zurücktreten kann, wenn es sich um eine ungewollte Bestellung handelt. Denn ein Problem beim Handel im Internet wurde offensichtlich. Da beim Bezahlen nur die Eingabe der

Kreditkartennummer und des Ablaufdatums genügt, kam es oft zu ungewollten Abbuchungen, zu Kreditkartenmißbrauch. Jede zweite Beschwerde, die bei den Kreditkartengesellschaften einlangt, hat das Internet zum Inhalt. Und das, obwohl nur etwa zwei bis drei Prozent des Kreditkartenumsatzes im Internet, sprich durch eCommerce gemacht werden.
Als Ausweg schlugen die Kreditkartengesellschaften wie VISA oder MASTERCARD den Sicherheitsstandard SET vor, doch muß bei dieser Variante erstens der Computeruser ein Spezialprogramm installieren, und zweitens bieten nur wenige Händler SET (Secure Electronic Transaction) an.
Mobile Paying ist eine Variante, die sich, da in einigen Jahren so gut wie jeder ein Handy besitzt, durchsetzen wird. In der gesamten Gesellschaft.

Bargeld wird aussterben

Mary kennt kein Bargeld. Kennt keine Münzen, keine Geldscheine. In ihrer Cyberwelt wird mit Cybercash bezahlt, mit elektronischem Geld. Geld begegnet sie nur, wenn sie ihren Suchmodus aktiviert und Abbildungen von Geldscheinen und Münzen in den Archiven findet.
In der mobilen Informationsgesellschaft wird langsam das Ende des Bargelds eingeläutet. Wenn das Handy zur Geldbörse wird, wenn im Handy eCash gespeichert ist beziehungsweise man beim Bezahlen im Supermarkt oder im Restaurant einfach das Handy zückt und Mary befiehlt: „Begleich bitte die Rechnung" oder Mary eine Online-Verbindung zur Bank herstellt – immer ist eCash im Spiel. Bargeld ist nicht mehr notwendig.
Alle, die diese Entwicklung bezweifeln, sollten die Geschichte des Zahlungsverkehrs betrachten. Früher zahlte man mit verschiedenen Muscheln, Steinen, Glas, Perlen, Gold und Silber. Irgendwann einigte man sich, Münzen zu prägen, danach auch Geldscheine zu drucken. Nun hat jedes Land seine eigenen Münzen, seine eigenen Geldscheine – sogar beim europäischen

Euro darf jedes der Mitgliedsländer die Rückseite einer Münze nach eigenem Geschmack entwerfen.
Im digitalen Zeitalter wurde erstmals eine einheitliche Währung geschaffen, eine, die aus vielen Nullen und vielen Einsen besteht: Cybergeld - eCash. Jetzt wird Geld, wie wir es kennen und täglich verwenden, noch in eCash umgewechselt, in einigen Jahrzehnten könnte es eine weltweit einheitliche Währung geben. Die einzige Gegenströmung erzeugen jene, die befürchten, daß sie mit dem Verlust des Bargelds auch ihre eigene kulturelle Identität verlieren.
In den Vereinigten Staaten, aber auch schon in einigen europäischen Ländern kann man ohne Bargeld verreisen, da man in so gut wie allen Geschäften mit Kreditkarte bezahlen kann. Europa hängt diesbezüglich ein wenig hinten nach, vor allem aufgrund der Provisionen, die die Händler den Kreditkartengesellschaften zahlen müssen. In der mobilen Informationsgesellschaft kommt man gänzlich ohne Bargeld aus.
Die Zukunft ist heute im Ansatz schon erkennbar. Die Schweizer SWISSCOM ermöglicht SWISSAIR-Kunden nicht nur online einzuchecken, sondern auch das Ticket online zu kaufen. Ein ähnliches Projekt gibt es in Österreich bereits mit dem ETICKET der ÖBB und dem CIN-ETICKET für die Constantin-Film-Kinos. Das Ticket, das man per WAP oder SMS bestellt, ist ein Zahlencode, den man ins Handy geschickt bekommt und dem Schaffner oder bei der Kinokasse vorzeigt. Abgerechnet wird der Fahrpreis auf der nächsten Telefonrechnung. Bargeld? Braucht man nicht. Das finnische Mobilfunkunternehmen SONERA (www.sonera.fi) hat eine eigene „Mobile Pay-Divison" gebildet.
SONERA hat Verfahren entwickelt, bei denen man mit dem Handy nicht nur bei Tankstellen, Garagen und Autowaschstraßen, sondern auch bei Getränkeautomaten zahlen kann. Mit dem Mobiltelefon können sich Golfer Bälle bei Golfballautomaten kaufen, funktionieren Kopier-Apparate und auch Parkometer. In Stockholm und Göteborg wird dieses System bereits getestet. Autofahrer stellen sich auf einen Parkplatz, wählen eine

Nummer, geben ihr Autokennzeichen an und wählen die Nummer wieder an, wenn sie den Parkplatz verlassen.
Dieselben Ziele verfolgen auch SIEMENS, der norwegische Betreiber NETCOM (www.netcom.no) und der Getränkehersteller RINGES mit ihrem Pilotprojekt in Oslo. Getränkeautomaten spucken Erfrischungen aus, wenn man eine bestimmte Nummer anwählt. Das Münzfach des Automaten wurde durch ein handelsübliches Mobilfunkmodul M20 von SIEMENS ausgetauscht. Abgebucht wird über die Telefonrechnung.
Ein ähnliches Projekt hat der finnische Betreiber RADIOLINJA bereits 1998 durchgeführt. Das Besondere an dem norwegischen Versuch ist jedoch, daß das System sowohl bei Vertragskunden eines Netzbetreibers als auch bei Prepaid-Kunden funktioniert. Sogar ausländische Handy-User erhalten Getränke an den Automaten. Daß der Automat selbständig den Service-Techniker rufen kann, wenn Probleme bei der Kühlung auftreten oder eine Getränkeart nachgefüllt werden muß, ist technische Draufgabe. Mit dem erfolgreichen Pilotprojekt will man etwa Lebensmittelherstellern und auch Verkehrsbetrieben zeigen, was möglich ist.
Eine andere Variante des bargeldlosen Zahlungsverkehrs wird in Deutschland ausprobiert. Die DEUTSCHE BANK, die Anfang 2000 50 Prozent des Frankfurter Unternehmens PAYBOX.NET übernommen hat, kündigte kurz nach der Übernahme an, noch im Sommer 2000 das erste massenfähige Zahlungssystem für Mobiltelefone auf den Markt zu bringen.
Beim Bezahlen mit PAYBOX erhält der Käufer unmittelbar nach dem Kauf auf seinem Mobiltelefon einen Anruf. PAYBOX teilt dann den Betrag und den Zahlungsempfänger mit, und der Käufer bestätigt den Deal durch die Eingabe eines vierstelligen PIN-Codes. Die Zahlung selbst wird über die DEUTSCHE BANK abgewickelt.
Mit dem PAYBOX-System sind praktisch alle deutschen Handy-User über Nacht im Besitze der vorher erwähnten virtuellen Bank. 100.000 Kunden werden, so die DEUTSCHE BANK, das PAYBOX-Zahlungssystem verwenden.

Bargeldloses Bezahlen hat auch noch eine zweite Auswirkung: Kinokarten, Fahrscheine, Flugtickets, Straßenbahn- und U-Bahn-Tickets, Gutscheine im Lebensmittelhandel, Essensbons in ihrer papierenen Form werden in der mobilen Informationsgesellschaft langsam aussterben, werden nicht nur durch elektronische Tickets (eTickets), die sich im Handy befinden beziehungsweise ins Handy geschickt werden, ersetzt, sondern der digitale Assistent wird auch die persönlichen Daten der Kreditkarte, des Führerscheins, des Personalausweises, Reisepasses, Krankenscheins, Informationen des Vielfliegerprogramms etc. verwalten.

Bargeld wird obsolet. Die Geldbörse der Zukunft besteht aus Handy und Plastikkarten. Zigaretten und Getränke kauft man sich per Handy am Automaten. In Restaurants und Cafés zahlt man per Kreditkarte. Die steckt man ins Handy und leitet damit die Transaktion ein. Bargeld, Reisen, Tanken – alles wird elektronisch bezahlt. Für Bettler und Obdachlose beginnt gleichzeitig mit der mobilen Informationsgesellschaft eine schwierige Zeit, denn ihre Frage „Hast du Kleingeld für mich?“ werden sie so nicht mehr stellen können. Aber vielleicht sind sie auch mit einem alten Prepaid-Handy ausgestattet und formulieren die Frage etwa so: „Kannst du mir ein paar eCash-Münzen überweisen?“

In der mobilen Informationsgesellschaft wird Geld aus Nullen und Einsen, aus Bits und Bytes bestehen. Schon jetzt werden Rechnungen immer öfter in elektronischer Form zugestellt. Im Jahr 2005, so prognostiziert das Marktforschungsunternehmen Ovum (www.ovum.com), wird die europäische Wirtschaft 5,7 Milliarden Rechnungen über Datennetze verschicken. In Deutschland und Österreich soll bereits mehr als jede dritte Rechnung (37 Prozent) elektronisch fakturiert sein.

Digitale Rechnungen sind im Trend, wie die Zuwachsraten zeigen. Waren es 1999 in ganz Europa lediglich zwei Millionen Rechnungen, so werden es 2000 bereits 40 Millionen sein. Erlagscheine, Rechnungen, Zahlungsaufforderungen werden in der mobilen Informationsgesellschaft nur noch in digitaler

Form zugestellt. Der Erlagschein stirbt ebenso aus wie die Kopie einer Rechnung. Wenn sich schon nicht das papierlose Büro durchsetzt, dann wenigstens der papierlose Bankverkehr.
Aussterben wird das Bargeld aber nur für jene, die Teil der mobilen Informationsgesellschaft sind, die sich von physischem Papier und Metall trennen können. Das Ende des Bargelds wird in den industrialisierten Staaten zuerst beginnen – Europa gefolgt von den USA. Ganz werden wir dennoch nicht vergessen, wie sich Münzen und Scheine anfühlen, denn für Reisen in bestimmte Länder werden wir sie immer noch brauchen. Sei es für eine Trekkingtour nach Nepal, eine Elefanten-Safari durch Sri Lanka oder einen Abenteuer-Trip durch das noch internetskeptische China – ohne Bargeld, ohne Dollar wird es hier noch nicht gehen.

Cybermoney, digitale Zahlungsmodalitäten werden das Bargeld vollständig ersetzen, ein paralleles Nebeneinanderbestehen wird es nur in einer Übergangszeit geben.

Das Handy als Zahlungsmittel

Wenn Joe künftig mit seinem Handy bezahlt beziehungsweise wenn Mary die Transaktionen einleitet, wird Joe seiner digitalen Assistentin völlig vertrauen können. Schon bei der CEBIT 2000 hat NOKIA gemeinsam mit dem niederländischen Telekommunikationsunternehmen KPN eine sichere und verschlüsselte Zahlungsmethode für WAP-Handys präsentiert. Auch mobile Zahlungstransaktionen mit einer VISA-Karte und der SET-Technologie wurden demonstriert. NOKIA, VISA und die MERITANORDBANKEN zeigten, was in der mobilen Informationsgesellschaft alltäglich sein wird. Joe wird mit Mary in ein Geschäft gehen, Produkte auswählen und mit seinem Handy bezahlen. Entweder, weil über die von ERICSSON entwickelte BLUETOOTH-

Technologie eine Online-Verbindung zur Bank, übers Internet eine auf das eigene Homebanking-Konto oder weil vom Handy per Infrarot eine Verbindung zur Kasse hergestellt wird. Auf Knopfdruck wird das Geld vom Handy, das auf einer Karte gespeichert ist, in die Kassa übertragen.

Sicherheit ist in Zeiten des mCommerce das wichtigste Argument von allen. Nur wenn der Kunde sich autorisieren kann, seine digitale Unterschrift einsetzt und sicher sein kann, daß die Transaktion safe abläuft und nicht mehr verfälscht werden kann, wird sich Mobile Paying durchsetzen.

Die Kreditkartengesellschaften haben erkannt, daß das Mobiltelefon eine Konkurrenz ist, die zu ihrem Ende führen könnte. Wer mit Handy via Online Banking bezahlen kann, braucht eigentlich keine Kreditkarte mehr. Wenn Mary für Joe, egal wo auf der Welt er sich gerade befindet, die Verbindung zu dessen Online-Bankkonto herstellen kann, sind Kreditkarten nicht mehr vonnöten. Wohl auch aus diesem Grund beteiligen sich die Kreditkartengesellschaften wie VISA & Co sehr emsig an mCommerce. VISA INTERNATIONAL, die weltweit größte Kreditkartengesellschaft mit mehr als einer Milliarde Kunden weltweit, hat im Februar 2000 mit NOKIA ein Abkommen geschlossen, „mobile Zahlungssysteme" zu entwickeln. Diese beinhalten auch „technische Zahlungsalternativen". Im Klartext: Terminals, mit denen die Kunden per Handy kommunizieren können. Ein Meilenstein im Mobile Paying, denn zum einen werden die Kunden erstmals eine Überweisung selbst in die Hand nehmen können, zum anderen auch eine große Herausforderung für jene Firmen, die derartige Terminals bauen bzw. umrüsten.

Erst wenn die Kunden mit Handy im Internet kaufen können, werden im eCommerce jene Erfolge erzielt, die von den großen Marktforschern wie FORRESTER RESEARCH (www.forrester.com), GARTNER GROUP (www.gartner.com) etc. für die kommenden Jahre prognostiziert werden. Der Erfolg von eCommerce steht und fällt mit den Mobile Paying-Systemen. Das Handy der Zukunft wird für die Menschen so wichtig werden wie Vitamine. Bereits

2003 werden mehr Menschen ein Handy besitzen als einen Computer. Zu einer Zeit, in der man mit dem Handy den vollen Zugang ins Internet hat, also echte HTML- oder XML-Seiten abrufen und daher auch sämtliche Online-Shopping-Angebote nutzen kann, will man mit seinem persönlichen Terminal, mit seinem digitalen Assistenten, auch einkaufen und bezahlen.
MOTOROLA, NOKIA UND ERICSSON haben im April 2000 angekündigt, einen gemeinsamen offenen Standard für sichere Geldtransaktionen für das Mobile eCommerce zu entwickeln. Gleichzeitig haben diese drei größten Handy-Hersteller der Welt auch alle anderen Vertreter der Telekommunikations- und IT-Branche sowie der Finanzwelt eingeladen, bei der Entwicklung sicherer Zahlungssysteme mitzutun. Ein weiser Entschluß, denn in der mobilen Informationsgesellschaft werden nur dann Erfolge erzielt, wenn gemeinsam an Lösungen gearbeitet wird. Wenn durch gemeinsame Standards ein einheitliches System geschaffen wird. Die Menschen wollen einheitliche Standards. Durch die Kooperation zwischen zwei europäischen und einem amerikanischen Unternehmen könnte erstmals ein weltumspannendes einheitliches System entstehen. Das hat man in der Vergangenheit erst zweimal geschafft – mit der Festnetz-Telefonie und mit dem Internet. Beide „Systeme" funktionieren überall auf der Welt. Man kann von überall ins Internet, kann praktisch jedes Festnetz-Telefon dieser Welt anwählen.
Die Trennung, die es mit dem Beginn des Mobilfunks gegeben hat, wird in der mobilen Informationsgesellschaft wieder beseitigt. Mit einem Handy ist man überall auf der Welt unter einer Nummer erreichbar. Von überall aus kann man seine Geldtransaktionen durchführen. Ortsunabhängigkeit und Mobilität werden der Garant für den Erfolg von Mobile Electronic Banking und Mobile Electronic Paying sein.
Telefon Banking wird neben Online- und Home Banking oft in einem Atemzug mit den neuen Zahlungsmethoden erwähnt. Doch Telefon Banking, wie es derzeit durchgeführt wird, ist schon aufgrund der Datensicherheit und möglicher Probleme

bei der Kommunikation mit dem Bankangestellten am anderen Ende der Leitung eine nicht ganz sichere Angelegenheit.
Bei Mobile Banking gibt es hohe Sicherheitsstandards. Zum einen werden sämtliche Daten, die vom Handy aus über den „Luftweg“ auf Reise geschickt werden, verschlüsselt, zum anderen kann man nur durch die Eingabe eines PIN-Codes (manchmal sogar einer von der Bank zugewiesenen Geheimzahl oder Transaktionsnummer), eine Transaktion veranlassen.

Die Grundvoraussetzung für Cybermoney und digitales Zahlen per Handy ist die Datensicherheit.

Gratis

Das Schlagwort der Zukunft

„Joe, es gibt ein neues Übersetzungsprogramm Spanisch-Deutsch."
„Was kostet es, Mary?"
„99 Euro."
„Dann lad es runter."
„Von welchem Konto soll ich es abbuchen lassen?"
„Vom Bankkonto."
„Joe, kann ich sonst noch was für dich tun?"
„Danke, Mary", sagt Joe und denkt: „Diesmal hab ich etwas für dich getan."

Mary braucht keine Kleider. Man muß sie nicht großartig zu einem exklusiven Candlelight-Dinner oder Gala-Abend ausführen, und Mary kann man nicht mit Schmuck und Blumen bei Laune halten. Hin und wieder ein kleines Software-Paket aus dem Internet, und sie ist wieder besser drauf, ist wieder „in" beziehungsweise up to date.
Mary sagt nicht nur, wann Frau, Kinder und Freunde Geburtstag haben, sondern ist so unverschämt und macht Joe selbst auf ihre Bedürfnisse aufmerksam: „Joe, es gibt ein neues Update des RealPlayer – darf ich es runterladen?" Das ist das Schöne an Mary. Sie sagt ihm unverblümt, wenn es was gibt, was ihr guttun würde: die neueste Version eines Terminorganisationsprogramms, einer Kommunikationssoftware oder etwas Ähnliches. Immerhin kommt letztlich alles, was Mary gern hat, auch Joe zugute.
Mary ist zwar eine genügsame Begleiterin, doch was kostet all das, was sie mit ihrer neuesten Software für Joe so in der wei-

ten Welt des Internet aufstöbert? Wie teuer wird Kommunikation im mobilen Informationszeitalter sein?
Ab dem Jahr 2010 könnte, so die sehr wagemutigen Visionen mancher Experten, Sprachtelefonie fast nichts mehr kosten oder gratis sein. Denn zum Telefonieren werden die Menschen das Handy dann am wenigsten verwenden. Die Menschen werden diverse Services nutzen, werden die Möglichkeiten des mobilen Informationszeitalters voll ausschöpfen. Dafür fallen Kosten an. Wer sich Daten aus dem Internet besorgt, Verkehrsinformationen, Spiele, die aktuellsten TV-Nachrichten und Videos, wer per digitalem Assistenten Banking abwickelt, einkauft und zahlt, wird für diese Services entweder monatlich fixe Tarife oder je nach Datenumfang zahlen müssen.
Warum das Telefonieren, wie wir es seit Jahrzehnten gewohnt sind, sehr günstig sein wird, ist einfach erklärt. Wenn man das leistungsstarke UMTS-Netz mit einer 12spurigen Autobahn vergleicht, so „fahren" die Services wie Handy Banking, Video-Empfang etc. jeweils auf einer Fahrspur und müssen „Maut" bezahlen – Roadpricing im Multimedia-Zeitalter sozusagen. Die Sprache fährt auf dem Fahrradweg dahin – und der ist kostenlos. In der „Erhaltung" läuft er ohnehin mit den 12 Fahrspuren mit. Anders formuliert. Die „Maut" für die Autobahn ist ohnehin so hoch, daß man für den Fahrradweg nichts einheben muß. Und da die Netzbetreiber überzeugt sind, daß die Kunden vor allem die Services nutzen werden, können beruhigt Gratis-Gesprächsgebühren angeboten werden.
GRATIS könnte wohl eines der Schlagworte der Zukunft werden. Schon jetzt überbieten, pardon, unterbieten einander die europäischen Mobilfunkbetreiber bei den Tarifen. Und auch bei den Handy-Preisen. Man erinnere sich an jene Zeiten zurück, in denen die ersten Mobiltelefone auf den Markt kamen. Vor zehn Jahren noch mußte man sich ein Handy zu Preisen kaufen, für die man heute zwei oder gar drei Stück erwerben könnte. Heute bekommt man die Mobiltelefone gratis, wenn man sich bei einem Netzbetreiber anmeldet, oder zahlt gar keine Grundgebühr, wie bei Wertkarten-Handys.

Wie teuer waren doch vor zehn Jahren die Gesprächsminuten. Logisch, denn der Markt war klein, der Mobilfunk einer elitären Schicht vorbehalten, die gerne bereit war, mehr für eine Minute zu bezahlen. Doch mit dem Massenmarkt wurden, sprich, mußten auch die Tarife gesenkt werden. Und durch die vielen neuen Anbieter sinken auch diese Tarife ständig weiter. Konkurrenz belebt das Geschäft. Bei den Business-Tarifen ist man bei den Kosten für eine Gesprächsminute bereits bei weniger als einem Schilling bzw. 15 Pfennig angelangt.
Beim sogenannten VirtuellPrivateNetwork (VPN) gibt es schon jetzt Angebote, bei denen ein Unternehmen, das seine Mitarbeiter mit Handys ausstattet, für Gespräche zwischen diesen Mobiltelefonen einerseits und Anrufen in die Firma andererseits nichts zahlen muß. Der Trend in die Billig-Telefonie geht schon seit ein, zwei Jahren in diese Richtung.
Da sich neue Mobilfunkteilnehmer nicht mehr in dieser großen Zahl und so rasch finden, weil es jetzt um jene Gruppe geht, die der Technik am skeptischsten eingestellt ist, um die vorhin bereits erwähnten Handy-Verweigerer, werden die Netzbetreiber in Zukunft versuchen, Teilnehmer der anderen Konkurrenten abzuwerben. Wie? Mit günstigen Gesprächsminuten und mit Services, die den Menschen das Leben erleichtern.
Wer hat sich noch nicht gefragt, warum Handys wenig oder gar nichts mehr kosten? Einem Netzbetreiber ist es im Schnitt etwa 290 Euro wert, einen Kunden zu lukrieren. Er investiert diese 290 Euro mit dem Hintergedanken, daß der neue Kunde ihm erhalten bleibt, viel telefoniert oder viele Services nutzt. Je nach Vertragsdauer kommen die investierten 290 Euro früher oder später wieder herein.
Banken agieren ähnlich. Ihnen sind Neukunden im Schnitt 730 Euro wert. Auch ihre Vorinvestitionen kommen wieder retour. Vielleicht sogar früher als bei den Mobilfunkbetreibern. Sie verdienen mit den Bankgebühren, mit Kontoauszügen, mit Transaktionskosten.
Das ist ein weiterer Grund, warum Sprachtelefonie in zehn Jahren sehr günstig oder sogar gratis sein könnte. Jeder Netz-

betreiber wird, überall in Europa, mit Banken Konsortien bilden. Nur mit einer Banklizenz darf der Netzbetreiber auch – lukrative – Bankgeschäfte anbieten. Netzbetreiber könnten – theoretisch – auch um eine eigene Banklizenz ansuchen, doch sind Konsortien mit einer der vielen Privatbanken wohl die einfachere Lösung, da man sich auf diese Art den Behördenlauf durch die nationalen als auch EU-Instanzen erspart.
Mit einem dritten Partner ist man dann voll und ganz für das mobile Informationszeitalter gewappnet: einem Internet-Anbieter. Auch Internet-Provider haben ein gewisses Marketing-Budget, das sie in Kunden investieren, um sie online zu halten.
Wachsen diese drei „Branchen" zusammen, wird sich auch das „Werbebudget" für Neukunden erhöhen. Jemand, der Kunde bei einem Mobilfunkbetreiber sein möchte, wird gleichzeitig auch Kunde bei einem Internet-Provider und bei der Mobilfunkbetreiber-Bank. Dieser Handynetz-Provider-Bank wird der Kunde dann nicht 290 oder 730 Euro wert sein, sondern 1.000 Euro oder noch mehr. Frei nach dem Motto: Lassen wir unsere Kunden gratis oder günstigst telefonieren. Geld verdienen wir ohnehin mit den Services und den Transaktionen.
Schon heute gibt es Packages, die ein Gratis-Handy samt Anmeldegebühr, einen Gesprächsgutschein und vielleicht noch eine Freisprecheinrichtung oder auch eine Uhr enthalten. Künftig wird ein Package ein Gratis-Internethandy, einen Gratis-Zugang ins Mobilfunk- und Internet-Netz enthalten, eine Freisprecheinrichtung und vielleicht auch kostenloses Telefonieren.

Die All-Inclusive-Gesellschaft

Es ist einfach, die Kosten sind berechenbar, und man weiß, was einen erwartet. Bei den Reisen liegen All-Inclusive-Urlaube im Trend, sind der große Renner. Man kann essen, trinken, soviel man will, und weiß, daß maximal für Souvenirs noch einige Ausgaben einkalkuliert werden müssen.

Wir sind auf dem besten Weg, eine All-Inclusive-Gesellschaft zu werden, denn auch in der mobilen Informationsgesellschaft wird uns „all inclusive" auf Schritt und Tritt begleiten. Nur wird man nicht von „all inclusive" reden, sondern von Flatrate, von Einheitstarifen, von Pauschalen, die vieles enthalten werden: Grundgebühren, Services, Dienste etc. Die Menschen wollen solche Zahlungsmodelle, Leistungspakete. An den Start sind die europäischen Netzbetreiber bereits Anfang 2000 mit derartigen Einheitsangeboten gegangen. Eine pauschale Grundgebühr, die nicht nur jene für das Handy beinhaltet, sondern auch die des Festnetzanschlusses und des Internetzugangs, Flatrates oder bundled Tarife, wie sie genannt werden, werden in einigen Jahren zum Alltag gehören.
Ein Beweis dafür sind die vielen Internet-Flatrate-Tarife: WWW-Zugang zum Preis einer monatlich fixen Grundgebühr, in der nicht nur die Providergebühr, sondern auch die Online-Kosten enthalten sind. Der Kunde hat fix in sein Monatsbudget einberechenbare Kosten. Transparenz, die die Kunden wollen und mit denen Netzbetreiber punkten werden.
Hauptaugenmerk beim Geldverdienen wird künftig auf eCommerce, besser gesagt auf mCommerce gelegt. Man geht davon aus, daß immer mehr Menschen im Internet einkaufen, online shoppen werden. Kunden werden aber nicht nur mit ihrem Handy im Internet einkaufen, sie werden auch an der Supermarkt-Kassa bezahlen und mit dem digitalen Assistenten Überweisungen durchführen, wie es ja heute schon mit Handy Banking möglich ist. Bei allen Transaktionen fallen kleine Gebühren an, die in der Summe der Netzbetreiber-Bank Einnahmen bringen.
Das heißt wiederum, daß in etwa zwei Jahren aus jedem einzelnen Mobiltelefon, aus jedem digitalen Assistenten – auch aus Mary – eine virtuelle Bank wird. Firmen, bei denen man einkauft, ob Baumarkt, Versandhaus oder Sportartikelgeschäft, werden ihre Erlagscheine (in elektronischer Form) an den Netzbetreiber schicken, der sie via hauseigener Bank an den Kunden weitersendet. Ein Kunde wie Joe wird dann von seiner

digitalen Assistentin Mary informiert, daß auf dem Konto der Handy-Bank fünf Zahlungsaufforderungen gespeichert sind. Joe kann dann die Überweisung durch Knopfdruck tätigen – zum letztmöglichen Termin, denn Mary weiß über die Fristen genau Bescheid. Nie wieder Mahnspesen!
Der Gang in die Filiale der eigenen Hausbank ist in einigen Jahren deshalb nicht mehr notwendig. Die Arbeit übernimmt ohnehin der Netzbetreiber, denn seine Handy-Bank kooperiert mit der Hausbank.
Netzbetreiber wie etwa der österreichische Betreiber One sind überzeugt, daß es bei den Banken keine Exklusivität geben wird. Daß nicht ein Betreiber mit einer Bank, sondern mit vielen Geldinstituten zusammenarbeiten wird. Bei Exklusivverträgen müßte ja jeder Kunde entweder die Bank oder den Betreiber wechseln, was alles andere als konsumentenfreundlich wäre.
Doch die mobile Informationsgesellschaft bringt nicht nur den Kunden Vorteile, sondern auch der Handynetz-Provider-Bank. Was gibt es Schöneres für eine Bank beziehungsweise einen Netzbetreiber, als über die finanzielle Situation eines Kunden derart genau Bescheid zu wissen? Da beide ein Team sind, verfügen sie über exakte Bonitäts-Informationen.
Prognosen der Handy-Hersteller, daß es etwa 2003 eine hundertprozentige Penetration bei den Handy-Usern geben wird – manche glauben ja, wie bereits erwähnt, sogar an eine 300- oder gar 500prozentige Penetration –, betrachten manche mit Skepsis. Jeder Bürger ein Besitzer eines Mobiltelefons – das ist für viele unvorstellbar. Ist es auch tatsächlich, aber mit der hundertprozentigen Penetration ist die Verteilung von SIM-Karten auf die Gesamtbevölkerung gemeint. 80 Millionen SIM-Karten in einem Land wie Deutschland bedeuten zwar rein rechnerisch, daß jeder deutsche Bürger ein Handy benützt, tatsächlich ist es aber so, daß viele mehrere Handys, sprich, mehrere SIM-Karten besitzen. Und hier schließt sich wieder der Kreis zu den günstigen beziehungsweise Gratis-Telefongebühren. Netzbetreiber werden auch Geld mit dem Verkauf von

Multi-SIM-Karten verdienen. Eine Nummer, aber mehrere SIM-Karten. Eine steckt in der Freisprecheinrichtung des Autos, eine im Laptop, eine im Business-, eine im Privat-Handy und eine in der elektronischen Hauszentrale. An diese sind verschiedene elektronische Geräte angeschlossen, die mit dem Besitzer kommunizieren und ihn informieren, wenn im Haus etwas nicht in Ordnung ist.

Fünf Karten, für jede muß man eine Grundgebühr zahlen, aber durch diese Multi-SIM-Karten wird die Mobilität um noch einen Aspekt reicher – in diesem Fall Mobilität hoch fünf. Für diese neue Mobilität muß man mehr bezahlen. Wer die Annehmlichkeiten des Mobilfunks von morgen nutzen will, dem muß es was wert sein. Alle, denen ihre Mobilität ausreicht, werden mit weniger Geld ihr Auslangen finden.

Sprachtelefonie wird zwar nichts kosten, dafür aber das Surfen im Auto, denn bei einem Auto mit Internetanschluß beispielsweise wird eine Art Provider-Gebühr fällig. In den USA geht man bereits davon aus, daß pro Auto im Monat zwischen sieben und 75 Dollar Online-Kosten anfallen könnten. Das wiederum bedeutet, daß die Netzbetreiber mit Providern enge Kooperationen eingehen werden.

Einkaufen

Kaufhäuser werden „Adventure Markets"

„Joe, ich bekomme soeben eine Meldung, daß dein Lieblingsmüsli im Sonderangebot ist."
„Danke, Mary. Kannst du bitte auch nachschauen, welches Bier im Sonderangebot ist und wie viele Käsesorten es unter 30 Prozent Fett gibt?"
„Im Angebot ist Gösser, Diebels Weisses. 60 Cent die Flasche. Es gibt 22 Käsesorten. Willst Du noch etwas wissen, Joe?"
„Nein danke, Mary. Aber informiere mich über neue Schlagzeilen."

Mit Mary geht Joe gern einkaufen. Sie weiß nicht nur, was Joe braucht – weil Mary ja auch mit dem Kühlschrank zu Hause plaudert und seinen Inhalt kennt –, sie informiert ihn auch dann, wenn es im Supermarkt Sonderangebote gibt, die ihn interessieren könnten.
Joe geht zwar nicht oft einkaufen, denn meistens bestellt er seine Lebensmittel online – besser gesagt, Mary hat den Auftrag, sie online zu ordern –, doch alle paar Wochen läßt er es sich nicht nehmen, in einem der noch verbliebenen Supermärkte, die „Adventure-Markets" genannt werden, selbst einzukaufen.
Auch in der mobilen Informationsgesellschaft werden die Kunden trotz eCommerce und mCommerce weiterhin in Geschäften einkaufen können, wobei sich allerdings zum einen die Anzahl verringern wird, zum anderen einige Geschäfte zu Schauräumen mutieren, wie es auch Visionäre wie NICHOLAS NEGROPONTE oder die Trendforscherin FAITH POPCORN erwarten.
Beim Einkaufen im Supermarkt wird das Handy der Zukunft eine wichtige Rolle übernehmen, nämlich, wie bereits im Kapi-

tel „Marketing“ erwähnt, die des Begleiters, der mit Informationen versorgt wird, sobald man das Geschäft betritt.
In die Supermärkte der Zukunft zieht zunehmend die Elektronik ein. Daß sogenannte Data-Mining-Programme genau analysieren, was Kunden wann und in welcher Kombination kaufen, ist seit Jahren schon Usus. Doch im Supermarkt der Zukunft werden die elektronischen Systeme mit den digitalen Assistenten plaudern, und zwar ohne, daß wir es merken.
Wenn wir den Supermarkt betreten, werden wir unser Handy auf dem Einkaufswagen befestigen. Beim Gang durch die Reihen des Geschäfts wird unser digitaler Assistent die Produktinformationen „auffangen“. Entweder scheinen diese Informationen im Display unseres Handys auf, oder unser digitaler Assistent wird uns sagen, um welches Produkt es sich handelt, wie teuer es ist, wo es produziert wurde und – bei Lebensmitteln – wie lange es haltbar ist.
Die optische Variante wird in Hamburg bereits getestet. In einem Outlet in Hamburg-Altona wurden 1999 insgesamt 450 Einkaufswagen mit kleinen 20 mal 5 Zentimeter großen Displays bestückt. Via Bildschirm wird der „Fahrer“ auf Sonderangebote im Markt hingewiesen. Zwischen diesen Produktinformationen erhält er aktuelle Schlagzeilen und Sportnachrichten. Nach der Meldung eines Sonderangebots „Waschmittel XY um 4,99 Euro“ wird man mit Informationen wie etwa „Schumacher Trainingsbester in Monte Carlo“ versorgt.
„Vorstufen“ solcher Supermarkt-Infos gibt es bereits in Form von Konzernradios, wie es in Österreich der BILLA-REWE-KONZERN mit RADIO MAX vorexerziert. Die Kunden werden während ihrer Einkaufstour mit Nachrichten, Sonderangeboten oder kleinen Reportagen versorgt, die auf Bereiche wie etwa Wellness, gesunde Ernährung oder Kosmetik eingehen und in direktem Zusammenhang mit jenen Produkten stehen, die es gleich im Supermarkt zu kaufen gibt.
Kunden werden sich künftig frei entscheiden können, ob sie nun die Information in schriftlicher Form auf das Display geliefert bekommen oder von ihrem digitalen Assistenten aku-

stisch versorgt werden wollen. Auf Wunsch wird Mary Joe die Litanei der Inhaltsstoffe vorlesen. Denkbar ist auch, daß man eine „Sperre“ für genveränderte Produkte aktiviert. Anhand einer Liste von genmanipulierten Produkten, die sich Mary aus dem WWWW besorgt, wird sie Joe vor diesen Produkten warnen.

Was wie Zukunftsmusik klingt und für viele unwahrscheinlich erscheint, wird im deutschen Kiel bereits probiert. Der Einkaufswagen, mit dem Kunden im SKY-MARKT der CO OP Schleswig-Holstein einkaufen können, heißt WATSON. Die WATSONS von Kiel sind sehr freundliche Begleiter, sie begrüßen die Kunden mit einem „Guten Tag. Ich bin WATSON – Ihr Einkaufsbegleiter.“ Bei der Fahrt durch die Regalreihen weist WATSON auf besondere Angebote hin. Die Lautsprecher sind im Griff der Wagen eingebaut, die Information erhält WATSON von kleinen im Laden verteilten Infrarotsendeanlagen, die mit einem zentralen Computersystem kommunizieren.

So wie WATSON (www.lyrix-media.de) wird auch Mary mit Systemen reden. Etwa mit den elektronischen Preistafeln, mit denen die verschiedenen Produkte ausgeschildert sind. Denn die „altmodischen“, ausgedruckten Preistafeln, die heute mitunter für Verstimmung bei den Kunden sorgen, weil sie nicht mehr aktuell sind und an der Kasse ein anderer Preis als der auf dem Schild angegebene verrechnet wird, gehören dann der Vergangenheit an.

Der österreichische SPAR-Konzern läßt die sogenannte „elektronisch gesteuerte Regalpreisauszeichnung“ bereits seit Sommer 1998 in drei EUROSPAR-Märkten Probe laufen. Preisänderungen gelangen über das Computernetz der SPAR in das System von EUROSPAR. Von dort wird der Preis per Funk zum Regaletikett gesendet und automatisch geändert. Der Vorteil für Märkte besteht nicht nur darin, daß das zeitaufwendige Umstecken der Preisetiketten entfällt, auch der Druck der Etiketten läßt sich einsparen, und – was aufgrund der nahen Euro-Umstellung auch nicht vergessen werden sollte –, die Preise können doppelt ausgezeichnet werden.

Daß die elektronischen Preisschilder noch nicht überall verbreitet sind, obwohl sie ja bereits seit Jahren angeboten werden, hat reine Kostengründe. Ein einziges ELECTRONIC SHELF LABEL kostet etwa acht Euro. Bei der Produktpalette, die es derzeit in einem Supermarkt gibt, kämen auf die einzelnen Märkte gigantische Kosten zu. Erst in der mobilen Informationsgesellschaft, wenn Milliarden solcher Preisschilder benötigt werden, wird auch deren Preis sinken.
Mary wird mit den elektronischen Preistaferln kommunizieren und sich die gewünschten Informationen aus dem Supermarkt-System besorgen. Und Joe erfährt alles aus erster Hand. Aber nicht nur Joe, sondern auch seine Frau und Kinder daheim, wenn er wieder einmal nicht weiß, was er kaufen soll. Marys Auge, sprich die eingebaute Videokamera, kann das Bild aus dem Geschäft nach Hause übertragen. Bei Fragen wie „Soll ich dieses oder jenes Kleid kaufen?“ „Paßt diese oder jene Krawatte zum neuen Hemd?“ stellt Mary einfach eine Live-Verbindung her. In einer Boutique in Frankreich können die Menschen bereits via Webcam einkaufen. Eine Verkäuferin geht mit einer Webcam durch das Geschäft und übermittelt so den Online-Shoppern ein Bild des gewünschten Kleidungsstücks.
Wo Mary die Produkte findet, weiß sie, sobald sie das Geschäft betritt. Der Einkaufszettel ist in elektronischer Form gespeichert, vom Supermarktsystem weiß sie, wo sich die einzelnen Produkte befinden. Den idealen – da kürzesten – Weg kennt aber ohnehin das Computersystem des Geschäfts. IBM hat in den Vereinigten Staaten ein System im Test, mit dem jeder Kunde im Supermarkt verfolgt und dessen Wegstrecke analysiert wird. Das Softwareprogramm, das Kunden mittels Wärmesensoren verfolgt, wird FOOTPRINTS genannt. FOOTPRINTS hilft dabei, Produkte im Supermarkt noch besser zu positionieren, damit Kunden keine langen Wegstrecken zurücklegen müssen. Denn, so haben Untersuchungen ergeben, Märkte, in denen man gewünschte Waren leicht findet, werden als einkaufsfreundlich empfunden und öfter frequentiert als jene, in denen die Kunden unnötig weite Strecken zurücklegen müssen.

Mary ist auch eine hervorragende Haushaltsgehilfin, sie kann nicht nur Preise vergleichen, sie kann auch auf „Sonderangebots-Modus“ gestellt werden und von jeder Produktgattung das günstigste Lebensmittel auswählen. Das Handy wird uns künftig Einkaufsalternativen vorschlagen, wird, ohne daß wir wie jetzt lange danach suchen müssen, auf Knopfdruck oder auch automatisch sagen können, welches Produkt am billigsten, vor allem aber auch, welches im Verhältnis das günstigste ist, da sich ja die Inhaltsmengen oft unterscheiden.
Auch die Kassen der Zukunft werden sich ändern. Schon heute kann man in fast jedem Markt mit seiner Bankkarte zahlen. Bald wird man auch, wie bereits erwähnt, seine Rechnung per Handy bezahlen können. Und das wird auch in fernerer Zukunft so funktionieren. Ändern wird sich aber der Modus, wie die Kassiererin zum Rechnungsbetrag kommt. In einigen Jahren können sämtliche Produkte im Wagen liegenbleiben, der Rechnungsbetrag wird automatisch vom Einkaufswagen errechnet. Von jedem Produkt, das man in den Wagen legt, wird automatisch der Preis auf eine Rechnung gesetzt. Sobald man es aus dem Wagen nimmt, wird der Preis wieder abgezogen und die Summe korrigiert. An der Kasse muß dann der Betrag bezahlt werden, der auf dem Display auf dem Einkaufswagen oder auf dem Handy aufscheint.
Was wie Utopie klingt, wird bereits emsig ausgetüftelt. Die Idee, den Strichcode, sprich Barcode mit Informationen zu bestücken, ist ja nichts Neues. Schon NICHOLAS NEGROPONTE hat in seinem Buch TOTAL DIGITAL vor fast einem Jahrzehnt darauf hingewiesen, daß ein intelligenter Strichcode einem intelligenten Kühlschrank sagen kann, um welches Produkt es sich handelt und – NEGROPONTE verwendete als Beispiel Milch – wann das Ablaufdatum erreicht ist.
Wissenschafter entwickeln derzeit einen aufsprühbaren Computerchip, dessen Farbe mit Information angereichert werden kann. Solche Pläne lösen bei Skeptikern ebenso Kopfschütteln aus wie seinerzeit die Tatsache, daß auf dem Klebeband TIXO auch Informationen gespeichert werden können.

Nichts ist unmöglich. So, wie heute in den Gepäckzentralen der großen internationalen Flughäfen, sei es Frankfurt, London oder auch Wien, die Gepäcksortierung mittels Barcode funktioniert, werden künftig auch die Produkte im Supermarkt gescannt. Der Kassier muß aber die Produkte nicht mehr über den Strichcode-Scanner ziehen, es genügt, wenn die Lebensmittel durch einen kleinen Tunnel, vielleicht auf einem Förderband, fahren. Im Tunnel werden die Packungen gescannt beziehungsweise die Daten der intelligenten, aufgesprühten Computerchips in das Kassensystem übertragen.
Irgendwann einmal werden die Konsumenten mit dem ganzen Einkaufswagen durch einen Tunnel, ähnlich einem Metalldetektor auf einem Flughafen gehen können. Dabei werden alle Waren gescannt, die Informationen aus den Chips werden aufgesogen.

Die Einkäufe der Zukunft werden wir nicht mehr alle persönlich machen, unsere digitalen Haushaltsgehilfen werden dafür ein Budget eingeräumt bekommen und selbständig bestellen.

mCommerce

Die Suche nach der Killerapplikation

„Mary, buche und kaufe bitte für kommenden Mittwoch zwei Plätze in der Wiener Oper. Parterre."
„Sie spielen ‚Walküre', Joe, und Richard Wagner gehört nicht unbedingt zu deinen engsten Freunden."
„Was könnte mich und meine Frau sonst interessieren?"
„Sting gibt ein Konzert, die ‚Cybershow' im Ronacher ist nicht übel, und im Musicaltheater wird ‚Mozart!' geboten."
„Dann zwei Karten für Sting, und zahle mit Kreditkarte. Für danach reserviere zwei Plätze in meinem Lieblingsrestaurant."
Einige Sekunden später meldet sich Mary wieder zu Wort:
„Die elektronischen Tickets wurden mir schon zugestellt, vom Restaurant Livingstone gibt's auch schon eine Reservierungsbestätigung."
„Danke, Mary, das wird ein unvergeßlicher Abend. Du solltest nicht versäumen, uns später daran zu erinnern."

Es ist wie die Suche nach dem Stein der Weisen, beinahe der Versuch, aus den vielen vielen Angeboten alchimistisch Information in Gold zu verwandeln. Netzbetreiber und Handy-Erzeuger tüfteln schon seit einigen Jahren, welche Services, welche Dienste die Handy-User in Zukunft nutzen werden. Man sucht die Killerapplikation – jenes Service, jenen Dienst, das beziehungsweise der sich bei den Menschen durchsetzen, den so gut wie jeder Handy-User nutzen und der den Netzbetreibern gigantische Einnahmen bringen wird – so wie SMS-Dienste, das Verschicken von Textnachrichten, bei den Jugendlichen der große Renner sind. Wer schreibt in der heutigen Zeit noch einen Liebesbrief, wo es doch SMS gibt?
Was wird nun zur Killerapplikation der mobilen Informationsgesellschaft? Wer diese Antwort jetzt schon wüßte, könnte reich werden. Wird es weiterhin das Versenden von Text-Nachrichten oder eMails sein, denen in Zukunft aber Fotos oder

Videos beigefügt sind? Wird es ein Service sein, bei dem ich das Handy in eine Geldbörse umfunktioniere und damit online nicht nur bestelle, sondern auch zahle, wie das bei Kinotickets der Fall ist? Oder wird es Marys Hauptaufgabe sein, für Joe die aktuellen Verkehrsinformationen zu besorgen, während er von A nach B fährt?

Man wird vermutlich mit den einfachsten, banalsten Services Erfolg haben, mit ganz simplen Diensten. In der „hochtechnologischen“ mobilen Informationsgesellschaft werden wir eine Art MOORHUHN-Effekt bemerken. Bei diesem einfachen Computerspiel, das Anfang 2000 zum Ärger vieler Chefs die europäischen Büros eroberte, muß man nichts anderes machen, als 90 Sekunden lang auf dumm dreinschauende Moorhühner zu ballern. Aber gerade das war die grandiose Idee hinter dem Spiel. Es war so simpel, daß es schon wieder gut war. Man hat damit mehr als nur den sprichwörtlichen Vogel abgeschossen, man hat die Urinstinkte der Menschen geweckt – innerhalb kürzester Zeit erkrankte halb Europa am MOORHUHN-Fieber.

Auch bei den mServices und mCommerce-Lösungen werden die Netzbetreiber, Handy-Hersteller und Content-Provider mit simplen Anwendungen Erfolge einfahren. Wer in der mobilen Informationsgesellschaft zu kompliziert denkt, hat vermutlich schon verloren, denn die Menschen stehen auf einfache, durchsichtige Angebote.

Freilich wird es nicht nur eine Killerapplikation geben, es werden mehrere sein, je nach Zielgruppe unterschiedlich. Zum Teil werden sich die Angebote überschneiden.

NOKIA hat in einer Studie abgecheckt, woran Handy-User Interesse haben. Es waren – noch – nicht Angebote, wie etwa Bestellungen per Handy aufzugeben, Unterhaltungsangebote oder die Abfrage der Börsenkurse. Auf Platz eins rangierte das Versenden und Empfangen von eMails, danach folgten auf den Plätzen zwei bis zehn Verkehrsinformationen, Routenfinder, Telefonverzeichnis, Nachrichten, Banking, Tickets, Wetterprognosen, Städteführer und Kalender. Alles relativ simple und unkomplizierte Bereiche.

Bei mCommerce werden sich für den Konsumenten nicht nur die Zahlungs- und Bestellmodalitäten vereinfachen, vor allem der Zugang zu den Informationen, die ihm seine Kaufentscheidung erleichtern, wird vereinfacht.

Wo ist mein Buddy?

Einzelne Service-Angebote werden von allen Usern genutzt werden, andere wiederum nur von einer speziellen Zielgruppe wie Jugendliche oder Geschäftsleute.
Eine der Killerapplikationen für Jugendliche werden – der Boom der vielen Chatrooms und des weltweiten Chat-Programms ICQ sind Beweis dafür – sogenannte Buddy-Lists sein, wie sie auch von Communitys (z.B. www.uboot.com) angeboten werden.
Man wird Teil einer Community, registriert sich und wird informiert, sobald ein anderes Mitglied dieser Community online geht. Wer etwa gelangweilt durch die Hamburger oder Salzburger Innenstadt flaniert und jemanden für einen Kaffeehausbesuch oder eine Pool-Billard-Partie sucht, aktiviert die Buddy-List, sprich: Partner- oder Freundesliste, sieht, wer sich in der Umgebung befindet und seinen „Ich-bin-Verfügbar-Modus" aktiviert hat, und kann anfragen, ob er Lust auf einen Großen Braunen oder eine Partie Pool hat. Ähnlich funktioniert auch D2-FriendsonAir des deutschen Netzbetreibers D2 (www.d2-mannesmann.de) – Handy-User sehen, wer aus dem Freundeskreis gerade sein Mobiltelefon eingeschaltet hat.
Ideen, die auf das junge Publikum zielen, gibt es viele. Was sich tatsächlich durchsetzen wird, ist freilich noch offen. Es könnten auch Event-Kalender sein, Clubbing-Infos, Modetips für Youngsters oder „Die coolsten Sprüche". Mit Dating-Angeboten hat, wie bereits erwähnt, der japanische Betreiber NTTDoCoMo bereits große Erfolge gefeiert. Und der indische Betreiber Gray Cell hat auf sein Produkt Unimobile, ein typisches

Jugendportal mit Buddy-Lists, die in 110 Staaten der Welt funktionieren, einen Run ausgelöst.
Bei der Suche nach der Killerapplikation für Business-Kunden werden immer wieder Terminkalender genannt, die man zwischen Handy und PC abgleichen kann. Der österreichische Netzbetreiber ONE (www.one.at) hat mit MYONE eine WAP-Lösung gebracht, die sich auch in der Ära des mobilen Internet durchsetzen wird. Termine, die in einem Computer in MS OUTLOOK geschrieben werden, werden automatisch auch in den Terminkalender des Handys übertragen und umgekehrt. Der mobile Zugang zu seinem persönlichen Organizer, zu Telefon- und Adreßbuch, zur To-Do-List wird in der mobilen Informationsgesellschaft zum Must.
Auf der CEBIT 2000 stellte YOURWAP.COM einen WIRELESS COMPANION vor. WAP-Nutzer können an ihrem Computer daheim mobile Daten zum persönlichen Gebrauch aufbereiten, etwa Termine, Landkarten oder Diagramme, die sich dann mit einer kostenlosen Software bei YourWap.com ablegen und später via Handy abrufen lassen – nicht nur innerhalb eines Landes, sondern auch innerhalb Europas, ja sogar weltweit.
Allerdings wird der Zugang ins persönliche, maßgeschneiderte WWWW eines Deutschen oder Österreichers, der sich in London oder in Rom befindet, billiger sein als heute. Derzeit arbeitet die KAPSCH-GRUPPE an einem Standard mit dem Namen CAMEL. Bei diesem digitalen Kamel handelt es sich um eine Plattform, bei der Service-Roaming möglich sein wird. Zu sehr moderaten Preisen, wie die Netzbetreiber planen. Man geht davon aus, daß in Europa eine Minute Service-Providing zwischen 50 Cent und einem Euro kosten wird. Da wir uns in der mobilen Informationsgesellschaft dank der hohen Datenübertragungsraten die Infos schneller in unseren digitalen Assistenten laden können, werden wir wohl billiger surfen als heute.
Information werden wir künftig nicht nur immer und überall, sondern auch auf jene Art und Weise empfangen können, wie wir es wollen – als eMail, Bild, Videofile oder Tondokument. Von den Netzbetreibern als UNIFIED MESSAGING bezeichnet, arbei-

tet so gut wie jeder Handy-Hersteller, jeder Netzbetreiber an solchen Lösungen. Information für uns wird uns immer erreichen. Und wir werden entscheiden, wie wir die Information aufbereitet haben wollen. Wer im Auto fährt, will seine Nachrichten sicher nicht lesen, sondern vorgelesen bekommen. Wer in der Straßenbahn sitzt, wird sie vielleicht lieber lesen oder per Kopfhörer hören wollen.
Eine der Killerapplikationen, davon gehen die Experten der MOTOROLA-CISCO-Firma INVISIX aus, könnten INFORMATIONSFILTER sein. Zum einen werden wir Filter brauchen, um uns gewisse Informationen vom Hals zu halten. Man denke nur an die vielen unnötigen eMails, die man täglich erhält. Ein Filterprogramm, das erkennt, ob es sich um eine wichtige Information oder um eine Werbemail handelt, könnte deshalb durchaus eine Killerapplikation sein, die viele automatisch nützen würden. Auch ein WISSENSFILTER, der Informationen richtig vorinterpretiert. Denn in Zukunft werden wir aufgrund der großen Informationsflut Werkzeuge brauchen, die für uns relevante Informationen aus dem großen Angebot herausfiltern.
Wenn Joe von Wien nach München fährt, will er nicht nur wissen, was sich auf den Straßen abspielt, er will die Information auch so früh wie möglich haben, um eventuellen Staus auch rechtzeitig ausweichen zu können. Mit sogenannten LOCATION BASED INFORMATIONS, mit Services, die Joe informieren, was in seiner Nähe gerade los ist beziehungsweise wo er was in seiner Nähe findet, hat der österreichische Netzbetreiber MAX.MOBIL (www.maxmobil.at) seinen WAP-Auftritt gestartet. Wer in Österreich unterwegs ist und plötzlich ohne Geld dasteht, erhält via WAP-Handy Auskunft, wo der nächste Geldautomat zu finden ist. Auch Parkgaragen, Tankstellen, Autowerkstätten, Taxistandorte und diensthabende Apotheken können auf diese Art und Weise abgefragt werden.
Muß Joe heute noch eine Abfrage abschicken, so wird künftig Mary die Information automatisch zugespielt bekommen, da das System wissen wird, wo sich Joe im Moment befindet.
Mary schlüpft künftig auch in die Rolle des mobilen Reisebe-

gleiters, wobei „Reise" in diesem Zusammenhang ein sehr dehnbarer Begriff ist, denn für jede Wegstrecke, die wir künftig von A nach B zurücklegen, werden wir begleitende Informationen erhalten. Ob das nun eine lange Autofahrt ist, eine Reise mit dem Zug oder ein kurzer Fußmarsch. Der französische Betreiber SFR (Cegetel) (www.sfr.fr) bereitet seinen Kunden die Informationen optisch auf. Diese können unter verschiedenen Regionen wählen, und auf Klick erscheint auf dem Display eine kleine grafische Stadtkarte, auf der Hauptverkehrsrouten aufgezeichnet sind. Wer wissen möchte, wie lange er von A nach B fährt, gibt Start und Ziel ein und bekommt zum einen die bestmögliche Route angezeigt und sieht zum anderen auch Staus – je dunkler die Strasse, desto mehr Autos fahren beziehungsweise stehen dort.
Bei den Location Dependent Services (ortsabhängigen Infodiensten) sieht die österreichische Kapsch-Gruppe (www.kapsch.net), die derzeit die Technologie hinter den Services der Zukunft aufbaut und auch WAP-Lösungen bereitstellt, auch im Search & Rescue-Bereich ein großes Kundenpotential. Dieser Notdienst funktioniert entweder aktiv – der Handy-User alarmiert den Such- und Rettungsdienst, Notarzthubschrauber oder Feuerwehr –, oder Mary löst, sollte Joe beim Skifahren, Wandern, bei einem Verkehrsunfall oder auch daheim Hilfe brauchen, ein Notsignal aus. Ähnlich funktioniert auch die sogenannte 911er Regelung in den Vereinigten Staaten. Menschen, die mit ihrem Handy einen Notruf auslösen, müssen von den Hilfs- bzw. Rettungsmannschaften auf etwa 100 Meter genau lokalisiert werden können.

eCommerce = mCommerce

Doch die Killerapplikationen, man kann davon ausgehen, daß es nicht nur eine geben wird, wird es auch im Bereich des mobilen Einkaufens, des mCommerce geben. Wenn im Jahr 2003 die Hälfte alle Handys internetfähig sein wird, werden die Netz-

betreiber neben den mServices vor allem mit mCommerce verdienen.
Im Jahr 2002 werden etwa 50 Millionen Europäer - das sind immerhin 12,5 Prozent - mit ihrem Handy einkaufen. Bereits ein Jahr später wird jeder zweite Europäer auf mCommerce setzen, hat die Studie MOBILE EMARKETS (www.diebold.de) des TIMELABS RESEARCH CENTERS der DIEBOLD DEUTSCHLAND GMBH ergeben. Netzbetreiber und Handy-Hersteller gehen davon aus, daß so gut wie jeder, der ein internetfähiges Handy besitzt, automatisch auch mCommerce nutzt.
Das Marktforschungsinstitut FORRESTER RESEARCH prognostiziert für Europa in den kommenden Jahren Wachstumsraten beim eCommerce im dreistelligen Bereich. Bezeichnenderweise hatte die Forrester-Studie den Titel EUROPE: THE SLEEPING GIANT. Europa wird den Rückstand, den es im Bereich des Internet und eCommerce zu den Vereinigten Staaten hat, aufholen. Im Jahr 2004 rechnet man bereits mit einem Umsatz von 1.600 Milliarden Euro. Ein gigantischer Zuwachs, geht man davon aus, daß im Jahr 2000 in Europa etwa 36 Milliarden Euro umgesetzt werden.
Doch den Durchbruch wird eCommerce nur mit Hilfe von mCommerce schaffen. Nur wenn die Menschen mit ihren mobilen Assistenten einkaufen, werden diese gigantischen Umsätze im Wireless World Wide Web erzielt.
Anders als bei den mServices, steht hier die Suche nach den Killerapplikationen nicht im Vordergrund, denn im mobilen Internet wird man alles einkaufen können, was es jetzt auch schon via Festnetz-Internet zu ordern gibt. Allerdings wird es auch hier „Applikationen" geben, die stärker gefragt sind als andere.
Mobile Banking und Aktiengeschäfte wird man, wie bereits erwähnt, in der schnellen mobilen Informationsgesellschaft vom digitalen Assistenten erledigen lassen. Joe wird Mary den Auftrag erteilen, Aktien des Neuen Marktes zu kaufen. Mary wird den Auftrag an die Bank weiterleiten.
Der deutsche Netzbetreiber D2 bietet gemeinsam mit EBAY ein

mobiles Versteigerungsservice an. D2-Kunden können mit ihrem WAP-Handy durch den virtuellen EBAY-Auktionssaal surfen und online mitsteigern. Man durchforstet das aktuelle Auktionsangebot mit dem Microbrowser des Handys, klickt auf die Produktgruppe, sieht sich die Details zur Versteigerung einschließlich Mindestangebot an, gibt Login und Paßwort ein und bietet mit. Bis zu 450.000 Auktionen laufen parallel.

In den Labors der Handy-Hersteller laufen die Vorbereitungen auf das mCommerce-Zeitalter auf Hochtouren. ERICSSON hat hier schon sehr früh die Weichen gestellt und ist enge Kooperationen eingegangen, um das Ziel, die Nummer 1 im Sektor eCommerce-Anwendungen zu werden, zu erreichen. So etwa mit INTERNET-BASED WIRELESS DATA SERVICES von SARAIDE.COM, die vom Silicon Valley aus Netzbetreiber in ganz Europa mit mService- und mCommerce-Lösungen versorgen - von OMNITELL, KPN, KDP bis zur Schweizer DIAX, mit BOXMAN (www.boxman.com), dem größten Entertainment-Händler im Internet, bei dem man künftig unter anderem die beliebtesten Songs aus den Charts kaufen kann, und mit CITIKEY (www.citikey.com), dem Anbieter, bei dem man Karten fürs Kino und Theater kaufen kann.

Es wird freilich auch zu einer Verknüpfung von mServices und mCommerce kommen. Zum einen werden mServices - sollten sie nicht von einem Sponsor bereitgestellt werden - etwas kosten. Zum anderen wird es Produkte geben, die als mService oder auch als mCommerce genutzt werden können. So etwa Restaurant-Führer, wie sie etwa die TELEKOM-Tochter T-MOBIL anbietet. D1-WAP-Handy-Besitzer können unter 10.000 Restaurants in Deutschland wählen. Man kann das Service als Infopool nutzen, indem man sich informiert, wo es ein Restaurant gibt, was die Menüs kosten, ob es Kreditkarten akzeptiert etc. Joe wird in Zukunft aber seine Mary auch beauftragen können, einen Tisch in einer griechischen Taverne zu reservieren. Einkaufen unterwegs, Bestellen vom Auto aus, Shoppen mit dem Handy, Bezahlen mit dem digitalen Assistenten. Die mobile Informationsgesellschaft wird zur Dienstleistungsgesellschaft. Mary wird Joe nicht nur begleiten, wenn er sich im

WWWW seinen neuen Wagen bestellt, seine Jeans oder sich, nach seinen Wünschen, seine neuesten NIKE-Sportschuhe kreieren läßt. Mary wird auch zur Assistentin, die die Preise vergleicht, als Verkaufsberaterin agiert und mCommerce weiter vorantreibt. Wer sich heute ein Buch bei AMAZON.COM bestellt, erhält gleich weitere Kaufempfehlungen: „Kunden, die dieses Buch gekauft haben, haben auch folgende Bücher gekauft". Auch im Zeitalter von mCommerce wird es Kaufempfehlungen geben. In Zukunft wird Mary Joe informieren: „Joe, Kunden die das Buch DAS VIERTE W bestellt haben, haben auch noch RAYBAN-Brillen gekauft, eine Safari in Namibia gebucht und australischen Shiraz des Erzeugers YALUMBA bestellt. Interessiert dich etwas davon?" Die mobile Informationsgesellschaft wird durch mCommerce und mService zu einer Service- und Dienstleistungsgesellschaft, in der digitale Assistenten wie Mary eine wichtige Rolle übernehmen werden.

Den Durchbruch wird eCommerce nur mit Hilfe von mCommerce schaffen.

Portale

Marys Eingang in das WWWW

„Joe, könnten wir nicht einen Tapetenwechsel brauchen?" fragt Joes digitale Assistentin Mary.
„Wie meinst du das?"
„Dein Portal ins Internet sollte neu organisiert werden, von deinen 26 sogenannten Lieblingsadressen hast du in den vergangenen zwei Monaten vier überhaupt nicht mehr aufgerufen."
Joe grübelt, fragt, welche Adressen sie meint, und entscheidet: „Dann leg sie ins Archiv und stell jene Seiten drauf, die ich brauche. Ich verlaß' mich auf dich, Mary."

Wenn Mary die Tür ins World Wide Web aufmacht, sieht Joe immer wieder das gleiche Portal, die gleiche Empfangshalle. Diese ist so eingerichtet, wie Joe es gerne hat. Wie bei einem echten Wohnraum erfüllt jedes der darin aufgestellte Möbelstücke seinen Zweck.
Beim Internet-Portal ist es ähnlich. Die Empfangshalle im World Wide Web wurde auf Joes Bedürfnisse hin genau zugeschnitten. Jedes Symbol im Portal des Internet hat eine andere Funktion, so wie jedes Möbelstück eine Funktion hat – der Sessel zum Sitzen, der Kasten zum Verstauen von Gegenständen, das Sofa zum Hinlegen.
Er findet dort jene Interessensgebiete und Bereiche, die er in seinem täglichen Leben braucht. Wie bei einer Stellage mit vielen Laden kann er durch Klicken oder auch, wenn er Mary freundlich bittet – „Mary, kannst du mir bitte die neuesten Nachrichten vorlesen" –, die gewünschte Lade öffnen – so, wie

Michael Douglas im Film Enthüllung die Datenbrille aufsetzt und in einer virtuellen Bibliothek nach Daten sucht.
In jeder Lade unseres Portals befindet sich ein anderes Interessensgebiet, kann Mary nach dem suchen, was wir wollen. In der einen steckt die Online-Zeitung, in der anderen Informationen des Tennisvereins, in der dritten News des Golfvereins, in der vierten wird man über Neuigkeiten aus der Partei informiert, die fünfte Lade ist der Supermarkt, bei dem man Lebensmittel bestellt, die sechste die Bank, die siebente das Wirtschaftsfachmagazin, in der achten findet man die neuesten MP3-Veröffentlichungen (www.mp3.com) etc.
Doch das Regal in der Internet-Empfangshalle ist viel praktischer als ein reales. Es wird nie zu klein, kann beliebig ausgebaut werden. Und wie einen normalen Raum, kann man diese Empfangshalle „entrümpeln", neu einrichten lassen, neu ausmalen oder auch umbauen.
Microsoft und Netscape haben bereits versucht, ihre Portalsites mit Hilfe des Internet Explorers beziehungsweise des Netscape Navigators als Eingangstore ins Internet populär zu machen, indem sie ihre Seiten zu Startseiten ins Internet gestalteten. Dasselbe probieren auch Internet-Provider, Netzbetreiber und diverse andere Firmen, die sich darauf spezialisiert haben, Inhalte, Content, zu liefern. Frei nach dem Motto: „Tritt ein, bring Geld herein." Man will erreichen, daß die jeweilige Firmen-Homepage jene Seite ist, die die Menschen zuerst aufrufen, zum Portal machen. Kunden können ihre Lieblings-Startseite im Menüpunkt „Extras-Internetoptionen-Startseite" (Microsoft Internet Explorer) beziehungsweise „Bearbeiten-Einstellungen" (Netscape Navigator) selbst festlegen.
Internet-Portale sind reich geschmückt, und damit sind nicht unbedingt Türkränze, Bilder oder Blumen gemeint. Klar, die wird es auch geben, in Form von kleinen, interaktiven Werbebannern. Schon lange findet man nicht mehr nur Eigenwerbung auf Portalen. Im Gegenteil, die Eingangsseiten sind mit einer Vielzahl von Dienstleistungen vollgepackt. Wer heute etwa die Seiten von www.lion.cc, www.one.at oder www.d2pri-

vat.de aufruft, wird mit aktuellen Schlagzeilen und Wetter versorgt, hat Zugang zu diversen Online-Shops und kann dort bestellen – von Büchern, CD bis hin zu Lebensmitteln.

Man findet auf der Portalseite auch gleich Versicherungen, Banken und Suchmaschinen, mit denen man das World Wide Web durchsurfen kann, Diskussionsforen zu den aktuellsten und beliebigsten Themen und erhält auf Knopfdruck Informationen über Veranstaltungen, für die man gleich Karten bestellen kann – online. Gute Portale, so die Meinung von großen Unternehmen, sollten der „Königsweg" sein und so viel Informationen beinhalten, daß man die Seite gar nicht mehr verlassen muß. Verdient wird an den diversen Kooperationen mit auf der Homepage vertretenen Subfirmen beziehungsweise mit Bannerwerbung.

Doch die Zukunft sind persönliche Portale. Portale, die sich jeder selbst gestaltet, je nach Interessenslage. Denn die überwiegende Mehrzahl der Internet-User hat bereits Favoriten und ruft jeden Tag immer wieder dieselben Homepages auf. Teils aus Bequemlichkeit, teilweise auch deshalb, weil viele erkannt haben, daß sie nur ein bestimmtes Informationsangebot nutzen.

Im Internet surfen die wenigsten, wenn man unter Surfen das wahllose Durchforsten des Internet versteht, das oft auch zufällige Suchen, das Ausprobieren. Surfen ist Lieblingsbeschäftigung jener, für die das WWW etwas Neues ist und die am Anfang probieren wollen, was das Netz zu bieten hat. Wer schon länger online ist, verzichtet darauf und wählt entweder immer nur dieselben Seiten oder sucht mit ganz speziellen Suchmaschinen nach bestimmten Informationen.

Das Portal eines Unternehmens wird mehr sein als bloß interaktives Schaufenster, es wird mehr sein als seine Visitenkarte, das Portal wird sein Kapital.

Das mobile Portal

Jeder einzelne von uns wird in der mobilen Informationsgesellschaft sein eigenes Portal, sein eigenes Eintrittstor ins Wireless World Wide Web aufbereiten können, ein mobiles Portal. Wie so ein Mobiles-Internet-Portal funktionieren könnte, zeigt die österreichische MOBILKOM mit seinem MYWAP (www.a1-wap.at). Dort kann man sein persönliches Portal zusammenstellen. Man ruft die Seite auf, sucht sich mit einer Suchmaschine (etwa über www.wapjag.de oder www.wapguide.at) interessante WAP-Angebote und zieht sie mit der Maus – so wie man beim WINDOWS-EXPLORER Dateien verschiebt – in das Feld myWAP. Sofort kann man dann in seinem Handy diese Adressen aufrufen.

So werden die mobilen WAP-Portale der Zukunft funktionieren. Zuerst sind sie – da die Displays der Handys nicht größer sind – nur Textzeilen und Schlagworte. In einer zweiten Phase werden wir, so wie Banner im Festnetz-Internet, Icons verwenden, wie sie heute schon unter www.saraide.com zu sehen sind. In der dritten Endphase werden wir nicht auf Icons drücken, sondern Mary den Befehl erteilen, diese oder jene Seite zu öffnen. Das mobile Portal wird sich unseren Bedürfnissen anpassen, mit uns mitwachsen und für uns überall abrufbar sein.

Genau das ist der Ausgangspunkt, den die Schweizer SWATCH Group (www.swatch.com) in ihren neuen Produkten, die es ab Sommer 2000 auf dem Markt gibt, realisiert. NICOLAS HAYEK SENIOR ist überzeugt, daß die Menschen keine Uhr mit Internet, sondern eine Uhr mit Internetzugang haben wollen – Zeitmesser, in denen das persönliche Internetprofil des Users gespeichert ist. Die beiden SWATCH BEAT Modelle CYBER.COMMANDER und CYBER.CAPTAIN zeigen nicht nur die Zeit und die BEAT-Time an, in ihnen sind auch Paßwörter, Lesezeichen und die persönlichen Internet-Lieblingsseiten gespeichert. Wenn sich jemand vor einem dafür präparierten Computer setzt, springen die Informationen von der Uhr auf den PC über – vorbei die Zeiten des mühsame Eintippens von Codes oder Internetadressen.

Sind zu Beginn noch spezielle Mauspads notwendig, auf die

man die Uhr legt, um die Infos zu übertragen, sollen ab 2001 die Uhren mit dem von Ericsson entwickelten Bluetooth-Chip ausgestattet werden, um mit einem ebenfalls Bluetooth-fähigen Computer kommunizieren zu können.
Personalisierte, individuelle Informations- und Unterhaltungslinks via Logomarks, allerdings schon auf HTML- und XML-Basis, wird künftig Mobilmedia Punkt Net (www.mobilmedia.net) anbieten. Die Düsseldorfer Firma – übrigens mit dem Schlagwort „Trash your PC“ bekannt geworden – versteht sich als Start-up-Unternehmen für UMTS-Dienstleistungen und will sich vor allem auf mServices und Mobiltainment-Angebote (mTainment) konzentrieren. Die ersten marktreifen Produkte wird es Anfang 2001 mit der Einführung von GPRS geben.
Jeder Mensch wird in der mobilen Informationsgesellschaft mehrere Portale haben. Sein persönliches für den Privatgebrauch, ein berufliches, das er in der Firma vorfindet. In der Firma wird man auf dem Portal genau jene Informationen beziehungsweise Informationszugänge finden, die man für den Job benötigt: Aktienkurse, die Urlaubsliste der Kollegen oder Mitarbeiter (wenn es der Chef ist) etc.
Es wird Portale geben, die so bekannt sein werden, daß sie automatisch aufgerufen werden. Portale, deren Inhalt so wichtig für die Menschen sein wird, daß sie im wahrsten Sinn des Wortes zur „ersten Adresse“ werden. Das werden etwa Gesundheitsportale sein, auf denen alles über Gesundheit zu finden sein wird – Ärztedienste, Apotheken, Tips für Fernreisen, Gesundheitsüberwachungen etc. – oder Behördenportale, die den Bürgern alle Informationen über Behördenwege etc. bieten. Auch Autoportale, auf denen alle Autohersteller vertreten sind, wird es geben, und Shoppingportale, wo man alle Online-Geschäfte finden wird.

Jeder Mensch wird mehrere Portale haben, je nach Bedarf. Ein persönliches für den Privatgebrauch, ein berufliches für die Firma.

Der Kampf der Content-Provider

Gewinnen werden jene Unternehmer, die die besten Inhalte, also Contents liefern. Unter den Content-Providern wird ein Kampf ausbrechen, wer welches Unternehmen mit Inhalten beliefern darf. Denn auf beziehungsweise in den besten Portalen vertreten zu sein, wird für das Überleben eines Unternehmens von großer Bedeutung sein. Unternehmen, die nicht auf einem Portal vertreten sind, werden von der großen, breiten Masse nicht registriert werden. Die Bequemlichkeit der Menschen wird dazu führen, daß sie nur bestimmte Portale, sprich Adressen aufrufen werden, da sie dort ohnehin alles finden.
Doch so praktisch diese Portale auch sind, sie sind eine höchst sensible Angelegenheit. Die Arbeit der Content-Provider darf deshalb nicht unterschätzt werden. Sie ist für die Gesellschaft von sehr großer Bedeutung und wird die Menschen nachhaltig beeinflussen – mehr, als man sich auf den ersten Blick vorstellen kann. Content-Provider werden die verschiedenen Informationsinhalte, von Wetter über Spiele bis hin zu Schlagzeilen so aufbereiten, daß sie einfach und rasch konsumierbar sind. Das birgt große Gefahr in sich, denn sie selektieren aus einer Fülle von Informationen jene, die ihnen wichtig erscheinen, so wie es Journalisten schon heute tagtäglich in den Redaktionen machen. Journalisten müssen jeden Tag selektieren, haben im Zuge ihres beruflichen Werdeganges neben dem Recherchieren, Schreiben beziehungsweise Gestalten auch das Instrument des Selektierens erlernt, doch bei den Content-Providern sind Mitarbeiter im Einsatz, die dieses Handwerk nicht erlernt haben, sondern in die Rolle des Journalisten schlüpfen. Nichtausgebildete Mitarbeiter werden entscheiden, welche Informationen wert sind, veröffentlicht zu werden und welche nicht. Daher wird im mobilen Informationszeitalter dieses nichtfachmännische Selektieren nicht nur einen Verlust von wichtiger Information, von wichtigem Wissen zur Folge haben, es wird auch dazu führen, daß die überwiegende Zahl der Menschen ungebildeter wird, weil sie auf dieses vorselektierte Wissen zurückgreift.

Kritiker, die nun meinen, daß das Selektieren von wichtigen Meldungen aus einer großen Anzahl von Nachrichten eine journalistische Tätigkeit sei, die bereits seit Jahrzehnten praktiziert wird, haben zwar recht, vergessen aber, daß vor allem durch die neuen Kommunikationstechnologien wie Telefon, Satelliten-Telefon und auch Internet die Informationen schneller von A nach B geschickt werden können und auch umfangreicher sind. Journalisten bei elektronischen wie auch Printmedien müssen täglich aus einem riesigen Wulst an Agenturmeldungen jene auswählen, von denen sie meinen, daß sie für ihre Leser beziehungsweise Hörer oder Seher relevant sind. Durch die neuen Kommunikationstechnologien hat die Fülle der Informationen zugenommen. Die Zeitungen und auch Nachrichtensendungen in Radio und TV wurden aber nicht umfangreicher. Im Gegenteil. Viele Informationen fallen unter den Tisch.
Wer etwa eine Printausgabe einer Zeitung mit einer Online-Ausgabe vergleicht, wird bemerken, daß die Online-Ausgabe kein 1:1-Abbild der gedruckten Zeitung ist, daß in ihr nur die wichtigsten Stories enthalten sind.
In Zukunft werden diese Informationen in den Portalen des Wireless World Wide Webs noch weiter reduziert werden. In der Fülle der Informationen werden nur jene transportiert, die als relevant und wichtig eingestuft werden – von Mitarbeitern bei Content-Providern. Sie werden die Selektion treffen, werden entscheiden, was die Menschen interessiert, und was nicht. Was sie brauchen, und was nicht. Man wird den Menschen die Entscheidungsmöglichkeit abnehmen, die meisten werden die Portale nutzen und dabei auf reduziertes, vorselektiertes Wissen treffen.
Das Internet ist gleichzeitig Medium wie auch Werkzeug. Es liefert die Information und ist gleichzeitig auch Werkzeug für einen intelligenten Zugriff. Es stehen zwar allen Menschen dieselben Informationen zur Verfügung, doch nicht alle besitzen die Fähigkeit, haben die Möglichkeit, jene Informationen herauszusuchen, die ihnen Vorteile verschaffen, die sie persönlich nutzen können.

Das Argument, daß durch die mobile Informationsgesellschaft jeder Mensch Zugang zu Information hat, stimmt zwar, allerdings kommt es immer darauf an, was der Mensch mit dieser Möglichkeit macht und ob er sie überhaupt nützt. Viele werden sich mit den Online-Ausgaben begnügen, werden einfach ihr Portal öffnen, auf Nachrichten klicken und den Inhalt konsumieren - den reduzierten Inhalt: ein Promille des tatsächlichen Weltgeschehens.

Diejenigen, denen diese Informationen nicht reichen, werden sich über die Grenzen ihres Portals hinaus - falls sie ihr Portal nicht ohnehin mit guten Informationsquellen angefüllt haben - die Informationen anderweitig beschaffen. Indem sie zusätzlich Fachmagazine lesen, Online-Bibliotheken oder Universitäts-Institute besuchen. Doch das wird nur jenen möglich sein, die Geld besitzen und es dafür ausgeben wollen, denn für Information, für gute Information, wird man in der mobilen Informationsgesellschaft zahlen müssen.

Information

Verwirrung in der Headline-Gesellschaft

„Joe, das wird eine halbe Ewigkeit dauern."
Wenn Mary von halben Ewigkeiten redet, bedeutet das für mich, daß ich vermutlich 150 werden muß, denkt Joe und fragt zur Sicherheit nach: „Wo liegt denn das Problem, Mary?"
Mary wurde von Joe beauftragt, aus dem Netz zusätzliche Informationen zum Thema „Genom" zu besorgen. „Das Angebot ist derart groß, da muß ich mich durchkämpfen und prüfen, wer hinter den Informationen steckt", erklärt Mary. „Während ich suche, werden pro Minute 10.000 neue Seiten ins Netz gestellt."
Joes Herz fühlt mit seiner digitalen Assistentin: „Wie kann ich dir helfen, Marylein?"
„Du mußt mich mit einem neuen Selektionsprogramm laden."
„Wenn's weiter nichts ist", sagt Joe und denkt einen Moment an frühere Zeiten zurück: Wie bin ich je ohne Mary ausgekommen?

Vieles, was man im Internet findet, ist Informationsmüll. Wertlos, einfach ins Netz gestellt. Experten sind der Meinung, daß diese Müllhalde ziemlich groß ist, etwa 90 Prozent des gesamten Internet ausmacht. Zugang zu den restlichen zehn Prozent bekommt man nur dann, wenn man weiß, wie man die Informationen findet, oder wenn man dafür zahlt. Wer etwa im Archiv des SPIEGEL (www.spiegel.de) nach Informationen sucht, muß dafür schon heute zahlen. Künftig werden immer mehr Magazine, Tageszeitungen und elektronische Medien dazu übergehen, den Gratis-Eintritt in ihre Archive abzuschaffen. Im mobilen Informationszeitalter wird Information zum Kapital, zur Geldquelle.
Genau dies wird dazu führen, daß in der mobilen Informationsgesellschaft die Kluft zwischen den Informationsreichen

und Informationsarmen noch größer wird. Jene, die es sich leisten können, werden ein Online-Archiv besuchen, die anderen werden auf die Information angewiesen sein, die öffentlich ist, für das Überleben reicht, aber zu dürftig ist, um die Informationsgesellschaft aktiv mitgestalten zu können. Die vielzitierte Zwei-Klassen-Gesellschaft wird im Informationszeitalter eine neue Dimension erhalten, muß neu definiert werden.

Die Sucht nach der Sucht – süchtig nach Information

Mary kommt nie zur Ruhe. Während Joe schläft, arbeitet oder mit seinen Freunden Tennis spielt, durchforstet Mary die große weite Welt des Internet, um für Joe die neuesten, aktuellsten Informationen zu beschaffen. Denn egal, ob Joe munter wird, seine Arbeit beendet oder vom Tennisplatz geht, seine erste Frage lautet: „Gibt's was Neues, Mary?" Wenn er vergißt, diese Frage zu stellen, dann erzählt ihm Mary automatisch, was es Neues gibt – und das kann auch eine neu eingelangte eMail sein. Joe ist süchtig nach Information. Nach guter Information. Nach Wissen.

Schon seit geraumer Zeit wird von der Droge Internet gesprochen, weil das WWW süchtig machen soll. In München wurde 1999 die erste deutsche INTERNET-AMBULANZ (www.internet-ambulanz.de) eröffnet, und Deutschlands erster Verein für Online-Abhängige will den Betroffenen aus der Sucht helfen.

Was ist Internetsucht? Gibt es sie überhaupt? Vor allem aber, was kommt auf die Menschen und die Gesellschaft zu, wenn in einigen Jahren jeder ein mobiles Gerät hat, mit dem er Zugang zum Internet und zur Information hat? Wird es dann viele Süchtige geben?

Das Internet, die neuen Kommunikationstechnologien, werden häufig sehr kritisch betrachtet. Wenn Kinder zu lange vor dem Computer verbringen, spricht man häufig von COMPUTERSUCHT. Doch gab es das nicht schon immer, daß Kinder, Menschen

süchtig waren, süchtig nach jenen Medien, die zu ihrer Zeit gerade in Mode waren?
Wie war es mit der LESESUCHT? Jeder hatte in der Grundschule Mitschüler, die gerne gelesen haben, die, kaum erschallte die Pausenglocke, ein Buch zur Hand nahmen und gelesen haben. Oder, wie der Leiter eines österreichischen Privatgymnasiums aus seinem Leben erzählt hat, mit der Taschenlampe unter der Bettdecke einen KARL MAY nach dem anderen verschlungen haben.
Auch heute noch gibt es solche Leseratten, die von den Mitschülern teilweise als eigenbrötlerisch beurteilt werden. Allerdings seltener als früher, denn heute gibt es eben auch Computer-Ratten. Menschen, ob jung oder alt, die gerne vor dem PC sitzen und spielen, chatten oder surfen. Oder in den Schulpausen ihr NINTENDO-Spiel auspacken und spielen. Kein Wunder, daß die heutige junge Generation vielfach als NINTENDO-Generation bezeichnet wird.
Zugegeben, es gibt mehr „Computer-Ratten" als Leseratten, da in einem Computer mehrere „alte" Medien integriert sind und man mit einem Computer eben mehr „anstellen" kann als mit einem Buch. Freilich ist ein Buch spannend, regt die Phantasie an, unterhält, bildet. Ein Computer kann aber noch viel mehr, er wird zum interaktiven Gerät, das Menschen miteinander verbindet.
Mit meinem Computer kann ich nicht nur spielen, mit meinem Computer kann ich mir Lesestoff besorgen, Informationen für die Schule etc. Mit meinem Computer kann ich mit anderen Menschen online plaudern und chatten. Ist eine Kamera ans Gerät angeschlossen, sieht mich mein Gegenüber sogar. Mit meinem Computer kann ich fernsehen, Radio hören, mir die neuesten MP3-Erscheinungen runterladen und vieles mehr. Wenn man also von Computersucht spricht, muß man klar definieren, welche Sucht gemeint ist. Da der PC ein multimediales Medium ist, läßt er sich auch auf vielfache Weise nutzen. Was man mit einem Buch nicht kann. Bei einem Buch ist nur eindimensionale Kommunikation möglich.
Internetsucht ist etwas, was Wissenschafter und Psychiater gerne

thematisieren, weil es schick ist, in der Informationsgesellschaft auch negative Auswirkungen ausschmückend zu beschreiben. Zugegeben, es gibt die INFORMATIONS- UND INTERNETSUCHT, nur gibt es hier klare Definitionen, klare Unterscheidungen.
US-Psychologe HOWARD RHEINGOLD, langjähriges Mitglied des wohl bekanntesten Internet-Forums THE WELL (www.well.com) ist für die Zeitschrift THE ATLANTIC MONTHLY dem „Mythos" der Internetsucht nachgegangen. Sein Beitrag, den er THE ADDICTION ADDICTION nannte, also „Die Sucht Sucht", sagt bereits aus, was er entdeckt hat: Den Werdegang einer Sucht – und der ist eigentlich ein amerikanischer Gag.
Die Geschichte: 1995 hatte der US-Psychologe IVAN GOLDBERG gefordert, eine neue Krankheit ins DIAGNOSTIC AND STATISTIC MANUAL OF MENTAL DISORDERS aufzunehmen: die Internetsucht. Er beschrieb die „Krankheit", führte einige Symptome an und, welch eine Überraschung – „Sie haben eine neue Nachricht" – füllte sich seine Mailbox. Mit Mails von Computer-Benützern, die genau jene Symptome bei sich festgestellt haben, die er beschrieben hatte. Alle hatten eines gemein: Sie betrachteten sich als internetsüchtig.
Zwei Jahre später meldete sich IVAN GOLDBERG in der Zeitschrift THE NEW YORKER zu Wort. Er halte es für lächerlich, alle möglichen Verhaltensweisen zu pathologisieren. Wenn man den Suchtbegriff so weit auslege, wie das viele seiner Kollegen täten, müßte man auch von BÜCHERSUCHT, JOGGINGSUCHT oder der SUCHT NACH ANDEREN MENSCHEN sprechen und diese wie Krankheiten behandeln.
Es gibt sie aber dennoch, die INFORMATIONSSUCHT, doch muß sie anders definiert werden: als INTERNET-INFORMATIONSSUCHT. Und die ist wiederum keine echte Sucht, sondern das Unvermögen, den Umgang mit dem Instrument Internet zu beherrschen. Die Übergänge von starker Computernutzung zur Sucht sind fließend. Wer stolz darauf ist, lange online zu sein, viele eMails zu bekommen, der ist nahe dran oder schon mitten drinnen in der Sucht. Manager, aber auch Studenten, die ständig den Zwang verspüren, online zu sein, und nervös werden, wenn sie etwa

im Urlaub keinen Zugang zum Internet und ihrem Mail-Account haben, dürften als informationssüchtig bezeichnet werden. Etwa sechs Prozent der Internet-Anwender weltweit sind süchtig, sagen US-Studien. Wieviele es in Europa sind? Diese Ausmaße hat man hier noch nicht erreicht, doch auch in Deutschland und Österreich gibt es WEBAHOLICS, wie sie genannt werden. Sie belügen ihre Familien, Freunde und Arbeitskollegen, um zu verbergen, wieviel Zeit sie vor dem Computer verbringen. Tatsache ist, daß jemand, der unter dieser INTERNET ADDICTION DISORDER (IAD) „leidet“, oft zu wenig schläft. Und jeder, der über längere Zeit hinweg zu wenig Schlaf findet, wird aggressiv. Das gilt nicht nur für Computersüchtige, sondern auch für Nachtschwärmer.

Ist es derzeit keine Seltenheit, daß sich WEBAHOLICS aufgrund ihrer Internet- oder Informationssucht verschulden, wird das in Zukunft weit weniger häufig der Fall sein, da immer mehr Provider Tarif-All-Inclusive-Pakete anbieten werden, sogenannte Flatrate-Packages, bei denen in einer monatlichen Fixsumme Grund- und Providergebühr sowie sämtliche Online-Gebühren enthalten sind.

Eines der Probleme der mobilen Informationsgesellschaft wird die steigende Zahl der WEBAHOLICS sein. US-Psychologin KIMBERLEY YOUNG, Gründerin des CENTER FOR ON-LINE ADDICTION (http://netaddiction.com) an der Universität Pittsburgh hat festgestellt, daß es nicht die jungen Computerfreaks sind, die zu WEBAHOLICS mutieren, sondern die Altersgruppe der 40- bis 60jährigen. Diese fliehen, nach YOUNGS Erkenntnissen, vor Berufsstreß, plötzlicher Arbeitslosigkeit und Beziehungskummer. Die Ursachen mögen stimmen, doch der „Ausweg“, den YOUNG vorschlägt, ist ein Paradoxon zum Quadrat. Sie rät, die Sucht von Psychologen heilen zu lassen – in den Vereinigten Staaten ist dafür sicherlich ein großer Markt vorhanden. YOUNG bietet aber gleichzeitig mit ihrer Warnung vor Computer & Internet Online-Beratungsstunden an. Und will Süchtige somit mit jenem oder mit Hilfe jenes Instruments heilen, wonach sie angeblich süchtig sind.

Wer glaubt, „Probleme“ zu haben, wählt die Adresse www.netaddiction.com und kann sich in der VIRTUAL CLINIC online auf die Couch legen. DR. YOUNG akzeptiert Kreditkarten. Eine Stunde mit ihr in einem Chatroom kostet 75 Dollar. Wer gleich drei Online-Sessions bucht, zahlt einen Sondertarif von 210 Dollar. Man kann freilich auch per eMail Fragen stellen. Für 15 Dollar bekommt man eine „ausgiebige“ Antwort auf eine Frage, für 35 Dollar darf man sogar dreimal eine Frage per eMail stellen.
Es ist, um es mit den Worten von HOWARD RHEINGOLD auszudrücken, eine Sucht nach der Sucht, und mit dieser läßt sich auch Geld verdienen. Denn auch Europa hat diesen „Markt“ entdeckt. Die MÜNCHNER UNIVERSITÄTSKLINIK FÜR PSYCHIATRIE bietet unter www.med.uni-muenchen.de/psywifo ebenfalls Online-Sitzungen an. Die deutschen Psychiater legen zu den US-Zahlen sogar noch was drauf und gehen davon aus, daß im Zuge einer Umfrage bereits 12,7 Prozent suchtartiges Verhalten aufgewiesen hätten.

Die wissenlose Informationsgesellschaft

Mary ist nicht süchtig, sie arbeitet für Joe und sucht nach dem, was Joe braucht, oder anders formuliert, was er glaubt, zu brauchen. Mary ist nicht nur die digitale Assistentin, sie ist der gute Geist, der Filter, der entscheidet, welche Information sie Joe zukommen läßt und welche uninteressant ist. Mary kommt nie zur Ruhe, weil der Informationsfluß nicht abreißt.
In der mobilen Informationsgesellschaft, in der immer mehr Menschen mit immer mehr und immer detaillierteren Informationen überflutet werden, gleichzeitig aber immer weniger Zeit haben, wird es für den Menschen schwierig, zu entscheiden, welche Information wichtig, existenzfragend ist, welche austauschbar und flüchtig ist. Darum werden wir digitale Assistenten wie Mary brauchen. REUTERS (www.reuters.com) hat

bereits 1998 in einer weltweiten Studie unter 1.000 Managern festgestellt, daß schon damals mehr als die Hälfte von ihnen nicht mehr in der Lage war, mit den gesammelten Daten zurechtzukommen und sich deshalb vor Fehlentscheidungen fürchtete.
Die Zahl der Internet-Nutzer hat seit dieser Studie zugenommen und steigt weiter. Parallel dazu auch die Daten, die ins Netz gestellt werden. Mit jedem Tag werden die Seiten im Netz umfangreicher, detaillierter. Von jeder Ecke dieser Erde gelangen aufgrund der modernen Technologien Daten ins Netz, und von jeder Ecke dieser Welt sind wiederum Daten abrufbar.
Das Internet wird mit Milliarden und Abermilliarden von „Informationen" den Menschen das Gehirn verkleben. Vor lauter Daten kann man nicht zwischen guten und schlechten, sinnvollen und sinnlosen Information unterscheiden, sieht man den Wald vor lauter Bäumen nicht.
Oft vergißt man, daß die Menschen durch die neuen Technologien wie Internet, Mobilkommunikation etc. zwar rascher Zugang zu Informationen haben, doch Information nicht automatisch Wissen gleichzusetzen ist. Die mobile Informationsgesellschaft ist noch keine Wissensgesellschaft. Im Gegenteil. Die Gefahr ist groß, daß vor lauter Information das Wissen verlorengeht und nur diejenigen von der Informationsflut profitieren, die unterscheiden können, ob es sich um gute oder schlechte Information handelt. Wie Aschenputtel sollte jeder in der Lage sein, die guten ins Töpfchen und die schlechten ins Kröpfchen zu geben.
Je leistungsstärker Computersysteme werden, je mehr Daten sie erfassen, speichern, verarbeiten und übermitteln können, desto größer wird der Anteil an unwichtiger, völlig uninteressanter Information. Das trägt zur Verdünnung des Wissens bei. Die Menschen werden aufgrund des Mehr an Information nicht gescheiter. Im Gegenteil. Man verzichtet darauf, inmitten der Informationsflut gewünschte Informationen zu suchen, um das eigene Wissen anzureichern. Ganz einfach des-

halb, weil es komplizierter geworden ist, Interessantes zu finden – neue Informationen, die auch stimmen, denn ins Internet kann jeder alles stellen. Und es ist bei Gott nicht alles wahr, nur weil es im Internet steht. Viele glauben an die Wahrheit des Internet, sind überzeugt, daß das, was man dort findet, echte Information, echtes Wissen ist. Doch das Internet ist eine Informationshalde, auf der 90 Prozent Müll liegt: Falschinformationen, Unwichtiges und Lügen.

Das ist auch das Problem des Surfens, des Suchens nach Information. Wer mit einer Suchmaschine nach Informationen sucht, findet zwar immer etwas, aber vorzugsweise das, was er nicht verwenden kann. Findet man, was man gesucht hat, ist das Gefundene oft so umfangreich, daß man die Resultate neuerlich gezielt durchsuchen muß. Daran verzweifeln viele. Wer will schon aus einer Fülle von 50.000 oder mehr Seiten, auf denen man Informationen finden kann – die Betonung liegt auf kann –, weiter selektieren. Wir verfügen dann zwar über Informationen, doch unsere Bequemlichkeit hindert uns mitunter, die Fülle an Information in Wissen umzuwandeln.

Das wird einer der Gründe sein, warum INFORMATIONSBROKER zu einem der wichtigsten Berufszweige der Zukunft werden. Menschen, die für andere Menschen die gewünschte Information besorgen. Experten, die wissen, wie man in der großen weiten Welt des Internet gute Information aufstöbert. Information, die man in Wissen umwandeln kann. INFORMATIONSBROKER, die sämtliche Suchmaschinen beherrschen, die die Tricks kennen, wie man auf jene Seiten von Institutionen gelangt, die Information anbieten, und nicht Infomüll. Ja, man muß in der mobilen Informationsgesellschaft Tricks beherrschen. Die Tricks jener, die mit technischen Raffinessen vortäuschen, über eine interessante Informationsseite zu verfügen und bei einer Internet-Suche an vorderer Stelle gereiht sind.

INFORMATIONSBROKER – ein Beruf mit Zukunft. Man mailt ihn an – sprich: Mary verfaßt eine Anfrage – und bekommt die Information via eMail, Videofile oder was auch immer zurückgeschickt. Schon heute arbeiten Recherchedienste nach diesem

System. Die Anfrage wird per Mail gestellt, die Antwort kommt als Attachment retour.
Wenn viele Experten eine sinnvolle Informationsökologie fordern, Wissensmanagement, das in den Köpfen der Mitarbeiter steckt und das man nicht herumschicken kann wie ein Paket auf der Datenautobahn, so ist das zwar eine nette Forderung, wird aber in der mobilen Informationsgesellschaft vom Gros der Menschen nicht realisiert werden.

Der Informationszugang wird leichter, schneller und in der Folge auch umfangreicher. Nur wenige werden aber das breite Informationsangebot nützen können, um Information in Wissen umzuwandeln. Eine Headline-Gesellschaft ensteht.

Information ist nicht Wissen

Mary muß sich auf Müllhalden herumschlagen. Sie wird dabei zwar nicht schmutzig, aber ihre Schatzsuche ist sehr arbeitsaufwendig, denn sie muß ihre gesamte Speicherkapazität dazu benutzen, jene zehn Prozent zu finden und diese nochmals auf wichtige Information zu durchforsten. Zehn Prozent echte Information, wahres Wissen. Diese zehn Prozent wahrer, echter Information werden die gesellschaftlichen Systeme auf den Kopf stellen.
Etwa das Schulsystem. Warum oder wie soll man Kinder dazu animieren, Geschichte zu lernen, wenn man auf Knopfdruck weiß, daß Giuseppe Verdi 1813 geboren wurde und 1901 starb oder daß Heinrich II. 1022 auf seinem dritten Italienzug die Griechen in Unteritalien besiegt hat.
Was muß in den Schulen künftig unterrichtet werden, damit die Schüler für die Gegenwart und Zukunft gerüstet sind? Der Umgang mit Suchmaschinen? Formulierungs-Unterricht, damit man seinem digitalen Assistenten die richtige Frage stellt,

wenn er im WWWW die gewünschte Information besorgt? Die Schüler werden dahingehend unterrichtet werden müssen, die Fähigkeit zu entwickeln, Informationen zu recherchieren und als wichtige Information oder Wissen zu erkennen, sprich: zu selektieren und Informationen zu verknüpfen. Das gesamte Schulsystem muß neu überdacht werden.
Den Anfang macht man nun mit Laptops und eBooks, mit denen einzelne Klassen ausgerüstet werden. Laptops sind das Werkzeug der Informationsgesellschaft, das Material ist die Information an sich, sind die vielen Bits und Bytes, die auf der Datenautobahn verkehren.

In der mobilen Informationsgesellschaft wird es eine neue Orientierungslosigkeit geben, weil viele Menschen nicht wissen werden, wie man in der großen weiten Welt des Internet gute und richtige Information aufstöbert.

Die Immer-schneller-Gesellschaft

Das Tempo auf der Datenautobahn ist rasant. Man sollte Raststationen aufstellen, hat der Philosoph Konrad Paul Lissmann gefordert. Es scheint beinahe schon so, daß mit dem Tempo der Datenleitungen, von ISDN zu ADSL, von Internet I zu Internet II nicht nur der Datentransfer rascher vor sich geht, auch die Menschen müssen diese Geschwindigkeit aufnehmen. Sie müssen rascher denken und fühlen dabei immer weniger.
Vergleicht man heutige Kinder mit ihren Altersgenossen vor 30 Jahren, so sind die Kinder „schneller" geworden, haben Fähigkeiten, die man seinerzeit noch nicht in diesem Ausmaß hatte. Ob das nun Reaktionsvermögen ist, Schlagfertigkeit, Einfallsreichtum oder flexibles Denken. Das soll freilich nicht heißen, daß die Kinder damals dümmer waren. Im Gegenteil! Sie hatten Fähigkeiten, die man durchaus als Grundbedürfnisse bezeich-

nen kann und die heute langsam verlorengehen: Wärme, Geborgenheit und Sicherheit. Die Technik und die Vielfalt der Technologie lassen emotionale Erlebnisse vermissen. Emotionen sind wichtig, um zu fühlen. Für den Schweizer Psychologen LEO GEHRING sind Gefühle wichtig, da sie im Inneren Halt geben und tieferes Erleben ermöglichen. Durch die neuen Technologien werden zwar die „Tempofähigkeiten" forciert, aber die des Fühlens vernachlässigt. Wer fühlen will, sollte auch wissen, wie man sich wundert, sich fragt oder freut, wie man auf etwas wartet, wie man hofft, staunt, sich in etwas einfühlt oder mitfühlt. Solche emotionalen Erlebnisse kann man eigentlich nur auf die „altmodische" Art und Weise schaffen und erleben, deshalb wird es in Zukunft wichtig sein, daß die Eltern sich an diese alten Werte erinnern und selbst eine Informationspause einlegen.

Es ist eine Chance, daß man sich gerade in der mobilen Informationsgesellschaft auch an die „früheren Zeiten" erinnert und vergangene Traditionen wieder aufleben läßt – Alltagsrituale, wie gemeinsames Mittagessen, Musizieren, Ausflüge, Miteinanderreden etc. Denn ein Vorteil der mobilen Informationsgesellschaft wird sein, daß man rascher agieren kann und dann mehr Zeit für sich selbst, für seine Familie hat.

Der Mensch wird in der mobilen Informationsgesellschaft einige seiner Fähigkeiten verlernen. Wozu braucht man in Zukunft ein Zahlengedächtnis, wenn man etwa Telefonnummern ohnehin gespeichert hat und von einem digitalen Assistenten, wie zum Beispiel Mary, verbunden wird? „Mary, verbinde mich mit Anton Müller", lautet der Befehl. Die Antwort: „Herrn Müller mobil oder im Büro?" Zahlen sind da keine mehr im Spiel, Nummern werden nicht mehr genannt! Das Gehirn wird verlernen, gewisse Dinge auszuführen. Das kann das Zahlengedächtnis genauso sein wie der Orientierungssinn. Wozu sich orientieren lernen, wenn ein Lokalisierungsprogramm oder GPS diese Aufgabe erfüllt?

Technostreß & multimediale Tausendsassas

„Schalten Sie das TV-Gerät ab. Solange der Fernseher – auch nur im Hintergrund – läuft, verursacht er emotionalen Streß." „Machen Sie regelmäßig eine Info-Diät. Verzichten Sie mehrmals pro Woche für einige Stunden oder einen ganzen Tag auf Radio, Handy, Pager, Computer etc." Das sind die Ratschläge, die Psychologen den Menschen von heute geben. Der Technostreß ist allgegenwärtig. Man schaut im Wohnzimmer fern, während in der Küche das Radio läuft, im Schlafzimmer der CD-Player, im Büro der Computer dahinsummt und das Handy eingeschaltet auf dem Couchtisch liegt und immer wieder piepst, weil man bei seinem Netzbetreiber ein SMS-Informationsservice abonniert hat und ständig mit den neuesten Schlagzeilen aus Politik und Sport versorgt wird.
Für dieses Schwimmen in der Informationsflut braucht man eine eigene Technik, sonst geht man unter. Nicht jeder kann ein multimedialer Tausendsassa sein. In der mobilen Informationsgesellschaft würden die Menschen ohne digitale Assistenten in der Informationsflut versinken. Vieles gleichzeitig zu tun, MULTITASKING genannt, würde uns auf Dauer überfordern und unsere Aufmerksamkeit schädigen. Und wir Menschen sind um ein Vielfaches sensibler als Computer. Das soll was bedeuten! Wie oft stürzen unsere Systeme ab, weil wir zu viele Programme gleichzeitig geöffnet haben. Ähnlich ist es beim Menschen. Müssen wir auf zu vieles achtgeben, stürzen auch unsere Systeme ab.
MULTITASKING kann im beschränktem Maße erlernt werden, denn wir wachsen mit Technostreß auf, ohne es zu merken. Jugendliche kommen damit besser zurecht, nutzen verschiedene Medien gleichzeitig. Sie sitzen vor ihrem Computer und chatten, während sie im Internet nach einer Information für ihre Hausaufgabe suchen. Im Hintergrund läuft das Internetradio, und als kleines Fenster auf dem Computer ist MTV eingeschaltet. Alles wird aktiv verfolgt. Auf Chat-Messages wird

geantwortet; sieht man das Wunschvideo auf MTV, wird das Radio abgeschaltet und der Ton des Fernsehkanals lauter gestellt etc.

Als das österreichische HITRADIO Ö3 (http://oe3.orf.at) mit seiner Hitparade ins TV ging, hat man gerade auf dieses multimediale Verhalten der Kids Rücksicht genommen. Zuseher können sich nicht nur die neuesten Musikvideos ansehen – oben, unten und seitlich des Fernsehbildschirms sind eine Chatleiste, Sprechblasen und eine Flirtline eingeblendet. Alles auf einmal. Die Jugendlichen kommen mit dieser Vielfalt zurecht, doch für Erwachsene bedeutet dies Streß.

Man erinnere sich an die 60er Jahre zurück, als die ersten Radios in die Autos eingebaut wurden. Das lenkt den Fahrer vom Fahren ab, meinten Kritiker. Man lausche der Musik, dem Nachrichtensprecher oder einer Diskussion und vergesse, was sich draußen auf der Straße abspielt. Wer käme heute auf die Idee zu behaupten, daß das Radio unsere Konzentration beim Autofahren stört? Niemand. Heute ist es das Handy, das diese Diskussionen auslöst, weshalb ja auch Freisprecheinrichtungen vorgeschrieben sind.

Der Mensch kann an sich MULTITASKING erlernen – wie gesagt, in beschränktem Maße. In Zukunft werden aber die digitalen Assistenten für MULTITASKING sorgen, wir werden sie in Zukunft brauchen, um in der Informationsgesellschaft bestehen zu können. Die Zeit, in der wir leben, ist von Tempo bestimmt, wir müssen immer mehr zugleich erledigen. Das würde, genaugenommen, sogar eine Renaissance sein, ein Zurück zu den Wurzeln, denn die Geschichte zeigt, daß es MULTITASKING in gewissem Sinne schon einmal gab: in den vorbürgerlichen Kirchen, Theater- und Opernhäusern. Wer glaubt, daß die Menschen immer schon ruhig auf den Kirchenbänken oder ihren Sesseln gesessen sind, irrt gewaltig. Den passiven Zuhörer, der sich konzentriert und lauscht, gab es früher nicht. Man schlenderte durch die Gebäude, plauderte mit anderen Besuchern, während die Messe gelesen wurde oder die Schauspieler und Sänger ihr Bestes gaben.

MULTITASKING wird wieder kommen, Wissenschafter wollen sogar ein eigenes Gehirnareal entdeckt haben, das für diese Flexibilität zuständig sein soll. „Die Kunst des perfektionierten MULTITASKING bestünde darin", schrieb FLORIAN RÖTZER in TELEPOLIS, „möglichst schnell zwischen möglichst vielen Aufgabenbereichen möglichst bruchlos hin und her springen zu können." Bücher über Methoden, wie man das Gehirn trainieren, die Konzentration steigern kann, gibt es jede Menge. MULTITASKING wird eines der Schlagworte der mobilen Informationsgesellschaft sein. Kombiniert mit einem digitalen Assistenten, dessen Software voll auf MULTITASKING programmiert ist, wird jemand, der diese Fähigkeit beherrscht, besser zurechtkommen.

Verkehr

Internetautos auf der (Daten)-Autobahn

„Joe, der Wagen vor uns sagt mir, daß er Probleme mit seinem Bremssystem bekommt."
„Dann vergrößere den Sicherheitsabstand", sagt Joe. „Danke, Mary."
„Zehn Kilometer vor uns hat sich ein Unfall ereignet", meldet sich Mary erneut, „verlasse die Autobahn bei der nächsten Ausfahrt und fahre die Bundesstraße weiter."
„Das werden wohl alle machen, Mary."
„Schon, aber ich habe hochgerechnet: Wenn du jetzt rausfährst, bist du noch unter den ersten und kannst dem Stau entkommen."

Autofahren wird in Zukunft angenehmer und sicherer. Durch die in den Kraftfahrzeugen von morgen eingebaute Elektronik, durch telematische Systeme, wird die Zahl der Unfälle sinken und ebenso die Zahl der Verkehrstoten.
Die Kombination von Telekommunikation und Informatik wird das Verhalten der Autofahrer beeinflussen und auch ändern. Telematik wird im Verkehr zu einer neuen Mobilität führen. Das Handy beziehungsweise die digitalen Assistenten der Zukunft werden die Schnittstelle zwischen dem großen Verkehrssystem und den vielen kleinen Untersystemen, sprich Autos, sein. Denn Telematik ist nichts anderes als ständige Kommunikation zwischen dem Fahrer, seinem Auto, den Straßen-Informationssystemen wie Tempo-Beschränkungen oder Verkehrsdienst sowie Satelliten und künftig auch Firmen, die das System Verkehr mit Informationen versorgen.
In einigen Jahren werden auch die Autos miteinander „plaudern", werden sich gegenseitig vor Glatteis oder Staus warnen,

vielleicht auch vor Radarfallen oder Zivilstreifen. „Achtung UFO unterwegs – Unidentifizierbares Fahrendes Objekt". Aber vielleicht werden die Polizeiautos der Zukunft auch „Störinformationen" aussenden, um Verkehrssünder in die Irre zu führen.

Was war es doch für eine Sensation, als das erste Radio in ein Auto eingebaut wurde. Von „das braucht man nicht" bis zu „das lenkt den Fahrer ab" reichten damals, kurz vor Ausbruch des Zweiten Weltkriegs die Reaktionen. Heute gehört das Autoradio zur Serienausstattung beim Neukauf dazu. Da muß man als Käufer gar nicht erst fragen oder handeln. Wer schon einmal mit einem „Auto auf Zeit" oder einem Leihwagen unterwegs war oder auch nur eine Probefahrt mit einem Auto unternommen hat, in dem kein Radio eingebaut war, hat erkannt, wie sehr wir uns an die Musik, das Unterhaltungsprogramm allgemein, aber auch an die Verkehrsnachrichten gewöhnt haben.

Das Autoradio ist zur Hauptinformationsquelle geworden, wenn es darum geht, den Fahrer über die aktuelle Verkehrssituation zu informieren. Entweder, weil der Sender zu bestimmten Zeitpunkten Verkehrsnachrichten sendet beziehungsweise sein Programm unterbricht, um die Fahrer zu informieren. Oder weil auf dem Display des Radios die Information geschrieben steht. Zu wissen, wo man wann fahren kann, ist wichtig, in einer Zeit, in der Verkehrsnachrichten länger dauern als die „normalen" Weltnachrichten.

Auch künftig wird es so sein, daß man über das Radiosystem RDS/TMC – Radio Data System/Traffic Message Channel – die Information erhält und der Fahrer über das Satellitensystem GPS genau weiß, wo er sich befindet. Künftig erhält der Autofahrer diese Information von seinem Handy beziehungsweise von seinem Bordcomputer, der mit dem Handy oder digitalen Assistenten kommuniziert.

BLAUPUNKT (www.blaupunkt.de) hat im April 2000 den Prototypen eines Verkehrsinformationssystems vorgestellt, bei dem Verkehrshinweise aus dem Internet in ein WAP-Handy geliefert werden. Dabei wachsen einfach das Navigationssystem TRAVELPILOT und das GSM-Netz zusammen. Neben Navigieren und

dem Benützen der Freisprecheinrichtung kann man auch im Handy-Internet WAP surfen und nach Informationen suchen. Noch funktioniert das System aufgrund der niedrigen Datenübertragungsraten langsam, doch schon bei GPRS ab 2001 und UMTS 2002/2003 wird das Surfen rascher gehen, als wir es von den heute schnellen ISDN- oder noch schnelleren ADSL-Anschlüssen gewohnt sind.
Heute werden die Autos mit immer mehr Computertechnik beziehungsweise Elektronik ausgestattet. Airbag für Fahrer und Beifahrer? Standard sogar in Kleinstwägen. Das Antiblockiersystem ABS wird in einigen Jahren ebenfalls bei fast allen Fahrzeugen zur Standardausstattung gehören. Und in die Autos der Luxusklasse, von Mercedes über Audi bis Bmw, können sich die Käufer schon heute Elektronik einbauen lassen, die morgen ebenfalls Standard wird – ob das nun ein Tempomat, ein Einparksystem, das akustisch wie auch optisch den Abstand zum Vorder- oder Hinterauto zeigt, oder eine automatische Geschwindkeitsabsenkung beziehungsweise Drosselung des Motors ist, wenn der Fahrer zu knapp am Wagen des Vordermanns aufgefahren ist und er bei einem Zwischenfall eine Auffahrkollision verursachen würde.
Die Elektronik in den Fahrzeugen erhöht die Verkehrssicherheit. Doch nicht nur die unsichtbare Technik, die sich in den Bordcomputern befindet: Die Zukunft sind sogenannte dynamische Navigations- und Kommunikationssysteme. Systeme, die den Fahrer sofort informieren, weil sie selbst aktiv am Gesamtsystem Verkehr angeschlossen sind. Kameras und Sensoren erfassen Staus, Verkehrsbehinderungen und Unfälle oder registrieren ein Abfallen von Geschwindigkeit und melden dies in Bruchteilen von Sekunden an das Hauptsystem. Dieses „verteilt" die Information an die Kommunikationssysteme in den Autos.
Die gegenwärtigen Navigations- und Kommunikationssysteme arbeiten mit einer gewissen Zeitverzögerung. Wie oft hört man im Radio eine Staumeldung, wenn man bereits mitten drinnen ist. Man hat die letzte Ausfahrt auf der Autobahn, um den Stau zu umfahren, verpaßt, weil man die Information um das ge-

wisse Etwas zu spät erhalten hat. Aktive und dynamische Verkehrsinformationssysteme werden solche Situationen verhindern.
Wer nicht an diese Technik glaubt, soll sich einfach einmal in folgende Situation hineinversetzen: In einer Großstadt fällt bei einer Kreuzung eine Verkehrsampel aus - ein technisches System, an das wir uns schon so gewöhnt haben, das für uns wahrlich alltäglich, nichts Besonderes mehr ist. Würde jemand auf die Idee kommen, eine Verkehrsampel als High-Tech-System zu bezeichnen? Wohl kaum. Doch fällt diese Ampel bei einer Verkehrskreuzung aus, kommt es unweigerlich zum Stau. Sogar wenn ein Polizist die Ampel von Hand aus regelt, bilden sich vor dieser Ampel die Kolonnen, weil diese Ampel auf verschiedene andere Ampeln in der Umgebung abgestimmt wurde. Der Schaltplan, das Umspringen von Rot auf Grün, ist ja kein Zufall und wurde von Verkehrsexperten genau berechnet. Der Mensch als Bindeglied kann die technische, die sekundengenaue Arbeit der Ampel nicht übernehmen. Das zeigt, daß Verkehrsleitsysteme in Zukunft sehr wichtig sein werden, noch wichtiger als heute schon Verkehrsampeln sind.
Wer in einem kilometerlangen Stau steckt, vielleicht vor eben einer solchen ausgefallenen Ampel, würde vermutlich gerne wissen, warum sich die Kolonne nur langsam nach vorne bewegt. Künftig wird Joe von seinem Auto beziehungsweise von Mary informiert: „1,5 Kilometer vor uns ist eine Ampel ausgefallen." Joe wird sich darüber zwar ebenso wie heutzutage ärgern, doch wenigstens weiß er künftig, was passiert ist, und kann abschätzen, wie lange es dauern wird. Dank Mary, seinem digitalen Assistenten.
Die Autos der Zukunft werden standardmäßig mit On-Board-Units ausgestattet sein. Terminals, die den Autofahrer nicht nur den Weg ansagen, sondern ihn auch vor Staus und Unfällen bewahren. Eine solche On-Board-Unit, ein Computer mit Anschluß ans Internet und damit auch an das Telekommunikationsnetz, wird ständig mit dem Verkehrssystem kommunizieren und immer auf dem aktuellen Stand sein.

Verkehrstelematik wird nicht nur die Verkehrsflüsse steuern, sondern auch die Straßen sicherer machen. Die Zahl der Verkehrstoten wird in der mobilen Informationsgesellschaft drastisch sinken.

Roadpricing via Handy

In allen europäischen Ländern zerbrechen sich Verkehrsexperten seit Jahren den Kopf, wie man den Verkehr am besten und fairsten besteuern könnte. Roadpricing-Systeme stoßen auf wenig Gegenliebe, werden aber, um das Straßennetz auch in Zukunft instandhalten zu können, notwendig sein. Mit den Kommunikationsmitteln der Zukunft wird dieses Ziel mit Leichtigkeit realisiert werden können.
Ziel der Europäischen Union ist es, eine elektronische Maut von „Fahrzeugtyp, Zeit und Reisegegenden" abhängig zu machen – also von den Faktoren Ort, Zeit und Lkw beziehungsweise Pkw oder Motorrad. Wer in Ballungszentren zur Rush-hour fährt, zahlt mehr als jemand, der in ländlichen Gebieten unterwegs ist.
Was durch die Telematik in Hinkunft noch erzielt wird: ein faires Abrechnungssystem. Heute wird jeder Pkw-Besitzer zur Kasse gebeten, egal, ob er viel unterwegs ist oder nur selten in seinen Wagen steigt. Jeder zahlt in den großen Topf des Fiskus, der damit Straßenbenützung und -erhaltung finanziert. Künftig werden jene, die viele Kilometer abspulen, mehr zahlen, denn die Telematik-Systeme der Zukunft machen ein individuelles Abrechnungssystem möglich. Haftpflichtversicherung, Kfz-Steuer etc. können entsprechend der Kilometerleistung und Straßenbenützung exakt berechnet werden.
Wie im Individualverkehr wird es diese persönliche Abrechnung auch im öffentlichen Verkehr geben. Bei der Benützung der Stadt- oder Straßenbahn wird sich der Fahrpreis künftig nach

Nutzung, also nach Zeit oder Wegstrecke richten und entsprechend vom Handy abgebucht.
2002 will Österreich mit einem Lkw-Roadpricing-System starten. Basis ist ein automatisches Mautsystem via Funk. Dabei kommunizieren On-Board-Units mit Empfangsanlagen, die entweder in bestimmten Abständen den Straßen entlang oder wie Balken über der Fahrbahn aufgestellt werden. Das Lkw-Roadpricing-System kostet drei Milliarden Schilling (218 Millionen Euro), allein in bauliche Maßnahmen werden zwei Milliarden Schilling (145 Millionen Euro) investiert. In eine Technologie von vorgestern.
In Deutschland zum Vergleich plant man ein vollelektronisches Roadpricing. Und der Mobilfunk der Zukunft macht dies leicht möglich. Denn die österreichische KAPSCH-GRUPPE, die sich auf mobile Lösungen spezialisiert hat, geht davon aus, daß es in einigen Jahren zu einer Verschmelzung von Kommunikation, Navigation und Identifikation (KNI) kommt. In Zukunft werden die Autos schon mit einer im Passagier- oder Motorraum eingebauten „KNI-Box" oder intelligenten ON-BOARD-UNIT die Fabrikhallen verlassen.
Ein Auto mit einer solchen ON-BOARD-UNIT, die am Internet hängt, hängt auch am mobilen Kommunikationsnetz und kann identifiziert werden. So wie heute schon Frächter ihre Lkw-Flotten kontrollieren und überwachen können, weil die darin installierten GSM-Handys ihren Aufenthalt per GPS an die Zentrale senden, oder Autoleihfirmen ihren Konvoi überwachen, damit kein Wagen etwa von Deutschland in die diebstahlsgefährdeten Gebiete von Osteuropa gebracht wird, kann das auch beim Roadpricing realisiert werden. In Zukunft noch besser als in der Gegenwart.
Möglich gemacht wird dies durch das GSM-LOCATING-SYSTEM. Man kennt den Standort eines Handys. War in der Vergangenheit eine Genauigkeit von etwa 100, in städtischen Gebieten etwa 20 bis 50 Meter möglich, so ist man bei der Exaktheit bereits auf zehn Meter. Im künftigen Mobilfunknetz UMTS, das es in Österreich etwa zur gleichen Zeit geben wird wie das veral-

tete Lkw-Roadpricing-System, wird die Genauigkeit weiter verbessert werden. Zum einen deshalb, weil das UMTS-Netz noch engmaschiger gebaut werden muß, sprich, es noch mehr Sendemasten geben wird, zum anderen, weil mit der immer besser werdenden Software die Position eines Handys immer genauer errechnet, das Fahrzeug besser geortet werden kann.
In Zukunft braucht man kein Satellitensystem mehr, um in Industrieländern die Position eines Handy-Benützers oder eines Fahrzeugs mit einer On-Board-Unit festzustellen, es genügt ein an das mobile Kommunikationsnetz angeschlossenes Gerät. Und dieses kann sehr wohl auch so programmiert sein, daß es – ähnlich einem Fahrtenschreiber – die genaue Strecke „mitschreibt" und ständig mit einem System anonymisiert abgleicht.
Freilich wird dieses Roadpricing-System auch das Pendler-Problem berücksichtigen müssen. Für Pendler wird es eigene Pendler-Tarife geben. Für eine bestimmte Strecke einen Pauschaltarif für eine Woche, einen Monat oder gar ein Jahr. Denkbar ist auch die Variante, daß Pendler für die Fahrt von und zu ihrem Arbeitsplatz gar nichts zahlen müssen.
Diese Technologie kann theoretisch aus Autofahrern „gläserne Verkehrsteilnehmer" machen. Denn man kann nicht nur feststellen, wer auf welcher Straße wann und mit welchem Fahrzeug fährt. Es kann auch ein perfektes Bewegungsprofil erstellt werden. Jeder Meter, den ein Autofahrer zurücklegt, ist hier dokumentiert. Theoretisch ließen sich damit auch Geschwindigkeitsübertretungen ahnden, da das System einen Autofahrer, der für die Strecke A nach B – bei Einhaltung aller Verkehrsvorschriften – 39 Minuten benötigen darf, aber vielleicht schon nach 32 Minuten am Ziel ist, automatisch bestrafen kann.
Grundsätzliche Datenschutzbedenken müssen in diesem Zusammenhang auf jeden Fall ausgeräumt werden. Es wird Aufgabe der Politiker sein, ein funktionierendes anonymisiertes System zu installieren.

Das Internet-Auto

BILL GATES träumt schon seit Jahren vom Auto, das nicht nur mit einem MICROSOFT Betriebssystem ausgestattet ist, sondern auch ans Internet angeschlossen ist. Sein Auto soll nicht nur die Route von A nach B anzeigen, sondern auch die geöffneten Tankstellen und den jeweils aktuellen Treibstoffpreis. Online kauft er sich die dazupassende Road-Music ein, die während der Fahrt aus seinem Multimedia-Terminal zu hören ist. Und ist das nächste Service fällig, soll der Wagen automatisch einen Termin bei der nächsten Fachwerkstätte einbuchen und diesen Termin außerdem gleich in den persönlichen Kalender des Fahrers übertragen.

BILL GATES' Träume werden wahr, denn beim Automobilsalon in Genf präsentierte CITROEN einen XSARA WINDOWS CE. Einen Mittelklassewagen, den es in dieser Form bereits in zwei Jahren zu kaufen geben wird. Ein Auto-PC mit Internet-Zugang, der alles können wird, wovon Visionäre schon heute träumen. Der Wagen navigiert den Fahrer nicht nur durch das Straßennetz, sagt den richtigen Weg an oder liest neu eingelangte eMails vor, sondern gehorcht auch aufs Wort. Mittels Sprachsteuerung lassen sich das GSM- und später das UMTS-Telefon benutzen, Radio und CD-Player einschalten. Man kann auch im Internet surfen und auf der Heimfahrt Lebensmittel bestellen.

Bereits 2002 will der französische Autokonzern in vier von fünf Autos dieses Elektronik-Paket, das etwa 3.633 Euro kosten wird, serienmäßig einbauen.

Das Auto in ein fahrendes Internet-Portal zu verwandeln, plant auch der amerikanische GENERAL MOTORS Konzern. Das erste GM-Internet-Auto wird noch 2000 aus den Fabriken rollen. 400.000 Autos, Sportfahrzeuge, Pickups und Minivans sollen mit ihren Fahrern auch reden können, kündigte Unternehmenssprecher TODD R. CARSTENSEN an. Auch die anderen Autohersteller, von HONDA, VW bis AUDI und BMW werden Autos mit Internet-Anschluß auf den Markt bringen. Zuerst in den Luxus-Autos, später auch in Mittelklassewagen. Einer der Zulieferer der Auto-Internet-Technologie, Delphi Automotives, hatte bereits Anfang 2000 Auftragsbestellungen im Ausmaß von 24 Milliarden Euro.

Ford will seine ersten WWWW-Autos 2001 auf den Markt bringen – alle Lincoln-Modelle sollen mit Internetanschluß ausgestattet sein. Innerhalb der kommenden drei Jahre wird Ford alle Neuwagen in ein Internet-Portal verwandeln, bestätigte Ford-Boß Jacques A. Nasser. DaimlerChrysler plant, im Laufe der kommenden zwei Jahre in alle Neuwagen einen kleinen Bildschirm, Mikrofon und ein Autotelefon einzubauen.

Jetzt ist die Zeit für WWWW- und Internet-Autos reif. Skeptiker erinnern sich noch an eine Periode Mitte der 80er Jahre, als Chrysler ein Auto auf den Markt brachte, das reden konnte. Sätze wie „Der Tank ist leer“ oder „Bitte anschnallen“, von einer damals sehr unmenschlichen Computerstimme gesprochen, brachten so manchen Autofahrer, der diese „Luxusausstattung“ bestellt hatte, zur Weißglut.

Autos werden in Zukunft nicht nur mit dem Fahrer sprechen, sondern auch mit anderen Verkehrsmitteln kommunizieren und aktiv in das Verkehrsgeschehen eingreifen.

Fahrzeit wird Arbeitszeit

Mitfahrer, Politiker oder Firmenchefs mit Chauffeur oder auch Zugreisende erledigen schon lange während Autofahrten Arbeiten. Auch viele Pendler und Zugfahrer nützen mitunter die Fahrzeit, um Unterlagen durchzusehen oder auch einfach um ein gutes Buch oder eine Zeitung zu lesen. Das werden dank des Mobilfunks in einigen Jahren auch jene können, die selbst am Steuer sitzen. Die Kfz-Industrie stellt sich das Auto der Zukunft entweder als fahrendes Büro oder als Wohnzimmer auf vier Rädern vor. Ein fahrendes Büro, in dem der Fahrer seine

Arbeiten verrichten kann, weil er mit dem Computer über Spracheingabe kommuniziert. Er wird nicht nur eMails beantworten können, sondern auch im Internet surfen – oder er läßt sich etwas vorlesen, wie etwa STEPHEN KINGS Kurzgeschichte RIDING THE BULLET (www.simonsays.com), die nur in digitaler Form erschienen ist, oder die aktuelle Online-Ausgabe seiner Lieblingszeitung.
Das Auto als Wohnzimmer. Eltern, die mit ihren Kindern lange Strecken Richtung Urlaubsziel zurücklegen müssen, wissen davon ein Lied zu singen. Pointiert brachte das einmal ein österreichischer Radiosender mit dem Satz „Papa, mir ist schlecht, ich hab an Durst, ich muß lulu, samma schon da?" auf den Punkt. Mit Kindern zu reisen, ist mitunter sehr anstrengend. Nicht immer helfen Spiele, Süßigkeiten oder andere Tricks. Das deutsche Unternehmen DATA PROTECT (www.dataprotect.de) stellte auf der CEBIT 2000 seinen MEGACAR vor, eine High-Tech-Limousine auf Basis eines S-KLASSE-MERCEDES. Das Auto verfügt über eine Online-Verbindung ans Internet mit einer Übertragungsrate von 150 Kilobit pro Sekunde – im UMTS-Zeitalter sind stationär sogar 2 Megabit pro Sekunde möglich –, drei Webcams im Fahrzeugraum übertragen bis zu 30 Bilder in der Sekunde, für alle Insassen gibt es Anschlüsse für Notebooks, und in die Sitze sind Bildschirme eingebaut, auf denen man nicht nur fernsehen oder Videos anschauen kann, sondern auch im Internet surfen oder chatten.

Weniger Verkehr – eine Utopie

Immer wieder wird behauptet, daß vor allem durch die Tele- und Mobilkommunikation der Zukunft das Verkehrsaufkommen sinken wird. Ein Irrglaube, sind auch Verkehrsexperten überzeugt, die in einer von der österreichischen ÖAMTC-Akademie durchgeführten internationalen Delphi-Studie zur Technisierung des Straßenverkehrs zu diesem Schluß kommen. Bis zum Jahr 2015 wird es durch Telekommunikation zwar eine

Verkehrsreduktion von etwa fünf Prozent geben, aber da sich das Mobilitätsbedürfnis des Menschen ändert, wird diese Reduktion wieder aufgehoben.

Telearbeitsplätze werden nicht zu einer Reduktion des Verkehrs führen. Die Verkehrsströme werden lediglich verlagert. Es wird zwar Auswirkungen auf den Berufsverkehr geben, da weniger Menschen gleichzeitig zur Arbeit fahren – in einer Delphi-Studie des Karlsruher FRAUNHOFER Instituts kommt man zum Schluß, daß in etwa zehn Jahren ca. 30 Prozent der Büroangestellten an mindestens zwei Tagen von zu Hause aus arbeiten werden –, aber die Menschen, an sich gewohnt, mobil zu sein, werden dafür in der Freizeit mehr unternehmen, werden die eingesparte Fahrzeit von und ins Büro in ihre Freizeit verlagern, werden nach der Arbeit ins Auto steigen.

Jeder Mensch ist im Durchschnitt eine Stunde pro Tag unterwegs. Das hat sich seit Jahrhunderten nicht geändert. Was sich aber verändert hat, sind die Distanzen, die überwunden werden. Sie wurden größer. Ist man, sagen wir vor etwa vier Jahrzehnten, maximal 20 Kilometer in die Arbeit gependelt, so sind es jetzt 100 bis 300 Kilometer, die man an einem Tag zurücklegt, um an den Arbeitsplatz zu gelangen. Der Mensch will nicht nur mit seinem Laptop, seinem Handy mobil sein, er will diese Freiheit auch insofern genießen, daß er mit seinem Auto, mit Verkehrsmitteln sich dorthin bewegen kann, wohin er will und vor allem auch, wann er will. Darum wäre es ein Widerspruch, würde man behaupten, digitale Mobilität würde die andere Mobilität, jene, die wir gewohnt sind, verdrängen oder eindämmen. Das Mobilitätsbedürfnis liegt im Blut des Menschen. So, wie wir das Handy lieben, weil wir damit mobil immer erreichbar sind, lieben wir auch in Zukunft Verkehrsmittel, ob das nun unser Auto oder das Flugzeug ist, weil wir rasch von A nach B kommen.

Mobilität ist nicht nur die Nutzung von neuen Kommunikationsmedien wie Mobiltelefon, Laptop oder Internet oder eben das Wireless World Wide Web. Mobilität ist der Weg zwischen zwei Aktionen, zwischen zwei Orten, zwischen Bildung und

Freizeit, zwischen Wohnen und Arbeiten. Und dieser „Weg" wird mit Fahrzeugen und auch mit neuen Medien „begangen". Es ist Wunschdenken, wenn man hofft, daß durch Telearbeit der Verkehr eingedämmt wird oder es zu weniger Staus kommen wird. So, wie der Computer nicht Mitarbeiter ersetzt, sondern dazu geführt hat, daß Mitarbeiter besser ausgebildet werden und sogar mehr Gehalt bekommen, so, wie das Fernsehen nicht das Kino ersetzt hat oder das digitale Buch den guten Roman, so wird auch Telekommunikation nicht den Verkehr reduzieren. Zu einer Verbesserung auf dem Sektor der Verkehrsprobleme, wie etwa Staus und Unfälle, wird es durch Telematik, durch aktive mitdenkende Verkehrsinformations- und Verkehrskommunikationssysteme kommen, doch eine Reduktion des Verkehrs an sich wird auch sie nicht bewirken, denn eines wird bei dem ganzen Wunschdenken nach weniger Verkehr immer vergessen: die Altersschere.
Die jungen Autofahrer auf der einen und die alten Pkw-Lenker auf der anderen Seite. Die Menschen werden immer älter, bleiben dank der medizinischen Fortschritte auch im hohen Alter noch fit und wollen auf Mobilität nicht verzichten. Und zur Mobilität in unserer Zeit gehört auch ein Verkehrsmittel, der eigene Pkw. Mehr Menschen bedeutet schlicht: mehr Autos.
Ein weiterer Aspekt, warum es trotz technischem Fortschritt künftig mehr Autos auf den Straßen geben wird, ist die derzeitige Diskussion, das Führerscheinalter von 18 auf 17 Jahre hinunterzusetzen. Wird dies realisiert, würden mit einem Schlag, so die Schätzungen von Verkehrsexperten, Tausende Autos mehr auf deutschen und österreichischen Straßen unterwegs sein. Denn nicht alle Jugendlichen werden das Auto der Mutter oder des Vaters verwenden, manche werden in der heutigen Wohlstandsgesellschaft wohl ein eigenes Auto erhalten.
Auch aufgrund dieser Aspekte wird es wichtig sein, den Verkehr der Zukunft mit telematischen Systemen zu leiten und zu organisieren.

Visionen 3000

Die fünf Sinne des Menschen

„Joe, dieser Regenwald riecht wunderbar." Bei der Suche nach einer ausgefallenen Auszeit-Destination für Joe ist Mary auf den WWWW-Auftritt der Tourismusbehörde von Queensland gestoßen."
„Mary, du hast recht, aber suche noch nach einer Webnose an einem der österreichischen oder deutschen Seen. Also, am Klopeinersee duftet es auch sehr gut, da dürften die Bauern gerade frisch gemäht haben, da es so nach Wiese riecht."
„Ja, Joe, es hat vor drei Stunden zu regnen aufgehört, jetzt dampfen die Wiesen und verteilen den Duft des Grases."

Computer, die riechen, Maschinen, die schmecken, und digitale Assistenten, die fühlen können. Auf den ersten Blick erscheinen solche Visionen wie absurde Hirngespinste. Technische Geräte, ausgestattet mit menschlichen Sinnen?
Vieles ist machbar geworden, aber denkende Maschinen, die sich wie Menschen benehmen und Entscheidungen treffen können? Das scheint ein Ding der Unmöglichkeit. Doch um die fast schon überbeanspruchte Phrase „Irren ist menschlich" in diesem Zusammenhang zu verwenden, sollte man bei Prognosen beziehungsweise Visionen in diesem Bereich vorsichtig sein. Sehr vorsichtig sogar.
Manchen ist wohl der Name Thomas Watson ein Begriff. Er war 1943 Vorstandsdirektor von IBM und wurde einige Jahrzehnte später durch ein Zitat „berühmt": „Ich denke, daß es einen Weltmarkt für vielleicht fünf Computer gibt."

Ein gewisser Bill Gates fühlte sich bemüßigt, 1981 eine Prognose für die Zukunft abzugeben: „640 Kbytes Arbeitsspeicher ist das meiste, was eine Applikation jemals benötigen sollte.“
1899 prägte Charles Duell, damals Leiter des US-Patentamts, eine Aussage für die „Ewigkeit“, die uns, zu Beginn des dritten Jahrtausends, zu denken geben sollte: „Es gibt nichts Neues mehr. Alles, was man erfinden kann, ist schon erfunden worden.“
Es ist wirklich schwer, vorherzusagen, was uns in drei, vier oder gar fünf Jahrzehnten erwartet, zu rasch geht in der Technologie der Fortschritt voran. Als Graham Bell 1876 das Telefon „erfand“, sprich um einige Stunden früher patentieren ließ als sein Erfinderkollege Elisha Grey, konnte er nicht ahnen, welchen Siegeszug seine Erfindung einmal antreten würde. Daß es jemals ein tragbares Telefon geben könnte, das ohne Kabel funktioniert, daran hätte sicherlich auch Graham Bell nicht geglaubt. Es hat immerhin auch 100 Jahre gedauert, bis das Telefon mobil wurde. Die ursprünglich fast zehn Kilogramm schweren Geräte wurden weiterentwickelt und sind heute nicht nur klein und leicht, sondern intelligenter und leistungsfähiger als der 486-Prozessor-Bordcomputer des Hubble Teleskops, und haben zudem noch Zugang zum Internet.
Heute scheint es fast schon so, als ob den Visionären bei den Handy-Herstellern die Visionen für die Handy-Zukunft ausgehen. Sie glauben zwar zu wissen, mit welchen Geräten wir in fünf, zehn Jahren konfrontiert sein werden und was diese können werden, aber darüber hinaus?
Werden die digitalen Assistenten riechen können? Wird Mary schon im Vorfeld abklären können, ob Joe vom Duft eines Parfums angetan sein wird, ob er den Geruch des Käses aus dem Online-Supermarkt mag oder ob ihm die Flasche Bordeaux mundet?
Man stelle sich vor: Joe sitzt irgendwo im Auto oder in einem Café und surft mit seinem digitalen Assistenten durch das Angebot des Wireless World Wide Web, um ein Parfum, als Muttertagsgeschenk, zu suchen. Er muß sich darauf verlassen, aus

der Ferne beurteilen zu können, ob das der Duft ist, der zu seiner Mutter paßt.
Bald schon werden wir auch riechen können, wenn wir den Online-Shoppingmarkt betreten und auf eine bestimmte Taste drücken: „Duftprobe, bitte hier klicken." Das US-Unternehmen DigiScents (www.digiscents.com) hat Ende 1999 verlautbart, eine Technologie entwickelt zu haben, mit der es möglich ist, Gerüche künstlich zu erzeugen. Mit iSmell, wie das Projekt heißt, sollen Internetseiten, eCommerce-Webseiten, Filme und auch eMails angereichert werden. Man wird durch einen Wald spazieren, einem Freund eine eMail schicken und ihm nicht nur sagen und zeigen können, daß man gerade über moosbedecktem Waldboden wandert, sondern auch den wunderbaren Duft der Natur übermitteln.
Nach Meinung von DigiScents ist der Geruch der „primitivste Sinn des Menschen", weil er in den emotionalsten Teil des Gehirns vordringt. Unsere Vorfahren hätten ihre Nase stärker beansprucht, hätten mit ihr nach Nahrung gesucht, Freunde ausgewählt und auch Gefahren gerochen. Bei der Game Developers Conference wurde Anfang März 2000 der persönliche Duft-Synthesizer vorgestellt – ein Zusatzgerät für den Computer, das digitale Düfte abgibt. In der kleinen Box wird Luft angesaugt, die über 36 Phiolen mit Duftölen – ähnlich einer Druckerpatrone – strömt. Dabei werden die Duftöle zu einem synthetischen Duft vermischt und in Richtung Nase gespritzt. 16.000 Gerüche sollen möglich sein, 1.000 Düfte sind für die erste iSmell-Box vorgesehen.
Computer in riechende Geräte zu verwandeln, die jeden Duft aufschnappen und ihn an User weitervermitteln können, ist eines der Ziele von so manchem Biotechnologieunternehmen, denn immer mehr Experten zerbrechen sich den Kopf, wie man auch die Nase im Multimedia-Zeitalter befriedigen könnte. Computerexperten des MIT in Massachusetts haben einen Chip erfunden, der Menschen eingepflanzt werden und dort pharmakologische Substanzen abgeben kann. Genau derselbe Chip kann auch in Geräte eingebaut werden und dort chemische

Substanzen in Räume strömen lassen. Als Vorstufe schlägt der amerikanische Biochemiker des MIT, ROBERT LANGER, vor, Schmuckstücke zu entwickeln, in denen diese Chips eingebaut sind. Sie messen die Hautfeuchtigkeit und geben Parfum ab, wenn es zu heiß ist und eine „Extraladung" Duft den Schweißgeruch überdecken soll.
Riechchips könnten auch im medizinischen Bereich Anwendung finden, etwa in Menschen implantiert werden, die etwas ähnliches wie Duftschwierigkeiten haben, sogenannte RIECH-PROTHESEN, wie sich das die Experten von DIGISSCENTS vorstellen. Auch israelische Wissenschafter haben Anfang 2000 ein Projekt vorgestellt, bei dem Laien noch die Nase rümpfen. Zwei Forscher des WEIZMANN-INSTITUTS in Rehovot bei Tel Aviv, der Mathematiker DAVID HAREL und der Biochemiker DORON LANCET, arbeiten bereits seit geraumer Zeit an einem digitalen Duftgerät für Computer. Werden ihre Vorstellungen wahr, so wird Joe, wenn er ein Formel 1-Rennen verfolgt, nicht nur die dröhnenden Motoren hören, sondern die PS-starken Boliden auch riechen können. Und durch Joes Büro wird, wenn er ein Computerspiel spielt und auf den Gegner ballert, eine Pulverqualm-Schwade ziehen. Er wird, wenn er auf der Suche nach einer Urlaubsdestination, also nach „Auszeit" ist, sein Traumziel schon vorher riechen können.
Das Gerät, das Gerüche erzeugt, funktioniert bereits. Auch die Übertragung der digitalen Geruchssignale ist kein Problem. Lediglich die WEBNOSES sorgen noch für ein wenig Arbeitsaufwand. Werden sich Duftcomputer, Duftkino oder Geruchs-TV einmal durchsetzen, so sind viele Anwendungen denkbar. Im Tourismus könnten Regionen auf ihre „gesunde Luft" aufmerksam machen, auch „Alkoholtests" sind möglich – „Hauchen Sie bitte in Ihr Handy. Ha, die elektronische Nase verrät, daß Sie zu viel getrunken haben." Werbung und Marketing bekommen eine neue Dimension, wenn man Menschen mit der Nase verführen wird können.
Wenn Computer schon riechen können, wann werden sie dann fühlen können, was wir denken, wie wir denken? Visionäre

gehen davon aus, daß das System unseres digitalen Hauses in einigen Jahrzehnten erkennen wird, wie wir uns fühlen, wenn wir unsere Wohnung betreten, ob wir zum Beispiel schlecht gelaunt oder depressiv sind, weil es draußen nebelig und trüb ist. Automatisch wird es dann jene Musik auflegen, die unsere Nerven beruhigt.
Computer, die fühlen, mitfühlen? Es ist wissenschaftlich erwiesen, daß sich die Oberfläche unserer Haut je nach Stimmungslage ändert, immer anders „geladen“ ist, sprich: Der Ladungszustand der Ionen an unserer Hautoberfläche ändert sich. Wird ein Chip, der diese Ladung analysieren kann, auch wissen, wie es uns geht, was wir fühlen?
Wir Menschen müssen unsere Vorstellungskraft sehr strapazieren, wenn es darum geht, was in 20, 30, 50 oder gar 100 Jahren sein könnte. Alles ist möglich. Eine Liebesnacht mit der digitalen Assistentin? Ein Treffen im Cyberspace? Roaming mit dem Mars? Telefonieren auf dem Jupiter?
Sind intelligente Gebäude, künstliche Lebensformen jene Zukunft, die wir uns wünschen? Der schon im Einleitungskapitel erwähnte Film THE MATRIX ist ein Beispiel dafür, wie sich Realität und Virtual Reality völlig vermischen. Man kann nicht feststellen, wo die Wirklichkeit endet und die virtuelle Realität beginnt. Nach dem gleichen Schema funktioniert der Film JURASSIC PARK. Ist nicht der Erfolg dieser beiden Filme Beweis dafür, daß Menschen gerne zwischen diesen beiden Welten leben wollen, eigentlich betrogen werden wollen?
Wenn man den Vizepräsidenten von NOKIA, ANSSI VANJOKI, nach seinen Visionen für die nächsten zwei, drei Jahrzehnte befragt, antwortet er provokant: „Das Handy wird unsere DNA zersetzen, wir werden in unsere einzelnen Bestandteile zerlegt und können so von A nach B transportiert werden.“ Eine neue Form des Reisens, man könnte es auch schlichtweg „Beamen“ nennen. Man könnte weiter phantasieren, kann sogar Überlegungen anstellen, daß die Menschen auch mit digitalen Partnern leben werden, mit virtuellen Schöpfungen, die dem Idealbild entsprechen; die man, wenn es eine Beziehungskrise gibt, ein-

fach umprogrammiert – aus der brünetten Begleiterin wird eine attraktive Rothaarige, aus dem blonden Assistenten ein athletischer Schwarzhaariger.
Wie werden wir mit den Computern in Zukunft leben? Welche Rechte werden sie besitzen? Werden wir in einer Welt der völligen Fiction leben? Zuvor stellt sich die Frage, was die Computer, unsere digitalen Assistenten also in Zukunft alles können werden, welche Fähigkeiten wir für sie schaffen!
Mit den Handys der ersten Generation (1 G abgekürzt) – B-Netz, C-Netz – konnten wir telefonieren, die Geräte haben sozusagen HÖREN gelernt. Die Mobiltelefone der zweiten Generation (2 G) konnten auch SEHEN. Wir können in den GSM- und WAP-Handys lesen, was im Display geschrieben steht. Wir sehen SMS, sehen WAP-Inhalte und abgespeckte Internet-Seiten. Wir können erahnen, was uns in der dritten Handy-Generation, 3 G, erwartet: Ein Multimedia-Terminal für Video, information on demand, zum Einkaufen, ein digitaler Assistent. Am Riechen wird gearbeitet. Was ist mit FÜHLEN? Was mit SCHMECKEN? Der Mensch hat fünf Sinne! Erst zwei konnten bislang digitalisiert werden.

Wenn der Mensch via Computer riechen, schmecken und fühlen kann, hat er eine weitere Stufe der Evolutionsleiter erklommen.
Mit der Aufschlüsselung der Sinne durch den Computer steht dem Menschen mit einem Mal die ganze Welt offen – neue Horizonte eröffnen sich.

Glossar

ADSL (Asymmetric Digital Subscriber Line) – System im Festnetz, das ISDN nachfolgen wird. Datenübertragungsrate: bis zu acht Megabit/Sekunde.

Applikation – Dieser Begriff, den man in diesem Zusammenhang auch als Anwendung, Dienst, Service bezeichnen kann, wird meist in Verbindung mit einer Software verwendet, die die Funktion eines Dienstes übernimmt.

ARPA-Net (Advanced Research Project Agency Network) – Netzwerk, das von der Advanced Research Projects Agency Ende der 60er Jahre installiert wurde und als Vorläufer des Internet gilt.

Attachment – Datei, die als „Anhängsel" einer E-Mail mitgeschickt wird.

Authentifizierung – Methode, die die Identität eines Benutzers oder Partners sichert. Eine gängige Methode ist die Verbindung eines Benutzernamens mit einem geheimen Paßwort oder Code, das bzw. den man bei der Anmeldung eintippen muß.

Banner – Grafik (Werbegrafik), die mit einem Link zu einer Homepage führt. Banner sind eine sehr weit verbreitete Methode, um Webseiten zu bewerben und damit Geld zu verdienen. Abgerechnet wird meist, indem die Klicks auf die Banner gewertet werden.

Bit (Binary digit) – Kleinste Einheit von Informationen; repräsentiert entweder eine 1 oder eine 0.

Bluetooth – Technologie, die künftig Stecker und Verbindungskabel überflüssig macht. Bei Bluetooth werden mobile Geräte über Funk verbunden – Voraussetzung: Die Geräte müssen mit einem Bluetooth-Chip ausgestattet sein.

Browser – Programm, mit dem HTML-Dokumente dargestellt und Befehle im WWW weitergeleitet werden.

Byte – Acht aufeinanderfolgende Datenbits.

CeBIT - Jährlich stattfindende Elektronikmesse in Hannover.

Chat - Elektronische Unterhaltung via Internet und Tastatur, bei der man live mit einem oder mehreren Teilnehmern sprechen bzw. den Text eintippen kann. Im Internet ist der Chat-Dienst über das Internet Relay Chat Protocol (IRC) standardisiert.

.com - Namenserweiterung, die kommerzielle Nutzer des Internet identifiziert. .com-Domänen werden nur vom amerikanischen NIC vergeben.

Cracker - Jemand, der sich in böser oder krimineller Absicht unautorisierten Zugang auf Rechnersysteme verschafft.

Cybercash/eCash/eMoney - Virtuelles Bargeld, mit dem im Internet online für angebotene Waren und Dienstleistungen bezahlt werden kann.

Cyberspace - Virtuelle Welt. Abgeleitet von der griechischen Steuermannskunst „Kybernetik" und dem Raum „Space".

Delphi-Studie - Eine Delphi-Befragung besteht aus zwei „Befragungsrunden". Erarbeitete Thesen werden einer großen Anzahl von Experten zur Bewertung vorgelegt. Deren Antworten werden ausgewertet und demselben Personenkreis noch einmal zugeschickt. In der zweiten Runde sollen die Experten ihre Antworten unter dem Einfluß der Einschätzungen der anderen Kollegen noch einmal überdenken und neu bewerten. Da es sich bei der Delphi-Studie um ein anonymes Verfahren handelt, verliert keiner der Experten das Gesicht, wenn er seine Meinung ändert.

Digitale Unterschrift/Signatur/Tinte - Eine in Bits zerlegte Unterschrift, mit der man im Internet bezahlen und Verträge abschließen kann. Jede digitale Unterschrift basiert auf einer Verschlüsselungstechnik, und zwar auf dem asymmetrischen Verfahren.

Domain - Eine Domain ist der Teil des Netzes, der die Ressourcen eines Netzes verwaltet. Im Internet gibt es neben den bekannten Domains wie .com, .org, .net noch etwa 200 weitere nationale Domains, die den Staaten zugewiesen wurden.

eCommerce - Handel, Vermarktung von Waren und Dienstleistungen im Internet und via WWW.

eMail (Electronic Mail) - Übermittlung von Nachrichten zwischen zwei Computerbenutzern über ein Netzwerk, in der Regel Internet oder auch Intranet. Es wird dabei das Protokoll SMTP verwendet.

eMail-Adresse – Jeder Internet-Benutzer hat eine elektronische Postfachadresse, die sich aus einer Bezeichnung seines Postfaches, dem @-Symbol (Klammeraffe) und der Internet-Server-Adresse zusammensetzt.

Elektronische Postkarte – Künftig wird man eMail-Postkarten verschicken können – ähnlich wie es heute schon möglich ist, an eine eMail ein Bild als Attachment zu hängen.

Extranet – Nichtöffentlicher Teil des Internet, in das man nur mit Berechtigung hineindarf und an dem verschiedenste Unternehmen angeschlossen sind.

Firewall – „Brandschutzmauer" in Rechnersystemen. Eine Firewall ist eine Software, mit der Provider und Firmen ihre Rechnersysteme schützen, um Hacker & Cracker abzuwehren.

Format – Auch Datenformat. Bezeichnung für die Art der Repräsentation von Informationen in einem Datenelement. Ein Format gibt z. B. an, ob Text oder Zahlen gespeichert werden.

GPRS (General Packet Radio Service) – Erste Vorstufe zu UMTS. GPRS ist die Weiterentwicklung des GSM-Netzes. Durch GPRS wird die Datenübertragungsrate von 9,6 Kilobit in der Sekunde auf bis zu 170 Kilobit in der Sekunde angehoben.

GPS (Global Positioning System) – Satellitennavigationssystem, das von der US-Armee erfunden wurde. Bei GPS kreisen 24 Navigationssatelliten in einer Höhe von etwa 20.200 Kilometern um die Erde. Erhält ein Empfänger – eingebaut im Auto, Schiff oder künftig auch im Handy – Daten von mindestens vier Satelliten, kann seine Position auf 50 bis 100 Meter genau festgestellt werden.

GSM (Global System of Mobile Communications) – Das derzeitige weltweit verbreitete Handy-Netz, das Anfang 1999 von 324 Betreibern angeboten wurde.

Hacker – Experte in Programmierung und Problemlösung in der EDV. Meistens verwechselt mit einem Cracker (jemand, der unbefugt in Computersysteme eindringt) oder einem Phreaker (jemand, der sich fremde Telekommunikationszugänge verschafft, ohne dafür zu zahlen).

Handschriftenerkennung – Dabei erkennt ein Computersystem die Handschrift eines Menschen und wandelt sie in geschriebenen Text um. Geschrieben wird auf einem Touchscreen oder einfach in der Luft.

Homepage – Ist zum einen die Eingangsseite, die sich öffnet, wenn man in das WWW einsteigt, oder ist eine Seite, auf der Organisationen oder Personen eine Sammlung von Informationsseiten anbieten.

HTML (Hypertext Markup Language) - Standardisierte Layout-Sprache, mit der den Seiten im WWW Gestalt verliehen wird.

ICQ - Kostenloses Software-Programm (Freeware-Programm), das unter anderem Message-, Chat- und Filetransfer-Funktionen anbietet. Wenn es während einer Internetsitzung aktiviert ist, können in einer eigenen Liste eingetragene Freunde, die dasselbe Programm aktiviert haben, miteinander kommunizieren. Jeder Teilnehmer hat dabei eine eigene Mitgliedsnummer.

Ifabo - Jährlich stattfindende Elektronikmesse in Wien.

Internet - Weltweiter Rechnerverband, bei dem die Datenkommunikation vereinheitlicht ist.

Internet Service Provider - Lokaler Anbieter für den Zugang zum weltweiten Internet.

Intranet - Internes, lokales Netzwerk in Unternehmen oder Organisationen, das auf Technik und Protokolle des Internet zurückgreift. Oft ist das Intranet mit dem Internet verbunden, damit die Mitarbeiter auch außerhalb der Firma Zugang zum Intranet haben.

ISDN (Integrated Services Digital Network) - Das schnelle Festnetz.

IT - Informationstechnologie.

Kbyte (Kilobyte) - Setzt sich aus 1.024 Byte zusammen.

Klammeraffe - So wird das Zeichen @ bezeichnet, das auch als „at" ausgesprochen wird und „bei" bedeutet.

Kryptografie - Verschlüsselung.

Lesezeichen - Adresse im Internet, die man oft aufruft und die man sich „notiert" hat. Wird auch als „Bookmark", „Hotlist" oder „Favorite" bezeichnet. Lesezeichen sind persönliche Suchhilfen, um durch einfaches Anklicken der gespeicherten Lesezeichen sofort zu seinen Lieblingsseiten zu gelangen.

Links - Verbindungen von einer Homepage zu anderen Webseiten und auch Dokumenten. Links können Banner, Grafiken und auch Textfelder sein.

Live-Cam/Webcam - An Computer angeschlossene Kameras, die in bestimmten Zeitintervallen Bilder ins Internet übertragen.

mCommerce - Elektronischer Handel im Internet unter Einbeziehung eines mobilen Terminals (Mobiltelefon).

Mailbox/Mobilbox - Bezeichnung für ein elektronisches Postfach, in dem entweder gesprochene Nachrichten (Handy) oder Text-Nachrichten (eMails) gespeichert werden.

Mbit (Megabit) - Besteht aus 1.024 KBit.

Mbyte (Megabyte) - Besteht aus 1.024 KByte.

Message - Bezeichnung für eine Nachricht, die in gesprochener oder geschriebener Form übermittelt wird.

MPEG-3/MP-3 (Moving Picture Expert Group - MPEG - Audio Layer III). Soundformat, das vom Erlanger Fraunhofer Institut für integrierte Schaltungen entwickelt wurde. Das Format komprimiert Sound-Files, CDs um bis zu 90 Prozent der Datenmengen, ohne daß ein hörbarer Qualitätsverlust entsteht. Im Internet lassen sich so schneller Musikdaten übertragen.

Multimedia - Computersoftware oder Anwendungen, die mehr als einen Sinn für die Vermittlung oder die Präsentation von Inhalten verwenden. Multimediale Software verwendet Filme, Klänge, Sprache, Text oder auch Grafik.

Network/Netzwerk - Verbindung von Rechnern, die es ermöglicht, Daten untereinander auszutauschen.

On demand („auf Verlangen", „auf Wunsch", „maßgeschneidert") - Ein Schlagwort der Zukunft. Maßgeschneiderte Information und Unterhaltung, die der neue Mobilfunk möglich macht.

Online - Ein Computer, der im Internet eingeloggt ist, ist in Echtzeit mit einem Netz verbunden und daher online (erreichbar). Wird die Internet-Verbindung getrennt, ist der Rechner offline.

Online-Banking - Bankgeschäfte, die über das Internet abgewickelt werden.

PDA (Personal Digital Assistant) - Damit sind Laptops, Notebooks, Palmtops und Smart-Phones gemeint, die zum persönlichen Organizer werden und mit denen man Dateien verwalten kann.

PIN (Personal Identification Number) - Code, mit dem man nicht nur Handys in Betrieb nimmt, sondern auch Bankomatkarten und andere Geräte. Der PIN ist ein Paßwort, das aus Zahlen besteht.

Provider (Versorger) – Anbieter von Dienstleistungen rund ums Internet.

Roaming-Abkommen – Verträge, die eine länderübergreifende Nutzung von GSM-Netzen verschiedener Betreiber ermöglichen.

SET (Secure Electronic Transaction) – Sicherheitsstandard, der von VISA und MASTERCARD ins Leben gerufen wurde, mit dem man im Internet bezahlen kann, ohne daß man seine Kreditkartennummer über die Datenautobahn schicken muß.

SIM-Karte (Subscriber Identity Module) – Persönlich lizensierte GSM-Teilnehmerkarte im Scheckkartenformat. Aus den Karten kann man auch sogenannte Plug-Ins herausbrechen, die in Handys eingesteckt werden müssen.

SMS (Short Message Service) – Durch SMS wird die Übertragung von Text-Nachrichten bis zu einer Länge von derzeit 160 Zeichen ermöglicht.

Spracherkennung (Voice Recognition System) – Übertragung von Sprache in geschriebenen Text durch ein Software-Programm, das entweder in PCs oder in Handys eingebaut ist.

Standard – Wird von übergeordneten Normungsgremien definiert, um Einheitlichkeit zu schaffen. International werden Normen durch die Vereinten Nationen bzw. von ihnen beauftragten Organisationen entwickelt und verwaltet.

Suchmaschine – Dienst im World Wide Web oder künftig im WWWW, mit dessen Hilfe Webseiten nach Stichworten durchsucht werden können.

Touchscreen – Computerbildschirm mit Sensorfeldern, durch deren Berühren der Programmablauf gesteuert werden kann.

UMTS (Universal Mobile Telecommunications System) – Mobilfunksystem der dritten Generation (international IMT-2000 genannt), in dem alle terrestrischen und Satellitennetze integriert sind und das weltweites Telefonieren mit einem Gerät möglich macht.

Unified Messaging – Sprachnachrichten, Faxe, eMails und ShortMessages werden mit einer Software gemeinsam verwaltet und bearbeitet und können entweder per Telefon, Handy oder Internet verteilt werden.

Virtual Private Network (VPN) – Mitarbeiter eines Unternehmens sind bei diesem System zwar unter ihrer Handy-Nummer erreichbar, aber an das Firmentelefonnetz angeschlossen.

Virtual Reality – In der „virtuellen Realität" bewegt man sich man mit Hilfe einer Datenbrille und manchmal auch mit einem Datenhandschuh im dreidimensionalen Raum.

Voice Browser – Programm, das das Internet durchstöbert, aber per Stimme aktiviert wird.

Voice-Dial-Funktion – Software, die in Handys eingebaut ist, auf Stimmbefehle reagiert und gewünschte Gesprächspartner anwählt, wenn man deren Namen spricht.

Voice-Mail – „Gesprochene" Nachrichten (Messages), die man als Attachment als eMail verschicken kann.

WAP (Wireless Application Protocoll) – Eine Art Microbrowser für ein Handy, mit dem Dokumente und Programme dargestellt und Befehle weitergeleitet werden. WAP reduziert eine Internet-Seite auf das Notwendigste.

WML (Wireless Markup Language) – Sprache, die bei WAP gesprochen wird und mit der Internetseiten in einem Handy dargestellt werden.

WWW – Internet-Dienst, World Wide Web oder auch kurz „Web" genannt – das Herz des Internet.

WWWW – Das drahtlose, „wireless" World Wide Web.

Zertifizierung – „Genehmigung" einer digitalen Signatur von einer staatlich eingerichteten Zertifizierungs-Stelle.

Index

Literatur

BERNERS-LEE, Tim: Der Web-Report. Econ, München 1999.

CRANOR, L.: Electronic Voting. Computerized polls may save money, protect privacy. In: Crossroads, the ACM's First Electronic Publication, 1996. (http://info.acm.org/crossorads/xrds2-4/voting-html)

DERTOUZOS, Michael: What Will Be - die Zukunft des Informationszeitalters. Springer, Wien/New York 1999.

FISCHER, Steven Roger: A History of Language: Reaktion Books, 1999.

GATES, Bill: Digitales Business, Wilhelm Heyne Verlag, München 1999.

GERSHENFELD, Neil: Wenn die Dinge denken lernen. Econ, München 1999.

HAFNER, Katie; Lyon, Matthew: ARPA Kadabra - Die Geschichte des Internet. dpunkt Verlag, Heidelberg 1997.

HANAPPI-EGGER, Edeltraud; Hanappi, Gerhard: Teledemokratie - Mitentscheiden per Telekommunikation. Forschungsprojekt im Auftrag der Gemeinde Wien MA 18 - Gruppe Wissenschaft, 1999.

HORX, Matthias: Die acht Sphären der Zukunft. 3. Aufl., Signum, Wien, Hamburg 2000.

HUXLEY, Aldous: Brave New World. Flamingo, 1977.

NAISBITT, John: High Tech - High Touch. Signum, Wien, Hamburg 1999.

ORWELL, George: 1984. Frankfurt, Berlin 1996.

REISCHL, Gerald; Sundt, Heinz: Die mobile Revolution. Ueberreuter, Wien, Frankfurt 1999.

REISCHL, Gerald: Im Visier der Datenjäger. Ueberreuter, Wien 1998.

STEINMASSL, Jürgen: Börsenerfolg Online. Ueberreuter, Wien 1999.

WINBLAD, Mads; Hegnsvang Jan: 21 Trends im 21. Jahrhundert. Nokia, Wien 2000.

Zeitungen

New York Times
http://www.nytimes.com/

Der Spiegel
http://www.spiegel.de/

Focus
http://www.focus.de/

Format
http://www.format.at/

Profil
http://www.profil.at/

Kurier
http://www.kurier.at/

Der Standard
http://www.derstandard.at/

Die Presse
http://www.diepresse.at/

Salzburger Nachrichten
http://www.salzburgernachrichten.at/sn/

Die Welt
http://www.welt.de/

Die Woche
http://www.woche.de

FAZ
http://www.faz.de/

Telepolis - magazin der netzkultur
http://www.telepolis.de/

c't - magazin für computertechnik
http://www.heise.de/ct/

Mobile Times
http://www.mobile-times.co.at/

Telekommunikationsreport

Wired
http://www.wired.com/

The Futurist
http://www.wfs.org/futurist.htm

Nature
http://www.nature.com/

Brigitte
http://www.brigitte.de/

The New Yorker
http://www.newyorker.com/

Agenturen

Austria Presse Agentur
www.apa.at

Deutsche Presse Agentur
www.dpa.de

Heise Online
www.heise.de

Pressetext Austria
www.pressetext.at

Zdnet www.zdnet.com

Reuters www.reuters.com

Die Autoren

GERALD REISCHL

Journalist; seit 1992 Redakteur der österreichischen Tageszeitung „Kurier" und dort für den Bereich Telekommunikation zuständig. Autor der beiden Bestseller „Im Visier der Datenjäger" und „Die mobile Revolution".
Website: www.reischl.com

HEINZ SUNDT

Viele Jahre in leitender Position bei IBM tätig, von 1996 bis 2000 Generaldirektor der Mobilkom Austria, derzeit Generaldirektor der Telekom Austria.